Forensic 포렌식 법학개론

최득신 · 유진호 · crattack 저

북넷

머리말

오늘날 해킹사고, 개인정보유출 등과 같은 보안사고뿐만 아니라 사기, 도용 등과 같은 많은 사건·사고에서의 대부분의 증거들은 디지털형식이다. 일반적으로 디지털증거는 불가시성, 취급상의 취약성, 대량성이라는 특징이 있는데 이러한 디지털증거의 특징과 연관되어 디지털 포렌식(Digital Forensics)분야가 최근 각광을 받고 있다.

디지털 포렌식은 "전자적으로 처리되어 보관·전송되는 디지털 데이터를 적법한 절차와 과학적 기법을 사용해 수집·분석해서 증거로 제출하는 제반행위"로 정의되고 있다. 다시 말해 디지털 포렌식의 목적은 결국 재판부가 '쓸 수 있는' 증거를 수집하여 제출하는데 있는 것이고, 목적을 달성하기 위해서는 법적 절차를 따라야만 하는 것이다. 이런 점에서 디지털 포렌식은 법절차의 한 부분이며, 법을 떼어놓고서는 디지털 포렌식을 이해한다고 할 수 없는 것이다.

디지털 포렌식과 법과의 관계를 보다 면밀히 이해하기 위하여, 개념을 다시 기술적 측면과 법적 측면으로 구분하여 살펴보면, 기술적 측면에서 디지털 포렌식이란, 특수저장매체인 컴퓨터 등에 기억된 전자정보를 식별한뒤 절차에 따라 수집하고 이를 분석하는 기술을 말한다. 법적 측면에서의 디지털 포렌식은 재판과정에서 증거가 될 수 있는 정도의 법적으로 유효한 정보를 수집하는 행위로서 법집행 절차내지는 방식을 말한다고 할 수 있다.

이때 법적 절차는 디지털 포렌식에 있어서 단지 따르면 편리하다는 등의 이득이 있어 따르는 것이 아니다. 따르지 아니하면 애써 취득한 디지털증거 및 법적 증거가 무가치해져 버리는 결과를 피하기 위하여 반드시 따라야 하는 것이다.

디지털 포렌식은 크게 두 가지 과정을 거친다. 첫 번째는 원본이 수록된 전자장치에서 디지털증거를 법적 절차에 따라 채득하는 단계이고, 두 번째는 그러한 디지털증거를 법적 절차에 따라 분석하여 법적으로 의미있는 증거로 추출하는 단계이다. 모든 과정에서 법적인 절차를 따르는 것이 요구된다. 곧, 디지털 포렌식의 제1원칙은 디지털증거를 법적 절차에 따라 올바르게 수집하여 증거로서 가치를 갖게하는데 있다.

그렇다면 법적 절차에는 어떤 것이있는가? 민사법적 절차도 있고, 형사법적 절차도 있으며 행정소송과 헌법소송과 같은 공법적 절차도 있다. 디지털 포렌식의 수집대상 및 수집되는 정보의 성질에 따라 따라야 할 법적 절차가 다르다. 디지털 포렌식이 성문법적으로 가장 법제화되어 있는 제도는 형사법적 제도이다. 특히 압수·수색과정에서 종종 디지털 포렌식이 동원되는데, 이때 디지털 포렌식은 그 성질상 강제집행의 성격을 띠고 있어 영장이 필요적으로 요구되는 되는 등 가장 엄격한 절차를 따르는 것이다.

만약 디지털 포렌식 과정이 법적 절차에 따르지 아니하거나 형식적으로 규정에 따르더라도 실질적으로는 규정이 의도하는 의미를 잠탈하는 방식으로 이루어진다면 그러한 과정으로 수집된 디지털증거는 법적으로 효용성이 없을 가능성이 매우 높아진다. 무엇보다, 이러한 과정을 통해 얻은 증거는 단지 사법기관의 판단에서 배제되는 것 뿐만 아니라, 사법기관의 판단자체를 오염시킬 수도 있다는 점에서 주의가 요구된다.

디지털 포렌식은 타인소유의 개인용 컴퓨터 또는 모바일폰에 대하여 이루어지는 데, 이때 그 안에는 개인정보 등 여러 내밀하고 민감한 정보가 들어있는 경우가 많다. 개인정보는 헌법적으로 보장된 권리인바 타인이 이를 열람하고 수집하기 위해서는 적법한 권한이 필요한데, 만약 그러한 권한이 없이 무단으로 이루어지는 경우 위법행위를 구성할 수 있다. 결국 디지털 포렌식은 디지털 포렌식을 수행하는 전문가 그 자신을 위해서도 조심스럽고 예민하게 이루어져야 하며, 집행절차는 법에 대한 이해를 바탕으로 충분히 숙지되고 훈련되어야 하는 것이다.

이 책은 법 전문가의 관점에서 바라 본 디지털 포렌식의 법적 측면과 기술 전문가의 관점에서 바라 본 포렌식 분석방법을 함께 다룬 것이 특징이다. 법적 측면에서는 여러 소송형태를 개괄적으로 소개하고, 그 안에서 디지털 증거법이 어떻게 자리하고 있는지 설명하여, 독자들로 하여금 디지털 포렌식과 관련된 법 전반에 대해 이해를 돕고자 하였다. 기술적 측면의 포렌식 분석방법에서는 시스템 포렌식, 네트워크 포렌식, 모바일 포렌식 과정들을 소개하고, 포렌식을 하기 위해 어떻게 준비하고 어느 부분을 집중적으로 분석해야 하는지 등에 대해 쉽게 이해 할 수 있도록 구성하였다.

이 책을 통해 기술 전문가들은 포렌식의 법적 측면과 법적 절차에 대한 깊은 통찰력을 가지길 바라고, 법 전문가들은 세부적인 기술역량까지도 습득할 수 있기를 바란다. 이 책이 나오기까지 함께 수고한 법무법인 평강의 변호사들께 깊은 감사를 드린다.

저자 일동

차 례

Part 1 법학개론

Part 2 포렌식분석방법

Chapter 05 디지털 포렌식 개념과 유형

Chapter 06 디지털 포렌식의 원칙과 절차

Chapter 07 시스템 포렌식

Chapter 08 네트워크 포렌식

Chapter 09 모바일 포렌식

Part 3 디지털 증거종류

Chapter 14 모바일

Chapter 15 추가 분석기술

Part 01

법학개론

Chapter 01

민사소송

학습목표

민사소송이란 무엇인지 알아보자.

1. 민사소송의 대상 및 각종 분쟁해결 절차를 알아본다.
2. 민사소송의 절차를 알아본다.
3. 민사소송의 증거조사 대상 및 증거조사 절차를 알아본다.
4. 디지털 증거개시에 대하여 알아본다.

1 개 관

(1) 의의와 종류

1) 민사소송이란?

민사소송은 사인(私人) 간의 생활관계에서 발생하는 법적 분쟁을 민법, 상법 등 실제 권리관계를 규율하는 법인 실체사법에 따라 해결하여 개인의 권리를 보호하고 실현시키려는 제도이다. 물론 모든 사적 분쟁에 대하여 소송으로서 해결해야 하는 것은 아니다. 당사자들이 직접 합의에 이르거나, 조정, 중재 등을 거쳐 원만하게 해결하는 방법도 있다. 그러나 소송은 국가기관 하에서 엄격한 법적용을 통하여 증거를 제시하고 자신의 의견을 주장할 수 있는 충분한 기회를 제공받아 진행되므로 진실을 찾고 진정한 권리자를 가리기에 가장 좋은 형태이다.

민사소송은 절차법의 기본법인 민사소송법에 의해 절차적으로 규율된다. 행정소송법이나 가사소송법 등 소송절차를 규율하는 다른 법에서는 기본적으로 민사소송법에 의하도록 하면서, 민사소송과 달리 규율할 특별한 사항에 대하여만 따로 규정을 두고 있다. 이에 민사소송법에는 모든 종류의 분쟁해결 절차에 공통되는 기본원리가 규정되어 있다. 따라서 우리 법제도의 소송절차를 이해하기 위해서는 민사소송법에 대한 철저한 이해가 선행되어야 한다.

2) 사법상의 권리의무와 분쟁

A가 자신의 시계를 B에게 100만 원에 팔기로 하는 계약을 체결하였다고 가정해 보자. 이때 A와 B는 각각 어떠한 권리와 의무를 가질까?

이에 대한 궁금증은 민법이나 상법과 같은 실체사법규정을 통해 해결할 수 있다. 즉, 민법 제568조 제1항은 매도인은 매수인에 대하여 매매의 목적이 되는 권리를 이전하여야 하며 매수인은 매도인에게 그 대금을 지급하여야 한다고 규정하고 있다. 이에 따르면 A는 B에게 시계의 소유권을 이전할 의무를 부담하며 B는 A에게 그 대금인 100만 원을 지급할 의무를 부담한다. 즉, A는 시계에 관한 매매대금을 청구할 권리를 가지고 B는 시계의 소유권 이전을 청구할 권리를 가진다. 이처럼 실체사법에는 누가 어떠한 권리를 가지고, 누가 어떠한 의무를 부담하는지에 관하여 상세한 규정이 있다.

인간은 살아가면서 타인과 다양한 법률관계를 맺게된다. 이들 중에는 당사자들 모두가 실체사법에 규정된 자신들의 의무를 다하여 별다른 마찰없이 종료되는 것도 있지만, 당사자 중 누군가가 자신의 의무를 다하지 아니하면서 분쟁이 발생하기도 한다.

위의 A와 B가 계약을 체결한 후에, B는 A로부터 시계를 받아서 본인의 집에 가져다 두었다고 하자. 그런데도 B가 약속한 날짜에 대금 100만 원을 지급하지 않았다면 A는 B로부터 어떻게 대금을 지급받을 수 있을까?

이러한 경우에 A와 B가 어떠한 권리나 의무를 가지는지에 대하여도 실체사법인 민법에 규정되어 있다. A는 B에 대하여 계약의 내용대로 이행할 것을 청구할 수도 있고 채무불이행을 이유로 계약을 해제할 수도 있을 것이며 손해가 생겼다면 손해배상을 청구할 수도 있다. 그러나 이러한 모든 규정에도 불구하고 B가 채무를 이행하지 않으면 A의 권리를 실현시키기 위한 별도의 절차가 필요한 것이다. 이에 관하여 아래에서 살펴보도록 하겠다.

3) 여러 가지 분쟁해결방법

① 자력구제와 소송제도

위의 사례에서 A가 수차례 독촉하였음에도 불구하고 B가 매매대금을 지급하지 않았다고 가정해보자. A가 B의 집으로 가서 시계를 가지고 나오는 것은 허용되는 행동일까?

결론부터 말하자면, A의 위와 같은 행위는 원칙적으로 금지된다. 물론, A가 시계를 가지고 나올 당시 B가 이에 대하여 전혀 제지하지 아니하였고, 묵시적으로 동의한 것으로 볼 수 있다면 A는 가장 손쉽게 자신의 권리를 실현한 것이 된다. 그러나 일반적으로 이와 같은 행위를 허용하게 되면 사생활과 주거의 안정이 완전히 깨지게 된다. 그래서 우리 법은 이처럼 국가 등의 힘을 빌리지 않고 스스로 권리를 실현시키는 것을 자력구제라고 하면서 이를 원칙적으로 금지하고 있다.

② 민사소송제도와 다른 분쟁해결방법

민사상에서 분쟁이 생겼을 때 이를 해결하는 방법에는 여러 가지가 있다. 그 중 가장 전형적인 수단은 민사소송제도를 통하여 권리를 구제받는 방법이다. 그러나 소송제도는 시간적으로 오래걸리며, 비용도 많이 든다. 또한 엄격한 법적용에 의해 오히려 실제사례에서는 구체적 타당성을 가지지 못할 수도 있다. 그리하여 최근에는 이러한 문제점을 보완하는 대체적 분쟁해결제도(Alternative Dispute Resolution : ADR)가 각광받고 있다.

대체적 분쟁해결제도의 예로는 화해(和解), 조정(調停), 중재(仲裁) 등이 있다. 민사소송법 자체에서 규정한 것은 독촉절차와 재판상 화해절차 등이 있고 다른 법률에서 규정한 절차로는 중재나 민사조정, 가사조정 등이 있다.

재판상 화해는 말 그대로 분쟁당사자 쌍방이 서로 타협하여 일정선에서 합의를 하고 그 결과를 법원에서 진술하여 조서를 작성함으로써 분쟁을 해결하는 것을 말한다. 소제기 전에 법원에서 하는 제소전 화해와 소송진행 중에 하는 소송상 화해가 있다.

중재는 사법상의 분쟁을 법원의 판결이 아닌 당사자들이 선임한 중재인의 판정에 의하여 해결하는 절차이다. 중재인의 중재판결은 당사자 사이에서는 법원의 확정판결과 같은 효력을 가진다.

그리고 조정은 제3자인 법관이나 조정위원회가 독자적으로 분쟁해결을 위한 타협방안(조정안)을 제시하여 당사자가 받아들일 것을 권고하는 방식이다. 중재와는 달리 법원이 이를 관할하지만 조정담당판사나 조정위원회가 조정을 담당한다.

대체적 분쟁해결제도는 신속하게 분쟁을 해결할 수 있고, 소송비용을 절감할 수 있다는 장점이 있지만, 원칙적이고 강행적인 분쟁해결절차는 민사소송을 통하는 방법이다.

이하에서는 다시 전형적인 분쟁해결 수단으로서의 민사소송에 관하여 개시부터 종결까지의 개괄적인 이해를 돕는 설명을 하겠다.[1]

(2) 절차의 이해

1) 서 론

소송은 원고가 법원에 소장을 제출함으로써 시작된다. 법원은 원고가 제출한 소장을 심사하여 제대로 되었으면 이를 피고에게 송달하고, 당사자들 및 그 대리인은 변론의 준비를 시작하여야 한다.

소송은 상대방이 있어야 하고 정해진 법원에서 시작하여야 한다. 따라서

---

1) 호문혁, 제4판 민사소송법 법문사 5~7쪽 참조.

원고는 누구를 소송의 상대방으로 할 것인지, 그리고 어느 법원에서 소를 제기할 것인지를 결정해야 하고, 어떤 목적과 내용으로 소를 제기할 것인지도 정하여 이를 소장에 기재하여야 한다. 여기서 소송을 제기하고자 하는 사람인 원고와 그 상대방인 피고를 당사자라고 하고, 당사자와 법원을 합쳐서 '소송의 주체'라고 한다. 소송의 중심내용은 소송의 객체, 또는 소송물이라고 하고 이는 당사자의 다툼의 대상이 되고 법원의 심리의 대상이 된다. 소송이 시작되면 공개법정에서 양측 당사자가 출석한 가운데 변론절차를 거치게 되고, 법원이 판결을 내리면 재판이 마무리된다.

소송을 시작하려는 당사자는 민사소송부터 시작할 수도 있고 다른 절차부터 밟을 수도 있다. 다른 절차에는 독촉절차와 보전소송이 있다. 아래에서 차례로 살펴보도록 하겠다.

2) 독촉절차

채무자가 지급능력도 있고 지급할 의사도 있으면서 채무를 이행하지 않을 경우에는 굳이 정식으로 민사소송을 제기할 필요가 없다. 이러한 경우 채권자는 법원에 지급명령을 신청하고, 법원에서 이를 서면심리하여 채무자에 대하여 지급명령을 발하게 된다. 이 절차를 이용해서 할 수 있는 것은 금전이나 유가증권의 일정수량의 지급을 목적으로 하는 경우에 한정되고, 건물명도, 토지인도, 소유권 이전등기청구 등에서는 이용할 수 없다(민사소송법 제462조, 이하 '민사소송법'이라고 한다). 또한 그 채무는 변제기가 도래하여 즉시 그 지급을 청구할 수 있는 것이어야 한다.

이러한 지급명령은 채무자에게 송달해야 하는데(민사소송법 제469조 제1항), 외국에 송달해야 하는 경우에나 공시송달[2]에 의할 경우에는 이 절차를 이용할 수 없다(민사소송법 제462조 단서).

채무자는 지급명령 정본을 송달받은 후 2주일이 경과하기 전에는 언제든지

2) 공시송달(公示送達)이란 송달을 받을 자의 주소 또는 거소를 알 수 없어 일반적인 방법으로는 소송서류 등을 송달할 수 없는 경우, 그 사유를 법원게시장에 게시함으로써(민사소송법 제195조 제1항) 송달에 갈음하는 것을 말한다.

지급명령에 대하여 이의를 신청할 수 있다. 그리고 그 기간내에 채무자의 적법한 이의신청이 없으면 지급명령은 확정되고(민사소송법 제474조), 이를 집행권원으로 하여 채권자는 강제집행을 할 수 있다(민사집행법 제56조 제3호). 그러나 채무자가 이의를 신청하면 지급명령은 이의한 범위에서 효력을 상실하고 지급명령 신청시에 소를 제기한 것으로 되어 민사소송으로 넘어가게 된다.

3) 보전소송

한편, 채권자는 집행권원[3]을 얻어 채무자의 재산을 압류함으로써 채무자가 그 재산을 사실상 또는 법률상 처분하지 못하도록 금지할 수 있다. 그러나 이는 집행권원이 있어야 하므로 소송절차 등을 통하여 집행권원을 얻기 전에는 채무자의 재산을 확보할 수 없다는 단점이 있다. 그렇다고 집행권원을 얻기까지 책임재산을 방치하는 것은 위험하다. 채권의 만족전에 채무자가 재산을 빼돌려 버리면 소송에서 이기더라도 권리를 실현하지 못할 수 있기 때문이다.

이러한 경우를 대비하여 소송을 하기전이나 소송 중이라도 미리 책임재산을 확보하거나 손해를 막을 수 있도록 보전소송 즉, 가압류와 가처분절차가 도입되어 있다.

① 가압류절차

가압류라 함은 매매대금, 대여금, 어음금이나 수표금, 손해배상청구권 등의 금전채권이나 금전으로 환산할 수 있는 채권을 가지고 있는 채권자가 채무자의 일반재산에 대한 장래의 강제집행을 보전하기 위하여 미리 채무자의 재산을 압류하여 재산의 현상을 유지하는 것을 목적으로 하는 보전처분이다.

실무상은 재산의 종류에 따라 주로 부동산가압류, 유체동산가압류, 채권가압류 등으로 구별하여 신청되고 있으며 그밖에도 선박가압류, 자동차가압류, 중기가압류, 항공기가압류, 유체동산인도청구권 또는 부동산 소유권이전등기청구권의 가압류 등도 신청되고 있다. 가압류를 해 놓으면 가압류된 부동산 등

---

3) 집행권원(執行權原)이란 일정한 사법상 이행청구권이 기재된 문서로서, 다른 추가적인 절차없이 곧바로 강제집행절차를 거쳐 청구권을 실현할 수 있는 강력한 효력을 가지고 있다. 종국판결, 화해조서, 인낙조서, 확정된 지급명령 등의 절차를 통해 확보할 수 있다.

을 채무자가 처분하지 못하게 되므로 소송에서 이긴 경우 채권의 만족을 쉽게 얻을 수 있다는 장점이 있다.

② 계쟁물에 대한 가처분

계쟁물에 관한 가처분(다툼의 대상에 관한 가처분)은 채권자가 부동산소유권이전 또는 말소등기청구권, 소유물반환청구권, 매매목적물 인도청구권, 임차물인도청구권 등과 같은 금전 이외의 물건이나 권리를 대상으로 하는 청구권을 가지고 있을 때 채권자가 그 계쟁물에 대한 장래의 강제집행을 보전하기 위하여 특정 계쟁물의 현상을 유지하는 것을 목적으로 하는 보전처분이다.

청구권이 금전채권이 아니라는 점과 그 대상이 채무자의 일반재산이 아닌 특정 계쟁물이라는 점에서 가압류와 다르다.

계쟁물에 관한 가처분은 여러 형식이 있을 수 있으나 전형적인 것은 처분금지가처분과 점유이전금지가처분이다.

③ 임시의 지위를 정하는 가처분

임시의 지위를 정하는 가처분(민사집행법 제300조)은 당사자 간에 현재 다툼이 있는 권리관계 또는 법률관계가 존재하고 그에 대한 확정판결이 있기까지 현상의 진행을 그대로 방치한다면 권리자에게 뚜렷한 손해 또는 급박한 위험 등 불안한 상태가 발생될 수 있는 우려가 있어 장래 확정판결을 얻더라도 그 실효성을 잃게 될 염려가 있는 경우에 권리자에게 임시의 지위를 주어 그와 같은 손해나 위험을 피할 수 있도록 하는 보전처분이다.

4) 소제기절차(민사소송절차 개관)

민사소송절차에 관한 대략적인 내용을 서술하면 다음과 같다.

먼저 민사소송의 시작은 원고가 소장을 법원에 제출할 때부터이다. 소장을 제출하고자 하는 원고는 제기하고자 하는 소송을 관할하는 법원, 즉 관할법원을 찾아서 그 관할법원에 접수를 해야 한다. 접수방법은 문서로 법원에 직접 또는 우편으로 접수하는 방법과 대법원 전자소송 홈페이지를 통해 접수하는 방법 두 가지가 있다.

소장에는 당사자와 법정대리인, 청구취지("피고는 원고에게 돈 100만 원을 지급하라."는 식의 원고가 판결을 통하여 얻으려는 결론), 청구원인("원고는 2016. 1. 11. 피고에게 돈 100만 원을 빌려 주었으나, 피고는 이를 갚지않고 있다."는 식의 판결을 구하게 된 원인)이 무엇인가를 기재하여야 한다. 또한 원고는 소장을 접수하면서 당사자 수에 따른 송달료 및 소송대상의 값에 따라 인지대를 납부하여야 한다.

인지대가 제대로 납부되면 법원은 소장부본을 피고에게 보낸다. 이것을 송달이라고 하는데, 소장에 기재된 피고의 주소지로 보내게 된다. 그런데 이때 피고의 주소지가 정확하지 않으면 소장부본이 송달되지 않고 반송되며 법원에서는 피고의 주소지를 보정해서 제출하라는 주소보정명령을 내리게 된다. 따라서 이 주소보정명령에 대해 피고의 주소지를 다시 파악하여 재송달을 시도하고, 경우에 따라서는 공시송달을 하게 된다.

법원은 소장을 피고에게 송달할 때에 피고에게 소장부본을 송달받은 날부터 30일 이내에 답변서를 제출하도록 요구한다. 피고가 원고의 주장에 이의가 있으면 위 기한내에 답변서를 제출하여 이를 다투게 된다.

한편, 피고가 원고의 주장에 이의가 없으면 답변서를 제출할 필요가 없고, 법원은 답변서 제출기한이 지난 후 판결선고기일을 바로 지정하여 원고승소판결을 선고할 수 있다(민사소송법 제257조). 다만 답변서 제출기한이 지났더라도 판결선고기일 전에 답변서를 제출하면 판결선고 기일이 취소되고 정상적인 재판절차로 진행되게 된다.

답변서 제출이후에는 서로 상대방의 주장 및 입증에 반박하는 준비서면을 원고와 피고가 각 제출하게 된다.

법원에서는 준비서면을 상대방에게 보내어 서로의 입장을 정리하게 해 준다.

법원은 사건의 쟁점이 무엇인지를 정리하기 위해서 필요한 경우에는 변론준비절차에 부칠 수 있다. 변론준비 기일에서는 원고와 피고가 향후 어떤 쟁점을 가지고 어떠한 입증방법으로 진행할지 정리하게 된다.

이와 같은 쟁점정리절차를 거친 후 변론기일을 지정하게 되고 법정에서 쌍방이 주장 및 입증하는 절차를 거치게 된다.

또한 당사자가 서면으로 제출하는 것 외에 증인신문 등을 할 필요가 있다고 생각될 때에는 증거조사 기일을 따로 지정하여 증인신문을 하게 된다.

변론이 어느 정도 진행되고 난 후에는 법원에서 변론종결을 하게 되고 판결선고 기일을 정하여 판결을 선고하게 된다.

2 민사소송증거법

(1) 총 설

1) 의 의

① 증거의 의의

증거란 법규적용의 대상이 되는 사실을 인정하기 위한 자료를 말한다. 사실관계에 다툼이 있는 경우 법원은 증거에 의하여 그 존부를 확정하게 되는데, 이때 증거는 법원의 자의적인 확신에 따르는 것이 아니고, 객관적이고 합리적인 판단하에 널리 승인될 수 있는 것이어야 한다.

② 증거의 종류

증거는 인적 증거와 물적 증거, 또는 직접증거와 간접증거 등으로 나눌 수 있다.

증거가 되는 인적 증거는 증인, 감정인, 당사자 본인이 있다.

증인이란 자신이 과거에 경험한 구체적 사실을 법원에서 진술하는 사람을 말한다. 교통사고의 목격자나 계약체결의 현장에 동석했던 사람 등이 여기에 해당한다. 감정인은 일정분야에 특별한 학식을 갖고 있어서 소송에서 문제된 사항에 대하여 전문지식을 적용하여 판단하는 사람을 말한다. 당사자 본인은 원칙적으로 소송의 주체이지 증거조사의 객체가 아니지만 경우에 따라 증거조사 절차에서 증인처럼 선서를 하고 신문을 받는 수가 있다.

물적 증거에는 문서와 검증물 및 정보를 담은 문서 아닌 물건(정보수록물)

이 있다. 문서는 문자, 부호, 기호 등으로 일정한 사상을 담은 물건으로 그 기재된 내용이 일정사실을 밝히는 것을 말한다. 검증물은 그 존재자체가 일정사실을 밝혀주는 것을 말한다.

또한 직접증거는 다툼이 된 법률관계의 주요 사실[4]내지 요건사실을 증명할 수 있는 증거를 말한다. 반면, 간접증거는 주요사실 이외의 사실을 증명하는 증거이며 간접사실 등이 입증되면 주요사실을 추측할 수 있다.[5]

(2) 증거능력과 증거력

1) 증거능력

증거능력이란 '증거방법으로서 증거조사의 대상이 될 수 있는 자격으로서 증거가 증명의 자료로 쓰이기 위해 갖추어야 하는 자격'을 말한다. 증거능력이 없는 증거는 사실인정의 자료로서 사용할 수 없을 뿐만 아니라, 공판정에서 증거로 제출하는 것도 허용되지 아니한다.

여기서 주의할 점은 어떠한 증거가 증거능력이 있다고 하여 바로 그 증거로 증명하고자 하는 바를 인정하는 것은 아니라는 점이다. 증거능력이 있다는 것은 단지 법원에서 증거로 사용할 수 있는 자격이 있다는 의미만 가질 뿐이다.

증거능력의 유무는 원칙적으로 법률의 규정에 따라 판단한다. 민사소송에서는 형사소송과는 달리 자유심증주의를 채택하고 있기 때문에 원칙적으로 증거능력의 제한은 없다.

2) 증명력(증거력)

증명력이란 '증거의 실질적인 가치'를 말한다. 즉, 어떠한 증거가 증명력을 가진다는 것은 그 증거로서 증명하고자 하는 사실을 인정할 수 있음을 의미한다. 이는 법관이 자유로운 심증으로 논리와 경험칙에 따라 판단한다(민사소송법 제202조).

---

4) 주요 사실이란 법률효과를 발생시키는 실체법상의 구성요건 해당사실을 말하며, 당사자가 변론에서 주장한 주요 사실만이 심판의 대상이 된다(대법원 1983. 12. 13. 선고 83다카1489 판결 참조).
5) 호문혁, 제4판 민사소송법 법문사 383~388쪽 참조.

(3) 기본원칙으로서의 자유심증주의

자유심증주의는 사실인정에 있어서 법관이 증거방법의 제한이나 증거력의 법정 등 증거법칙의 제한없이 증거자료와 변론전체의 취지를 참작하여 자유로이 그 확신에 따라 판단할 수 있는 원칙을 말한다(민사소송법 제202조).

이와 반대되는 원칙이 법정증거주의인데, 이는 증거능력이나 증거력을 법률로 정하여 사실을 인정함에 있어서 반드시 이러한 증거법칙에 따라야 하는 원칙이다. 예를 들어 증언과 서증의 내용이 상충될 때에는 서증을 믿어야 한다거나 계약의 존재나 변제는 서증으로 증명하여야 한다는 것 등을 들 수 있다.[6)]

(4) 증거조사의 방법

증거조사절차는 증거신청 → 증거결정 → 증거조사의 실시 → 증거조사의 결과에 의한 심증형성의 순으로 진행된다.

1) 증거신청

증거신청이란 당사자가 법원에 대하여 일정한 사실을 증명하기 위하여 특정 증거방법을 적시하여 조사할 것을 신청하는 소송행위이다.

변론주의 절차에서는 당사자의 증거신청이 없으면 다툼있는 사실에 대하여 증거가 없는 것으로 인정될 수 있기 때문에 증거신청은 소송의 승패를 가름하는 중요한 소송행위가 된다.

2) 증거결정

당사자가 증거신청을 하면 법원이 그 증거방법을 채택할 것인지 여부를 결정하는데 이를 증거결정이라고 한다.

당사자는 다툼있는 사실에 대하여 입증을 할 정당한 이익이 있으므로 법원은 증거신청을 받아들이는 것이 원칙이다. 다만 증거능력이 없거나 부적법한

---

6) 호문혁, 제4판 민사소송법 법문사 412~416쪽 참조.

증거, 불필요하거나 조사가 불가능한 증거는 조사하여서는 안 될 것이므로 증거결정을 할 때에는 그 증거가 적법한지, 방식에 맞는지 및 그 증거방법을 조사하는 것이 필요한지 그리고 가능한지 여부 등을 고려하여 판단한다.

3) 보충적 직권증거조사

변론주의 소송에서는 증거조사도 당사자의 신청이 있어야 하는 것이 원칙이므로 직권으로 증거를 조사하는 것은 허용되지 않는다. 그러나 변론주의가 시행된다고 하여 실체적 진실발견의 목표를 포기하고 형식적 진실로서 만족하려는 것은 아니다. 따라서 현행법은 변론주의의 약점을 조절하기 위하여 민사소송법 제292조는 「법원은 당사자가 신청한 증거에 의하여 심증을 얻을 수 없거나 그밖에 필요하다고 인정한 때에는 직권으로 증거조사를 할 수 있다」고 규정하여 보충적으로나마 직권증거조사를 가능하게 하는 길을 열어두고 있다.

(5) 증거조사의 내용

1) 서 증

① 서증의 의의

'문서를 열람하여 그에 기재된 의미 · 내용을 증거자료로 하기 위한 증거조사'를 서증이라 한다. 서증은 문서의 기재내용을 증거자료로 하는 것이므로 문서의 외형존재 자체를 자료로 할 때에는 서증이 아니라 검증이 된다.

② 문서의 증거능력

앞서 밝힌바와 같이 민사소송에 있어서는 형사소송과 달리 증거능력에 제한이 없음이 원칙이다. 따라서 판례는 소제기 후 계쟁사실[7]에 관하여 작성된 문서라도 증거능력을 인정하고 있고(대법원 1992. 4. 14. 선고 91다24755), 서증의 사본도 전적으로 증거능력을 부인하지는 않는다(대법원 1966. 9. 20. 선고 66다636).

---

7) 현재 소송 등에서 다투고 있는 사실.

③ 문서의 증명력(증거력)

가. 문서의 증거력의 의의

문서의 증거력이란 '그 문서가 요증사실[8]의 증명에 기여하는 가치'를 말한다. 문서의 증거력은 문서의 진정성립, 즉 형식적 증거력과 문서의 실질적 증거력으로 구분된다.

나. 문서의 진정성립(형식적 증거력)

문서의 진정성립이란 증거를 제시하는 자가 주장하는 특정인(작성자)이 문서를 그의 의사에 기하여 진정하게 작성한 것으로 인정하는 것을 말한다. 그리고 진정성립된 문서는 형식적 증거력이 있다고 한다.

예를 들어, A가 B에게 부동산을 판 후 매매대금을 청구하는 소를 제기하였다고 가정해 보자. A는 요건사실인 매매계약체결 사실을 주장하게 된다. 이때 만약 B가 매매계약체결 사실을 부인하는 경우 A는 매매계약서를 증거로 신청할 수 있다. 이 매매계약서라는 문서를 A가 작성자라고 주장하는 B가 작성한 것으로 인정되면 이를 계약서의 진정성립(형식적 증거력)이 인정된다고 한다.

여기서 주의할 점은 문서의 형식적 증거력이 인정된다고 하여 그 문서의 기재내용이 객관적으로 진실하다는 것까지 인정되는 것은 아니라는 점이다. 단지 작성자가 진정하게 문서를 작성하였다는 점에 대하여 인정될 뿐이다. 문서에 기재된 내용이 진실에 부합한다는 점은 아래에서 소개할 문서의 실질적 증거력의 문제이다.

다. 문서의 실질적 증거력

문서의 형식적 증거력이 있다고 판단되면 그 문서가 요증사실을 증명하는데 증거로서 가치를 가지는지 여부를 검토하게 되는데, 이를 문서의 실질적 증거력이라고 한다.

즉, 위의 예에서 법관이 A가 제출한 매매계약서에 의해서 매매계약체결 사실의 존재와 내용을 인정할 수 있으면 위 매매계약서는 실질적 증거력이 있다고 한다.

---

8) 사안을 판단하는 데 필요한 증명을 요하는 사실을 말한다. (두산백과 참조)

처분문서[9]의 경우에는 형식적 증거력이 인정되면 실질적 증거력이 사실상 추정된다. 따라서 문서의 형식적 증거력이 인정되는 이상 원칙적으로 기재내용대로 법률행위의 존재를 인정하여야 한다. 즉, A가 제출한 매매계약서의 경우 이는 처분문서이므로 B가 진정으로 작성한 문서라는 점이 인정되면 매매계약서대로 매매계약의 존재나 내용을 인정하여야 한다. 다만, 이러한 추정은 상대방의 반증에 의하여 부정될 수 있는 사실상 추정에 불과하다.

한편, 보고문서[10]의 경우에는 처분문서와는 달리 형식적 증거력이 인정되더라도 실질적 증거력이 추정되지 않는다. 즉, 실질적 증거력에 대하여 전적으로 법관의 자유심증으로 결정한다.

④ 서증의 제출

문서의 제출은 법원에 직접 제출하는 것이 원칙이다(민사소송법 제343조 전단). 서증은 당사자가 변론기일 또는 변론준비 기일에 출석하여 현실적으로 제출하여야 하고 당사자가 출석하지 않은 채 소장이나 준비서면 등이 진술간주[11]되더라도 그에 첨부된 서증은 제출된 것으로 간주되지 아니한다. 또한 문서는 원본, 정본 또는 인증등본으로 제출하는 것이 원칙이다(민사소송법 제355조, 원본제출원칙). 사본의 경우 정확성의 보증이 없기 때문이다.

따라서 기일 전 증거신청 원칙에 따라 이미 서증사본이 제출되어 있다 해도 당사자는 변론준비기일 또는 변론기일에 출석하여 서증원본을 제출하는 방법으로 이를 신청해야 한다.

서증의 조사에 있어서도 당사자로 하여금 쟁점과 직접적 관련이 있는 서증을 중심으로 증명취지를 밝히도록 하고 필요한 경우 증거설명서를 작성하여 이를 기초로 말로 설명하게 하며, 이에 대하여 상대방이 논박할 기회를 제공하여

9) 처분문서란 증명하고자 하는 법률적 행위가 그 문서 자체에 의하여 이루어진 경우의 문서를 말한다. 처분문서의 예로는 각종 계약서, 합의서, 각서, 차용증서, 유언장, 어음·수표, 납세고지서 등을 들 수 있다.

10) 보고문서란 작성자가 보고, 듣고, 느끼고 판단한 바를 기재한 문서를 말한다. 보고문서의 예로는 상업장부, 일기, 진단서, 편지, 소송상의 조서, 호적등본 등을 들 수 있다.

11) 진술간주란 상대방이 준비서면을 제출하고 변론기일에 출석하지 아니한 경우 재판정에서 그 준비서면의 내용대로 진술한 것으로 간주하고 다른 상대방에게 변론을 명할 수 있는 것을 말한다.

구술주의가 실현될 수 있도록 해야 한다. 외국어로 된 서증의 경우 번역문을 제출하도록 하고 있고 정확성에 관한 의견진술기회도 부여하도록 하고 있다.

⑤ 서증의 인부

인부란, 문서가 증거로 제출된 경우 법원이 상대방에 대하여 그 문서의 진정성립여부를 인정할 것인지 답변하도록 하는 절차를 말한다.

예를 들어, A(문서제출자)가 매매계약서를 증거로 제출하면 법원은 B(상대방)에게 위 계약서를 B가 진정하게 작성한 것인지 물어보게 된다. 이때 B는 "성립인정(자신이 작성한 것이 맞다고 인정하는 진술)", "부인(자신이 쓰지 아니하였다고 부정하는 진술)", "부지(문서를 모른다고 진술)",[12] "침묵(성립인정으로 간주된다)"의 네 가지 형태로 답변할 수 있다.

상대방인 B가 성립의 일부절차에서 성립인정이나 침묵으로 답변하면 자백의 법리가 적용되어 법원은 형식적 증거력을 인정하여야 한다. 한편, B가 부인 또는 부지로 답변하는 경우 문서의 진정성립에 대한 증명책임은 문서제출자에게 있다(민사소송법 제357조).

법원은 상대방이 적극적이고 명시적으로 문서의 진정성립(형식적 증거력)을 다투지 아니하는 때는 굳이 인부의 진술을 촉구할 필요는 없다. 사본 그 자체가 원본으로 제출된 경우 원본존재의 인정여부 등도 마찬가지이다.

다만 당사자 사이에 법률행위의 존부나 내용에 관해 다툼이 있는 사건에서 법률행위에 관한 처분문서와 같이 당해 문서의 성립이나 내용에 관하여 실질적인 다툼이 있고 이것이 사건의 핵심적 쟁점과 관련이 있는 경우에는 인부의 진술을 미리 받아두는 것이 효율적인 심리를 위해 필요하므로 법원은 반드시 인부를 촉구해야 한다.

⑥ 문서제출명령

문서제출명령이란 '문서제출신청의 상대방 · 제3자가 가지고 있는 문서가 서증으로 필요한 경우 문서제출 의무를 부담하는 상대방에 대하여 그 문서의

12) 다만, 자기명의의 문서에 대해서는 부지라고 할 수 없고, 부인 또는 성립인정을 하여야 한다.

제출을 명하는 것'을 말한다(민사소송법 제343조 후단, 제345조). 문서제출명령은 문서송부촉탁[13]이나 사실조사촉탁 등과 함께 당사자가 자신이 가지고 있지 아니한 증거를 수집할 수 있는 수단 중의 하나이다.

문서제출명령을 내리기 위해서는 ① 문서제출의무가 있는 문서여야 하고, ② 문서의 존재와 소지 및 제출의무가 증명되어야 한다.

문서제출명령은 위 증거수집방법 중에서도 그에 불응하는 경우 제재가 따르게 되는 유일한 것이기도 하다. 즉, 당사자가 문서제출명령·일부제출명령·비밀심리를 위한 문서제시명령을 받고도 이에 응하지 않거나(민사소송법 제349조), 사용방해의 목적으로 제출의무 있는 문서에 대해 훼손 등의 행위를 한 때(민사소송법 제350조)에는 법원은 그 문서의 기재에 대한 상대방의 주장을 진실한 것으로 인정할 수 있다. 따라서 이는 주로 의료과오소송이나 공해소송, 소비자소송 등 이른바 현대형 소송에서 증거의 구조적 편재를 시정할 수 있는 수단으로서 존재의의가 있다.

⑦ 불채택 문서 등의 반환 및 폐기

서증신청에 대해 법원이 채택하지 아니하는 결정을 할 때는 서증목록에 그 취지를 기재하고 제출된 문서를 돌려주거나 폐기한다. 문서송부촉탁에 의해 인증등본이 제출된 경우도 마찬가지다.

2) 증 인

① 증인신문의 의의

증인신문이란 증인의 진술, 즉 증언으로부터 증거자료를 얻는 증거조사를 말한다.

② 증인능력

증인도 역시 다른 증거와 마찬가지로 증인능력을 갖추어야 한다. 즉, 증인으로서 신문을 받을 수 있는 자격이 있어야 증인으로 채택될 수 있다.

---

13) 문서송부촉탁은 문서를 가지고 있는 사람에게 문서를 보내도록 촉탁할 것을 신청함으로써 하는 서증신청을 말한다.

당사자, 법정대리인, 법인의 대표자를 제외하고는 누구나 증인능력을 갖는다(민사소송법 제367조, 제372조). 물론 증인능력이 있다고 하여 곧바로 그 증인이 증인으로 채택되는 것은 아니며, 증인이 한 증언을 증거자료로 쓰는 것은 아니다. 단지 증인으로 채택될 수 있는 자격만 갖추었을 뿐이다.

③ 증인의 신청과 채택여부의 결정

당사자가 증인을 신청하게 되면 법원은 개별 증인별로 입증취지 및 당사자와의 관계, 증인이 사건에 관여하거나 내용을 알게 된 경위 등을 고려하여 증인의 채택여부를 결정하여 고지한다.

④ 증인조사의 방식

가. 증인진술서 제출방식

증인신청서 제출방식은 증인을 신청한 당사자가 미리 증인진술서를 제출하여 주신문을 증인신문서로 갈음하는 방식이다.

증인진술서가 제출된 경우 이를 서증으로 채택하고 주신문은 핵심쟁점 사항에 한정하며 상대방의 반대신문에 의한 증인탄핵을 중심으로 운영된다.

나. 서면에 의한 증언방식

법원은 증인과 증명할 사항의 내용 등을 고려하여 상당하다고 인정하는 경우에는 서면증언으로 출석·증언에 갈음하여 증언할 사항을 적은 서면을 제출하게 할 수 있다(민사소송법 제310조 1항).

증인진술서는 서증인데 반하여 서면에 의한 증언은 증언이라는 점과 전자는 당사자에 대하여 제출을 명함에 반하여 후자는 증인에 대하여 제출을 명한다는 점에서 차이가 있다.

⑤ 증인의 출석확보

가. 증인에 대한 출석요구

증인에 대한 출석의 요구는 서면에 의한다. 증인출석 요구를 받은 증인은 그 지정된 일시·장소에 출석할 의무가 있다.

나. 증인의 출석확보

증인신청한 당사자는 증인신문신청을 채택한 때에는 증인이 불출석하여 기일이 헛되이 진행됨이 없이 증인신문을 할 수 있도록 증인의 출석을 확보할 수 있도록 하여야 한다. 또한 재판장은 증인신문을 신청한 당사자나 대리인에게 증인의 출석가능 여부를 미리확인하고 증인에게 기일의 중요성 및 불출석에 따른 불이익을 사전 고지하도록 하고 참여사무관으로 하여금 증인신문 기일이전에 미리 대리인을 통하거나 증인에게 직접 연락하여 출석가능 여부를 최종 확인한 후 보고하도록 한다.

다. 불출석 증인에 대한 제재

증인이 정당한 사유없이 출석하지 아니하는 때에는 법원은 결정으로 증인에게 이로 말미암은 소송비용을 부담하도록 명함과 아울러 500만 원 이하의 과태료에 처할 수 있다.

또한 이에 불구하고 정당한 사유없이 다시 출석하지 아니할 때에는 7일 이내의 감치[14]에 처할 수 있다.

한편 정당한 사유없이 불출석한 증인에 대하여 사법경찰은 영장을 받아 직접 데려올 수 있는데(이를 '구인'이라 한다) 증인의 구인절차에는 형사소송법 제69조 이하의 구인에 관한 규정 등이 준용된다.

⑥ 증인신문 기일의 운영

가. 사전절차

• 증인의 동일성 확인

재판장은 증인으로부터 주민등록증 등 신분증을 제시받거나 그밖의 적당한 방법으로 증인의 동일인 여부를 확인하여야 한다. 증인이 신분증을 소지하지 않는 등 동일인 여부를 확인하기 어려운 사정이 있는 경우 상대방에게 동일인 여부에 관하여 의견을 물어 이의를 제기하지 아니하는 경우 증인신문을 실시한다.

---

14) 고의적으로 과태료를 체납하는 체납자를 법원의 재판을 통해 과태료 납부시까지 일정기간 구금하여 과태료 납부를 간접 강제하는 제도이다. 민사적 제재이지 형사적 제재는 아님에 유의하여야 한다.

• 증언거부권의 고지

재판장은 증인이 선서하기 전 증언거부권이 있음을 고지하는데, 증인이 증언을 거부하는 경우에는 그 이유를 소명해야 한다.

• 선서

재판장은 선서에 앞서 증인에게 선서의 취지를 밝히고 위증으로 인한 처벌의 위험을 고지하여야 한다.

증인은 법정양식에 의한 선서서를 소리내어 읽고 기명날인 또는 서명하여야 하고 증인이 글을 읽지 못하거나 쓰지 못하는 경우 참여사무관 등으로 하여금 증인을 대신하여 선서서를 읽거나 기명날인 또는 서명을 하도록 한다.

16세 미만인 사람과 선서의 취지를 이해하지 못하는 사람은 증인선서를 할 수 없다. 또한 증인으로서 증언을 거부하지 아니한 사람을 신문할 때에는 선서를 시키지 아니할 수 있고 증인이 일정한 이해관계가 있는 사항에 관해 신문을 받을 때에는 선서를 거부할 수 있다.

나. 증인신문의 방법

• 교호신문의 원칙

증인신문의 순서는 원칙적으로 증인신문 신청을 한 당사자의 신문인 주신문, 상대방의 반대신문, 증인신문 신청을 한 당사자의 재주신문 순으로 진행되며 그 이후의 신문부터는 재판장의 허가를 얻은 경우에 한하여 허용된다.

• 신문의 구체적 방식

재판장은 주신문에 앞서 증인으로 하여금 사건과의 관계와 쟁점에 관하여 알고있는 사실을 개략적으로 진술하게 할 수 있다. 이는 증인신문에 들어가기 전에 증인에게 자유롭게 알고 있는 사실을 진술할 기회를 줌으로써 증언의 전반적인 취지를 파악하고 신빙성을 판단하는데 도움이 될 수 있다.

주신문에서 유도신문은 원칙적으로 허용되지 아니하지만 반대신문에서는 유도신문이 허용된다. 반대신문에서 주신문에 나타나지 아니한 새로운 사항에 관하여 신문하고자 하는 때에는 재판장의 허가를 얻어야 하고 이는 주신문에 해당하는 사항이므로 유도신문이 허용되지 아니한다.

재주신문은 주신문과 같이 유도신문이 제한되며 주신문에 나타나지 아니한 새로운 사항에 관하여 신문하고자 하는 때에는 재판장의 허가를 받아야 한다.

유도신문을 배제하고 증언의 신빙성 여부를 판단할 수 있도록 증인신문은 개별적이고 구체적으로 하여야 하고 질문의 길이는 가급적 짧게 하여야 한다.

한편 당사자는 증인의 경험, 기억 또는 표현의 정확성 등 증언의 신빙성에 관련된 사항 및 증인의 이해관계나 편견 또는 예단 등 증인의 신용성과 관련된 사항 등 증언의 신빙성을 다투기 위하여 필요한 사항을 신문할 수 있다.

또한 당사자는 재판장의 허가를 받아 문서, 도면, 사진, 모형, 장치 그밖의 물건을 이용하여 신문할 수 있고 증거조사를 하지 않은 물건 등을 이용하고자 하는 경우 신문에 앞서 상대방에게 이를 열람할 기회를 줘야하며 재판장은 조서에 붙이는 등 필요가 있다고 인정하는 경우 그 사본이나 사진 등을 제출할 것을 명할 수 있다. 그러나 증인은 재판장이 허락하는 경우를 제외하고는 서류에 의하여 진술할 수 없다.

• 여러 명의 증인에 대한 신문

한 사건에서 같은 기일에 여러 명의 증인을 신문하는 경우 증인은 따로 신문하여야 하고 신문하지 아니한 증인은 필요하다고 인정하는 경우 이외에는 법정에서 나가있도록 명하여 격리신문하는 것이 원칙이다. 또한 재판장은 필요하다고 인정한 때에는 증인서로의 대질을 명할 수 있고, 당사자와 증인의 대질을 명할 수 있다.

대질신문은 증인들이 진술한 내용의 차이점과 진술태도를 생동감 있게 비교함으로써 증언의 진실성 여부를 판단하는 데 도움이 되고 집중심리를 가능하게 하므로 소송진행에 많은 도움이 된다.

• 당사자의 직접 신문권과 의견진술권의 보장

당사자는 증인신문과정에서 증인의 기억이 사실과 다르다고 불만을 표시하거나 증언의 내용에 관한 의견을 표명하고 싶어하는 경우가 종종 있다. 따라서 당사자 본인 소송에서 재판장이 증인신문을 주도적으로 진행한 경우나 소송대리인이 선임되어 있는 경우라도 당사자 본인에게 직접 증인을 신문할 기회를 부여하고 증인신문 전 당사자에게 이러한 기회가 있음을 알려주는 것이 바람직하다.

• 증인신문과정에서 소송지휘 및 당사자의 이의신청권

증인신문과 관련한 재판장의 소송지휘권의 행사는 증인신문의 절차는 물론 증인의 증언내용에까지 상당한 영향을 미치게 되는 점에 유의할 필요가 있다.

재판장은 당사자의 신문이 중복되거나 쟁점과 관계가 없는 때, 그밖에 필요한 사정이 있는 때 당사자의 신문을 제한할 수 있다. 또한 주신문이 증명할 사항 및 이에 관련된 사항이 아닌 경우 반대신문이 주신문에 나타난 사항 및 이에 관련된 사항이 아닌 경우 등 불필요한 사항을 신문하는 경우, 신문의 방법이 상당하지 아니한 경우, 증인에게 의견의 진술을 구하는 경우, 증인이 직접 경험하지 아니한 사항에 관하여 신문하는 경우 등에는 소송지휘권을 발동하여 적극적으로 신문을 제한하도록 한다. 그리고 증인이 법정 안에 있는 특정인 앞에서는 충분히 진술하기 어려운 현저한 사유가 있는 경우 재판장은 당사자의 의견을 들어 그 사람을 법정에서 나가 있도록 명할 수 있다.

한편 당사자는 증인신문에 관한 재판장의 명령과 조치에 대하여 이의신청을 할 수 있고 이의신청과 재판에 관한 사항은 조서에 기재한다.

3) 검증 · 감정 · 사실조회

검증 · 감정 · 사실조회 등은 넓게는 감정절차 중 하나이다. 이러한 감정 등의 신청은 첫 변론준비기일이전에 이루어 지도록 하고 특별한 사정이 없는 한 가능한 이른 시기의 변론준비기일에 상대방에게 증거채부에 관한 의견진술의 기회를 부여한 후 그 채부를 결정하며 이후 감정결과와 사실조회결과 등이 도착하면 기일에 이를 법원에 제출한다.

다만 감정 등의 신청이 사건과 관련하여 전형적인 증거방법인 경우에는 기일외에서 채택여부를 결정할 수 있을 것이다.

4) 당사자신문

법원은 직권 또는 당사자의 신청에 의하여 당사자 본인을 신문할 수 있고 이 경우 당사자에게 선서를 하게 하여야 하며 재판장은 필요하다고 인정한 때에 당사자 서로의 대질 또는 당사자와 증인의 대질을 명할 수 있다. 법정대리인은 당사자 본인에 준하여 신문할 수 있고 법정대리인이 있는 경우에도 당사자 본인을 신문할 수 있다. 당사자를 신문한 때에는 선서의 유무와 진술내용을 조서에 적어야 한다. 재판장은 쟁점정리가 마쳐진 사건의 경우 쟁점별로 당사자를 신문하게 할 수 있다.

(6) 전자정보증거개시제도(e-Discovery)

1) 논의의 필요성

오늘날 영미권계 국가들은 세계경제의 한 축을 담당하면서 무역과 경제질서도 그들에게 익숙한 영미법제로 재편해 나가고 있다. 디스커버리(Discovery, 즉 '증거개시')도 영미법계에 기원한 제도다. 미국의 디스커버리제도에 의하면 당사자가 필요한 증거를 제출하지 못했을 때 혹은 상대방이 요구한 자료를 제출하지 못했을 때 당사자는 법원이 납득할 수 있는 정당한 이유를 밝혀야만 하고, 이유를 밝히지 못할 경우 고의적인 사실은폐에 해당되어 소송에서 패소할 수 있을 뿐만 아니라 엄한 제재도 뒤따를 수 있다.

현재 우리나라는 '증거개시제도'의 역할을 할 수 있는 규정이 존재할 뿐 형사법을 제외하고는 그러한 제도가 민사법적으로 도입되지는 않은 상황이다. 그러나 우리나라도 대법원이 '사실심 충실화 마스터플랜'의 핵심방안의 하나로 '한국형 디스커버리(Discovery)' 제도 도입을 추진하여 사실상 증거개시제도의 도입이 확정적이라고 한다. 나아가 우리나라는 EU와는 2016년 7월, 미국과는 2017년 3월 법률시장 완전개방을 앞두고 있는 실정이다. 증거개시제도의 거센 큰 흐름은 국·내외를 막론하고 대세적 흐름이라고 볼 수 있는 것이다.

대부분의 개인 및 기업들이 전자정보화된 문서를 이용하는 지금, 증거개시제도는 곧 전자정보에 대한 증거개시제도라고 보아도 과언이 아니다. 디지털 포렌식은 디지털증거개시제도, 특히 증거보존절차에서 폭넓게 활용될 여지가 크다. 제도의 추이에 기민하게 반응하기 위하여 이하에서는 디지털증거개시제도에 대하여 간단히 짚도록 한다.

2) 증거개시제도 개괄

증거개시제도는 소송절차 중 변론 전 소송당사자들 사이에서 각 당사자가 가진 소송과 관련된 정보를 수집하기 위한 절차를 의미한다. 당사자 중심의 민사소송절차를 가지고 있는 미국에서 대표적으로 활용되고 있으며, 그러한 성격의 절차에서는 소송당사자가 일정한 법의 테두리 안에서 소송과 관계된 정보를 가지고 있는 자에게 개시요구를 할 수 있게 보장하여야 할 필요성이 높은바 그러한 필요성에 따라 발전한 제도이다.

보통 증거개시의 대상은 서류였다. 그러나 정보화 사회로 진입하면서 대부분의 정보는 전산화되어 저장이 이루어졌고, 전자메일, 워드파일, 스프레드시트 파일 등 다양한 자료가 하드디스크, USB 외장 메모리 등 다양한 저장매체에 담기기 시작하였다. 따라서 이와 같은 전자적 자료에 대한 전자증거개시는 점차 중요해지고 있는 것이다.

미국은 일찍이 2006. 12. 실무가와 학계의 의견을 종합하여 연방민사소송규칙의 개정안으로서 전자적 자료에 대한 증거개시 규정을 마련하였고, 이에 발맞춰 여러 국제중재기관 또한 전자증거 개시에 대한 규정을 신설하였다.

우리나라의 경우 형사법에서의 증거개시제도는 2008. 1. 1.부터 시행되고 있다. 한편 민사소송법에는 미국의 민사소송절차에서처럼 당해 사건에 관련된 자료나 정보를 법관의 관여없이 알아낼 수 있는 이른바 '당사자의 정보수집권 보장'이라는 의미의 전형적인 증거개시제도는 없고, 다만 민사소송법상의 문서제출명령제도가 일정부분 증거개시제도의 기능을 담당하고 있다. 따라서 일방 당사자가 문서를 소지하지 않는 경우 법원에 문서제출명령을 신청하거나 송부촉탁을 신청하는 방법이 있을 뿐이다.

3) 디지털증거개시제도

① 전자적 자료의 특징

전자적 자료(ESI: Electronically Stored Information)는 컴퓨터 등에서 사용되는 디지털형태로 존재하는 정보로서, 디지털장비로 인해 생성된다. 전자적 자료는 i) 대량성, ii) 비가시성 및 비가독성, iii) 취약성, iv) 사본 구별 곤란성, v) 접근성 및 매체의존성, vi) 메타데이터의 존재 등과 같은 특징을 갖는다.

특히 전자적 자료의 취급에 있어서 대량성, 그리고 취약성과 메타데이터의 존재로 인한 보존의 필요성이 주로 문제가 된다. 이하에서 보다 살펴보기로 한다.

② 디지털증거개시제도(e-Discovery)

개인용 컴퓨터와 전자우편, 메신저, UCC 등의 등장과 함께 디지털증거개시는 매우 중요한 의미를 갖게 되었다. 디지털증거개시제도의 특수성은 디지털증거의 위와 같은 특성과 매우 밀접한 관련이 있다.

첫째로, 디지털증거개시제도의 대상물인 디지털증거는 그 양이 엄청나다는 것이다. 통상 1기가 바이트만 해도 1.5톤 트럭 한 대 분의 자료가 출력되며, 2테라바이트는 웬만한 대학의 도서관에 소장된 책자 전부의 분량에 해당한다. 그러므로 이러한 방대한 양의 정보에서 유의미한 정보를 추출해내야만 하는 책임을 누가 질 것인가, 그 비용은 누가 부담할 것인가의 문제 등이 파생된다.

둘째로 메타데이터를 갖고 있다는 점이다. 메타데이터란, 파일(데이터)의 역사를 담은 데이터이다. 제목의 주제, 작성자, 저장된 위치, 문서생성시간, 접근시간, 마지막 수정시간 등을 포함하고 있다. 이 메타데이터는 디지털포렌식에 있어 가치있는 많은 정보를 제공하므로 그 보존에 주의를 기울여야 한다. 메타데이터에 대한 디지털포렌식절차는 통상 포렌식 전문가에 의해 수행되며, 유사시 전문가 증인(Expert Witness)으로 법정에 출석하여 증언을 해야하는 부담을 지기도 한다.

마지막으로, 원본데이터 및 메타데이터는 타인에 의해 변형되기 쉬워 원래 있던 상태 그대로 보존이 어렵다는 점이다. 전자적 방식으로 저장된 정보는 위·변조가능성이 많으므로 디지털증거의 보존과 관련된 이슈가 발생한다. 이러한 문제점을 해결하는 방안으로 소송으로의 이행 가능성이 있는 경우에는 당사자에게 증거를 보존하도록 의무를 부과할 것인지, 의무를 부과한다면 그 시점을 언제로 할 것인지의 문제가 발생한다. 더 나아가 이러한 의무를 지는 당사자가 증거를 고의적으로 조작하거나 훼손했을 경우에는 어떠한 법적 조치를 취해야 하며, 당사자는 이러한 법적 조치에 여하한 방법으로 관여할 수 있는가 하는 점도 중요한 이슈로 부각된다.

③ 우리나라의 디지털증거개시제도

오늘날 대부분의 기업회계자료들은 모두 전산화돼 있어 실무상 기업회계자료 등을 압수·수색하거나 데이터베이스 자료를 압수하는 경우가 대부분이다. 그럼에도 불구하고 아직 우리나라에서는 디지털증거개시제도 도입이 단지 입법론으로만 제기되고 있는 실정이다. 이하에서는 현재 규정되어 있는 조문을 중심으로 디지털증거개시제도 유사 활용가능성을 검토해보기로 한다.

우선 디지털증거의 조사방법으로서 변론준비절차가 활용될 수 있으며, 이를 적극적으로 활용가능하다는 견해가 있다.

> 제279조(변론준비절차의 실시) ① 변론준비절차에서는 변론이 효율적이고 집중적으로 실시될 수 있도록 당사자의 주장과 증거를 정리하여야 한다.
> 제280조(변론준비절차의 진행) ① 변론준비절차는 기간을 정하여, 당사자로 하여금 준비서면, 그밖의 서류를 제출하게 하거나 당사자 사이에 이를 교환하게 하고 주장사실을 증명할 증거를 신청하게 하는 방법으로 진행한다.

다음으로 민사소송법상 증거조사절차에서 디지털증거의 조사방법을 알아보자. 증거조사는 위에서 이미 본 바 있듯이, 당사자가 증거신청 한 서증, 증인 등의 증거를 법원이 열어보아 재판에 현출하는 것을 의미한다. 디지털증거에 관하여 민사소송법 제374조는 '도면·사진·녹음테이프·비디오테이프·컴퓨터용 자기디스크, 그밖에 정보를 담기 위하여 만들어진 물건으로서 문서가 아닌 증거의 조사에 관한 사항은 제3절 내지 제5절의 규정에 준하여 대법원규칙으로 정한다'고 규정하고 있다.

민사소송규칙 제120조(자기디스크 등에 기억된 문자정보 등에 대한 증거조사) ① 컴퓨터용 자기디스크·광디스크, 그밖에 이와 비슷한 정보저장매체(다음부터 이 조문 안에서 이 모두를 "자기디스크 등"이라 한다)에 기억된 문자정보를 증거자료로 하는 경우에는 읽을 수 있도록 출력한 문서(다음부터 이 조문 안에서 "출력문서"라고 한다)를 제출할 수 있다.

② 자기디스크 등에 기억된 문자정보를 증거로 하는 경우에 증거조사를 신청한 당사자는 법원이 명하거나 상대방이 요구한 때에는 자기디스크 등에 입력한 사람과 입력한 일시, 출력한 사람과 출력한 일시를 밝혀야 한다.

③ 자기디스크 등에 기억된 정보가 도면·사진 등에 관한 것인 때에는 제1항과 제2항의 규정을 준용한다.

민사소송규칙 제121조(음성·영상자료 등에 대한 증거조사) ① 녹음·녹화테이프, 컴퓨터용 자기디스크·광디스크, 그 밖에 이와 비슷한 방법으로 음성이나 영상을 녹음 또는 녹화(다음부터 이 조문 안에서 "녹음 등"이라 한다)하여 재생할 수 있는 매체(다음부터 이 조문 안에서 "녹음테이프 등"이라 한다)에 대한 증거조사를 신청하는 때에는 음성이나 영상이 녹음 등이 된 사람, 녹음 등을 한 사람 및 녹음 등을 한 일시·장소를 밝혀야 한다.

② 녹음테이프 등에 대한 증거조사는 녹음테이프 등을 재생하여 검증하는 방법으로 한다.

③ 녹음테이프 등에 대한 증거조사를 신청한 당사자는 법원이 명하거나 상대방이 요구한 때에는 녹음테이프 등의 녹취서, 그밖에 그 내용을 설명하는 서면을 제출하여야 한다.

민사소송규칙 제122조(감정 등 규정의 준용) 도면·사진, 그밖에 정보를 담기 위하여 만들어진 물건으로서 문서가 아닌 증거의 조사에 관하여는 특별한 규정이 없으면 제3절 내지 제5절의 규정을 준용한다.

마지막으로 증거보전절차가 있다. 증거보전은 미리 그 증거를 조사하는 것이기 때문에 증거조사가 되면 한 쪽의 지배영역내에 있는 증거의 내용을 상대방 당사자에게 알리는 '증거공개기능'도 있으므로 이를 증거개시절차로서 활용 가능하다.

제375조(증거보전의 요건) 법원은 미리 증거조사를 하지 아니하면 그 증거를 사용하기 곤란할 사정이 있다고 인정한 때에는 당사자의 신청에 따라 이 장의 규정에 따라 증거조사를 할 수 있다.

Chapter 02

형사소송

학습목표

형사소송이란 무엇인지 알아보자.

1. 형사소송의 대상 및 절차를 알아본다.
2. 형사소송의 증거조사대상 및 증거조사절차, 그리고 주요 원칙을 알아본다.
3. 형사증거법과 디지털증거와의 관계를 알아본다.

1 개 관

(1) 의의와 종류

1) 의 의

협의의 형사소송이라 함은, 형사사건에 대해 법원의 심판을 구하는 절차로서 공소제기부터 형이 확정되기까지의 절차를 의미한다.

그러나 일반적으로 형사소송이라 함은 광의의 형사소송을 의미하는바, 광의의 형사소송이라 함은 협의의 형사소송 이외에 공소제기 전 단계인 수사절차나 형의 확정이후의 단계인 형집행절차를 포함한다.

형사소송은 사인(私人)에 대한 '국가'의 형벌권 행사에 관한 사건을 대상으로 하는 점에서 '사인 간' 생활관계에서 비롯된 법률분쟁을 대상으로 하는 민사소송과 구별된다.

2) 종 류

일반적인 정식기소에 의한 형사소송의 공판절차는 아래에서 후술하는 바, 이하 형사소송의 종류에서는 '특별절차'에 대하여 간단하게 검토하기로 한다.

① 약식절차

가. 의의

약식절차라 함은, 일반적인 공판절차를 생략하고 검사가 제출한 자료만을 조사하여 피고인에게 벌금 등을 부과하는 간이한 형사절차를 의미한다. 즉, 공판정에서 피고인이 출석하여 심리하는 것을 생략하고 서면심리만으로 형을 선고하는 것이다. 이는 형사재판에 있어서 신속성을 도모하고 공개재판에 따른 피고인의 부담을 덜어준다.

나. 요건

약식명령을 청구할 수 있는 사건은 벌금, 과료에 처할 수 있는 사건에 한정되며, 범죄사실의 해당법조의 법정형에 벌금이나 과료가 적어도 선택적으로나마 포함될 것을 요건으로 한다. 따라서 금고나 징역 등 무거운 형벌만이 가능한 범죄인 경우에는 약식명령에 의할 수 없다.

다. 절차

약식명령의 청구는 공소제기와 동시에 서면으로 한다(제449조). 이러한 약식명령의 청구가 있으면 법원은 원칙적으로 서면심리를 하되, 심리결과 약식명령을 할 수 없거나 또는 부적당한 경우 공판절차에 의하여 심판하도록 하며(제450조), 그렇지 아니한 경우 청구가 있는 날로부터 14일 이내에 약식명령을 한다(소송촉진 등에 관한 특례법 제22조, 규칙 제171조).

라. 효과

검사나 피고인은 약식명령에 불복이 있는 경우 명령의 고지를 받은 날로부터 7일 이내에 정식재판을 청구할 수 있다(제453조 제1항). 이러한 약식명령은 정식재판의 청구기간이 경과하거나 그 청구의 취하 또는 청구기각이 확정된 때에는 확정판결과 동일한 효력이 있다(제457조).

따라서 약식명령이 내려졌다고 하여 이에 반드시 따라야 하는 것은 아니며, 검사와 피고인은 이에 대해 불복하고 정식재판을 청구하여 1심부터 일반적인 형사소송절차에 따라 심판받을 수 있다.

② 국민참여재판

가. 의의

국민참여재판이란 국민이 형사재판에 배심원으로서 참여하는 제도이다. 국민참여재판은 '국민의 형사재판참여에 관한 법률'에 의하여 적극적으로 재판에 참여하는 형사소송의 한 형태로서, 국민에 의한 사법통제를 가능하게 하고자 도입되었다.

나. 요건

법률에서 정한 범위에 해당하는 경우(국민의 형사재판참여에 관한 법률 제5조－살인, 뇌물, 강간 등) 국민참여재판에 의해 공판이 진행될 수 있으며, 다만 피고인이 원하지 않는 경우 또는 법원의 판단에 따라 국민참여재판은 배제될 수 있다(동법 제5조 제2항).

다. 절차

법원은 피고인에게 국민참여재판을 원하는지 여부에 관한 의사를 서면으로 반드시 확인하여야 하며, 피고인이 7일 이내에 서면으로 법원에 제출하여야 한다. 이를 제출하지 않는 경우 원하지 않는 것으로 간주한다(동법 제8조). 국민참여재판이 결정된 경우 법원에 의하여 배심원이 선정되고 국민참여재판이 진행된다.

국민참여재판의 경우 일반적인 공판절차와 그 진행이 같지만, 판사 이외에 배심원에 의한 심리 및 평결이 이루어진다는 점에서 특별절차라 할 수 있다.

라. 효과

영국과 미국의 배심원 제도와 비슷한 제도이지만 이와 달리, 우리나라 국민참여재판의 배심원 의견은 만장일치제를 기본으로 하되 이에 이르지 못할 경우 법관의 의견을 들은 후 다수결 평결이 가능하다. 이러한 평결 및 의견은 법원을 기속하지는 아니한다(동법 제46조 제5항). 즉, 배심원들이 유죄・무죄 평결을 내리지만 법적인 구속력은 없다.

③ 즉결심판절차

즉결심판이라 함은, 범죄의 증거가 명확하고 죄질이 경미한 사건에 대하여 간이하고 신속하게 형을 결정하는 절차로서, 일반적인 형사소송절차가 아닌 신속한 절차에 의하여 경미한 형을 선고하여 피고인에 대한 심리적, 경제적 부담을 덜어주기 위한 제도이다.

즉결심판의 대상이 되는 형사사건은 20만 원 이하의 벌금, 구류 또는 과료(2천 원 이상 5만 원 미만)에 처할 경미사건이며(즉결심판에관한절차법 제2조), 청구권자는 검사가 아닌 '관할 경찰서장 또는 해양경찰서장'이다. 피고인과 경찰서장 또는 해양경찰서장은 즉결심판에 대하여 정식재판청구가 가능하다(동법 제15조).

(2) 절차의 이해

형사소송은 국가가 범죄자에 대하여 형벌권을 행사하기 위한 절차로서, 수사기관에 의한 수사절차와 법원에 의한 재판절차로 분류된다. 수사절차에서는 고소, 고발, 구속, 긴급체포, 구속적부심, 영장실질심사, 기소여부의 결정 등이 문제되고, 재판절차에서는 유무죄 여부, 양형 등이 문제된다.

위 재판절차는 검사가 범죄혐의자(피의자)를 상대로 법원에 '공소'를 제기함으로써 시작되며, 법원의 심리결과 죄를 범하였다고 인정되면 사형, 징역형, 금고형 등의 형벌이 부과된다.

2 형사소송상의 증거법칙

(1) 총 설

1) 의 의

형사소송법은 재판에서 증거가 어떻게 쓰이고 어떤 증거가 허용되는지에 관하여 규율한다.

증거란 재판의 객관성과 합리성을 보장하기 위해 사실인정의 근거가 되는 자료를 의미한다. 법관은 이러한 증거들을 종합한 결과 합리적 의심없는 증명의 정도에 이르는가를 판단하게 된다.

2) 증거능력과 증명력

증거능력이란 증거가 엄격한 증명의 자료로 사용될 수 있는 법률상의 자격을 말한다. 아무리 증거로서의 가치가 있는 증거라 할지라도 증거능력없는 증거는 사실인정의 자료가 될 수 없을 뿐만 아니라, 공판정에 증거로 제출하는 것도 허용되지 않는다. 증거능력은 증거의 실질적 가치를 의미하는 증거의 증명력과 구별된다.[1]

증거능력과 증명력의 정의는 민사소송에서 살펴본 정의와 기본적으로 유사하다. 다만, 증거능력에 제한이 없는 민사소송과는 달리 형사소송에서는 증거능력이 미리 법률에 의하여 형식적으로 결정되어있어 엄격한 요건하에 제한적으로 인정된다.

(2) 기본원칙

1) 자백배제법칙

① 의의

자백배제법칙이라 함은, 피고인의 자백이 고문 · 폭행 · 협박 등에 의해 임

1) 이재상, 형사소송법, 523p, 박영사.

의적으로 진술된 것이 아니라고 의심할 만한 이유가 있는 때에는 증거능력을 배제하는 것으로, 형사소송법 제309조에 규율되어 있다

② 요건

• 고문 · 폭행 · 협박 · 신체구속의 부당한 장기화로 인한 자백

고문이란 신체에 대하여 위해를 가하는 것을, 폭행은 신체에 대한 유형력 행사를, 협박은 해악을 고지하여 공포심을 일으키는 것을 말한다. 신체구속의 부당한 장기화로 인한 자백이란 부당하게 장기간에 걸쳐 인신을 구속하여 자백을 이끌어내는 것을 의미한다.

• 기망 기타 방법에 의한 임의성에 의심있는 자백

기망에 의한 자백이란, 기망 또는 위계에 의하여 자백을 얻는것을 말하며, 기타 방법에 의한 자백의 대표적인 예에는 이익의 약속에 의한 자백이 있다.

③ 절차

가. 증거능력 유무에 대한 의견

자백에 대한 증거가 제출된 경우 법원은 피고인측의 증거능력 유무에 대한 의견을 들어야 한다(규칙 제134조 제2항).

나. 임의성에 대한 입증

피고인이 자백의 임의성에 관하여 의문을 제기하는 경우 자백의 임의성에 대한 증명을 누가 해야하는지에 관하여, 판례는 검사에게 거증책임[2]이 있다고 보며, 그 증명의 정도와 관련하여 자유로운 증명[3]으로 그 임의성 유무를 판단하면 된다고 본다.

---

2) 소송상 권리 또는 법률관계의 존부를 판단하는데 필요한 사실에 관하여, 소송에 나타난 모든 증거자료에 의하여도 법원이 존부(存否) 어느 쪽으로도 결정 할 수 없는 경우에 법원은 이것을 어느 당사자에게 불리하게 가정하여 판단하지 않는 한 재판할 수 없게 된다. 이러한 경우에 불이익을 받을 당사자의 법적 지위를 거증책임이라 한다. (법률용어사전, 2011. 1. 15., 법문북스)

3) 「엄격한 증명」이라 함은 법률상 증거능력이 있고 또 공판정에서 적법한 증거조사를 거친 증거에 의한 증명을 말하며, 「자유로운 증명」이라 함은 그 이외의 증거에 의한 증명을 말한다. (법률용어사전, 2011. 1. 15., 법문북스)

④ **효과**

가. 절대적 증거능력의 배제

형사소송법 제309조에 의거하여, 위법하게 취득된 자백은 절대적으로 증거능력이 배제된다. 따라서 임의성에 의심이 있는 자백은 동의하여도 증거능력이 없으며, 탄핵증거[4]로도 사용할 수 없다. 한마디로 위와 같은 자백은 절대로 증거로 사용될 수 없다.

나. 독수독과의 원칙

독수독과이론(毒樹毒果理論, fruit of the poisonous tree)은 위법하게 수집된 증거(독있는 나무)에 의하여 발견된 제2차 증거(독있는 과실, 파생증거라고도 한다)의 증거능력은 인정할 수 없다는 이론이다. 자백배제법칙에 위반하여 취득한 자백에 의해 수집된 증거에 관하여 독수의 과실이론이 적용된다. 이에 대하여는 아래에서 항을 바꾸어 자세하게 살펴보도록 한다.

2) 위법수집증거배제법칙

① **의의**

위법수집증거배제법칙이란 적법한 절차에 의하지 않고 획득한 증거, 즉 위법하게 수집한 증거와 그 증거를 원인으로 얻은 증거에 대해 증거능력을 부인하는 법칙을 말한다.

여기에서 위법수집증거는 보통 수사기관이 위법한 절차로 수집한 증거를 말하지만, 법원의 절차위법에 의한 경우도 포함한다.

② **위법수집증거배제법칙의 실정법적 근거**

2007년 우리 형사소송법은 제308조의2에서 '위법수집증거배제의 법칙'이라는 제목하에 "적법한 절차에 따르지 아니하고 수집한 증거는 증거로 할 수 없다"는 규정을 신설하였다. 종래 판례에 의해 인정되어 오던 이론이 법규로서 명확하게 인정된 것이다.

---

4) 탄핵증거라 함은 공판준비 또는 공판기일에서 피고인 또는 피고인 아닌 자의 진술증거의 증명력을 다투기 위한 증거를 말한다(형사소송법 제318조의2).

미국에서 헌법 해석에 의하여 발견된 위법수집증거배제의 법칙은 위법한 절차에 의하여 수집된 증거, 즉 위법수집증거의 증거능력을 부정하는 증거법칙으로서 배제법칙이라고 불리기도 한다.

③ **위법수집증거배제법칙의 필요성**

수사는 실체진실을 밝히기 위해서 원칙적으로 수사기관의 선택에 따라 신속하고 다양하게 이루어져야할 필요가 있다. 하지만 수사가 국민의 기본권에 미치는 영향은 매우 중대하다. 따라서 우리 헌법과 형사소송법은 법관의 영장 등 다양한 방법으로 수사절차를 규제하고 있다.

그런데 실체적 진실을 밝히기 위하여 수단과 방법을 가리지 않고 수사를 하는 것이 타당할까? 만약 수사기관이 헌법과 형사소송법에 규정된 다양한 규제를 준수하지 않고 위법한 방법으로 증거를 수집한 경우에는 어떻게 해야할까?

수사에 관하여 일정한 제재가 없는 경우에는 수사기관이 그 증거를 얻기 위하여 고문, 폭행, 협박 등이 난무할지도 모른다. 과거 이러한 제재가 미미했던 몇 십년 전만해도 그러한 일이 있었음을 한번쯤은 들어보았을 것이다. 물론 그 범죄에 대하여 실체적 진실을 밝히는 것도 중요하지만 국민의 인권 및 신체 등은 절대적으로 보호되어야 하는 것이므로 적정한 절차를 보장하는 위법수집증거배제법칙이 나온 것이다.

따라서 수사에 관한 다양한 규제절차가 규범력을 상실하지 않고 국민의 기본권을 보호할 수 있도록 작동하게 하기 위해서는 위법한 수사활동을 한 국가 또는 수사기관에 일정한 제재가 가해져야 한다.

예를 들어, 고문, 폭행 등을 통해 증거를 수집한 수사담당자를 형법 제123조의 직권남용죄, 124조 제1항의 불법체포, 불법감금죄 등으로 형사처벌하는 방법을 생각해 볼 수 있다. 또한 국가에 대하여 국가배상청구를 하거나 수사담당자에 대해 민법 제750조의 불법행위임을 이유로 한 손해배상청구를 하여 금전적인 부담을 가하는 방법도 가능하다. 그 외에도 각종 징계절차를 통해 인사상, 신분상의 불이익을 가하는 것도 이러한 제재의 한 방법일 것이다.

그러나 위와 같은 규제만으로는 실효성이 보장될 수 없으며 조금 더 근본적인 방법을 통해 애초부터 수사기관이 위법한 수사활동을 할 동기나 유인을 갖지 못하도록 하는 것이 보다 효율적일 것이다. 만약 수사기관이 위법한 수사활동을 통해 획득한 증거를 공판절차에서 사용하지 못하도록 한다면 수사기관은 위법을 감수하고서라도 증거를 수집하려는 동기자체를 잃게 될 것이다.

이처럼 위법한 수사활동을 통해서 수집한 증거를 통해 어떤 범죄사실이 밝혀지더라도 그 증거는 공판절차에서 절대로 사용할 수 없다는 점을 명백하게 확인해줌으로써 위법한 수사활동을 통해서 증거를 확보하려는 동기나 의도를 당초부터 포기하게하여 위법수사를 억제할 수 있도록 도입한 것이 바로 위법수집증거배제의 법칙이다. 비록 실체적 정의실현을 포기하는 한이 있더라도 위법한 수사활동을 막아 국민의 기본권을 보호하겠다는 취지이다.

이렇듯 시민의 자유를 국가의 권력작용으로부터 보호하려는 것이 위법수집증거배제법칙에 내재된 진정한 정책적 목표이다. 설사 개개의 사건에서 진범을 밝혀내어 처벌할 수 있다고 하더라도 이를 위해 수사기관의 위법한 수사활동을 허용한다면 더 많은 다른 사건에서 국민들의 자유와 권리가 침해됨으로써 더 큰 정의를 잃게 될 우려가 있다.

반면, 위법수집증거배제법칙을 적용하게 되면 범인을 알고 있음에도 불구하고 그를 처벌하는 것을 포기함으로써 구체적 정의가 실현되지 않을 수 있다는 점을 명확히 인식할 필요가 있다. 즉, 위법수집증거배제법칙은 허위증거로 인한 오판의 위험성을 제거하기 위한 것이 아니다. 물론 경우에 따라서는 위법한 수사활동이 오판의 위험성을 증가시키는 경우가 있지만, 위법하게 수집된 물적 증거를 배제하는 것은 중요한 가치를 지닌 증거를 배제함으로써 오히려 실체적 진실발견을 저해하기도 한다.

그러므로 위법수집증거배제법칙을 어떤 범위의 위법사유에까지 적용할 것인지의 여부가 대단히 중요한 문제로 대두된다.

위법수집증거배제법칙을 지나치게 엄격하게 적용하면 수사기관의 사소한 위법 또는 실수에 의해 정의의 실현을 포기하는 결과가 된다. 이를 극단적으로 바꾸어 말하면 수사기관의 사소한 실수로 말미암아 연쇄살인범을 석방해도 좋을 것인가, 혹은 어느 정도의 위법사유가 있을 때 연쇄살인범을 석방할 것인가의 문제가 된다.

개정 형사소송법은 위법수집증거배제법칙을 도입함으로써 앞으로는 형사소송법상의 절차규범, 특히 압수·수색절차의 준수가 수사와 공소유지에서 매우 중요한 의미를 차지하게 되었다. 검사는 수사의 주재자로서 검찰의 수사뿐만 아니라 경찰의 수사에 있어서도 증거수집이 적법한 절차에 따라 이루어지도록 수사지휘 등에 있어서 세심한 주의를 기울일 필요가 있다.

④ 위법수집증거배제법칙의 연혁

가. 2007년 형사소송법 개정 전의 위법수사의 규제

형사소송법 제309조는 앞서 보았던 자백의 임의성법칙 또는 자백배제법칙을 규정하고 있다. 종래부터 대법원은 진술증거에 관하여는 이러한 자백배제법칙에 근거하여 자백의 임의성에 영향을 미칠 수 있는 위법한 수사활동을 규제하였다.

그러나 대법원은 비진술증거에 대하여는 영장주의에 위반하여 압수한 압수물이라고 할지라도 증거능력이 있다고 하여 위법수집증거배제법칙을 적용하지 아니하였다. 즉, 압수물은 그 압수절차가 위법이라 하더라도 물건자체의 성질, 형상에 변경을 가져오는 것은 아니므로 그 형상 등에 관한 증거가치에는 변함이 없다고 할 것이므로 증거능력이 있다는 취지로 판시하였다.

그후 대법원은 2007년 형사소송법 개정에 의한 위법수집증거배제법칙의 시행직전에 선고된 2007. 11. 15. 선고 2007도3061 전원합의체 판결(이하 '제주지사실 압수·수색판결'이라 한다)을 통하여 압수·수색 비진술증거에 대해서도 위법수집증거배제법칙을 도입하였다. 그러나 위 판결에서는 위법의 의미와 예외적인 증거능력인정요건에 관하여 다수의견과 별개의견이 대립하였다. 그러한 영향으로 2007년 개정 형사소송법도 이러한 위법의 의미와 예외적인 증거능력인정요건에 관하여는 법원의 해석에 맡겨두었다. 따라서 위법수집증거배제법칙의 구체적 적용범위, 적용기준, 적용방법을 대상으로 한 논의는 앞으로도 계속될 것으로 예상된다. 앞에서 설명한 바와 같이 위법수집증거배제법칙이 수사기관의 위법한 수사활동을 억지하는 기능을 하는 반면, 구체적 사건에서의 실체적 진실발견을 저해하는 비용의 측면을 가지고 있기 때문이다.

나. 2007년 형사소송법 개정 전 판례

가) 2007. 11. 15. 선고 2007도3061 전원합의체 판결

2007년 형사소송법 개정에 의해 위법수집증거배제법칙이 시행되기 직전에 대법원은 제주지사실 압수·수색 판결에서 위법하게 수집한 압수물에 대하여 위법수집증거배제법칙이 적용된다고 판례를 변경하였다.

이 판결은 제주도지사가 지방선거를 앞두고 자신의 선거운동의 기회에 다른 공무원을 활용함으로써 불법선거운동을 기획한 혐의에 대하여 공직선거법 위반으로 기소된 사안에 관한 것이다. 검찰은 도지사의 정책특별보좌관이 사용하던 사무실을 압수·수색하는 과정에서 그곳을 방문한 도지사 비서관이 들고있던 도지사 업무일지, 각종 메모, 도지사에 대한 선거관련 보고문서 등 선거관련 문서를 압수한 후 이를 공소사실을 입증하는 증거로 제출하였다.

이 판결에서 다수의견과 별개의견 모두 종전의 성질·형상불변론을 포기하고 위법수집증거배제법칙을 수용하였지만 위법수집증거배제법칙의 적용기준 또는 범위에 관하여는 이견을 표출하였다.

대법원의 다수의견은 헌법과 형사소송법의 규정에 위반한 수사활동으로 수집된 증거는 원칙적으로 모두 증거능력이 없다고 봄으로써 위법수집증거배제법칙의 적용범위에 제한을 두지 않는 한편, 다양한 구체적인 사정을 고려하여 예외를 인정할 수 있다고 하였고, 이에 반하여 별개의견은 위법한 수사의 의미를 중대한 위법사유가 있는 경우로 한정함으로써 위법수집증거배제법칙의 적용범위를 제한하려 한 것이다. 대법원 다수의견의 이러한 태도는 2007년 형사소송법 개정으로 위법수집증거배제법칙이 정식으로 입법화된 이후에도 다수의 판결에서 그대로 유지되었다.

나) 파기환송 후의 대법원 2009. 3. 12. 선고 2008도763 판결요지

【판결요지】

[1] 헌법과 형사소송법이 구현하고자 하는 적법절차와 영장주의의 정신에 비추어 볼 때, 법관이 압수·수색영장을 발부하면서 '압수할 물건'을 특정하기 위하여 기재한 문언은 엄격하게 해석하여야 하고, 함부로 피압수자 등에게 불리한 내용으로 확장 또는 유추 해석하여서는 안 된다. 따라서 압수·수색영장에서 압수할 물건을 '압수장소에 보관중인 물건'이라고 기재하고 있는 것을 '압수장소에 현존하는 물건'으로 해석할 수는 없다.

[2] 압수·수색영장은 처분을 받는 자에게 반드시 제시하여야 하는바, 현장에서 압수·수색을 당하는 사람이 여러 명일 경우에는 그 사람들 모두에게 개별적으로 영장을 제시해야 하는 것이 원칙이다. 수사기관이 압수·수색에 착수하면서 그 장소의 관리책임자에게 영장을 제시하였다고 하더라도, 물건을 소지하고 있는 다른 사람으로부터 이를 압수하고자 하는 때에는 그 사람에게 따로 영장을 제시하여야 한다.

[3] 공무원인 수사기관이 작성하여 피압수자 등에게 교부해야하는 압수물 목록에는 작성연월일을 기재하고, 그 내용은 사실에 부합하여야 한다. 압수물 목록은 피압수자 등이 압수물에 대한 환부·가환부신청을 하거나 압수처분에 대한 준항고를 하는 등 권리행사절차를 밟는 가장 기초적인 자료가 되므로, 이러한 권리행사에 지장이 없도록 압수직후 현장에서 바로 작성하여 교부해야 하는 것이 원칙이다.

[4] 헌법과 형사소송법이 정한 절차에 위반하여 수집한 증거는 기본적 인권보장을 위해 마련된 적법한 절차에 따르지 않은 것으로서 원칙적으로 유죄의 증거로 삼을 수 없다. 다만, 수사기관의 증거수집 과정에서 이루어진 절차위반행위와 관련된 모든 사정을 전체적·종합적으로 살펴볼 때, 수사기관의 절차위반행위가 적법절차의 실질적인 내용을 침해하는 경우에 해당하지 아니하고, 오히려 그 증거의 증거능력을 배제하는 것이 헌법과 형사소송법이 형사소송에 관한 절차조항을 마련하여 적법절차의 원칙과 실체적 진실규명의 조화를 도모하고 이를 통하여 형사사법정의를 실현하려 한 취지에 반하는 결과를 초래하는 것으로 평가되는 예외적인 경우라면 법원은 그 증거를 유죄인정의 증거로 사용할 수 있으나, 구체적 사안이 위와 같은 예외적인 경우에 해당하는지를 판단하는 과정에서 적법한 절차를 따르지 않고 수집된 증거를 유죄의 증거로 삼을 수 없다는 원칙이 훼손되지 않도록 유념하여야 하고, 그러한 예외적인 경우에 해당한다고 볼 만한 구체적이고 특별한 사정이 존재한다는 것은 검사가 입증하여야 한다.

⑤ 위법수집증거배제법칙의 적용범위

가. 위법수사의 범위와 예외 인정여부

우리나라의 위법수집증거배제법칙의 적용기준은 적법한 절차이며, 이것이

헌법상의 적법절차 또는 적정절차를 가리키고 있음에는 별 이견이 없다. 그러나 여기서 말하는 적법한 절차라는 기준이 형사소송법상의 증거능력을 판단하는데 있어서 구체적으로 어떠한 내용을 가지는지에 대하여는 위 전원합의체 판결에서 드러나듯이 논란이 있다.

그러한 논란은 ① 대법원 다수의견과 같이 위법한 모든 경우에 적용된다는 입장과, ② 대법원 별개의견과 같이 중대한 위법이 있는 경우에 적용된다는 입장으로 정리된다.

나. 자백배제법칙과 위법수집증거배제법칙의 관계

위법수집증거배제법칙과 자백배제법칙의 근거를 어떻게 보는가에 따라 달라진다.

자백배제법칙의 근거를 위법배제에 있다고 볼 때에는 자백배제법칙은 위법수집증거배제법칙의 특칙에 지나지 않는다.[5] 한편, 자백배제법칙의 독자적 성격을 인정하여 자백 중 임의성이 없거나 의심되는 자백에 대하여는 자백배제법칙이 적용되고 임의성에는 문제가 없으나 그 수집절차가 위법한 자백에 대하여는 위법수집증거배제법칙이 적용된다고 보는 견해도 있다.

우리나라의 개정 형사소송법은 제308조의2에서 위법수집증거배제법칙을 규정하면서 증거재판주의를 규정한 제307조, 자유심증주의를 규정한 제308조의 뒤에 규정하였다. 그리고 제309조는 제308조의2의 다음에서 자백배제법칙을 규정한다.

이러한 조문의 위치와 대법원이 종래 변호인의 접견교통권, 피의자의 진술거부권을 침해된 경우, 불법한 체포가 이루어진 경우의 자백에 대하여 위법수집증거배제법칙에 따라 증거능력을 부인하여왔던 점에 비추어 보면, 우리 법상 위법수집증거배제법칙은 진술증거와 비진술증거 모두에 걸쳐 그 수집과정이 적법한 절차에 따르지 않은 경우 증거능력을 배제하는 역할을 한다고 볼 수 있다. 즉, 제308조의2는 제309조와 통신비밀보호법 제4조 등 위법수집증거배제를 규정하는 여러 조문들의 일반조항으로서의 성격을 갖는다고 보는 것이

---

5) 이재상, 형사소송법, 572p, 2013, 박영사.

타당하다.

과거 대법원이 자백배제법칙에 관하여 위법한 수사활동과 자백의 임의성 사이에 인과관계를 요구하였다. 그러나 진술증거에 대해서도 위법수집증거배제법칙이 전면적으로 적용됨에 따라 이제는 위법한 수사활동 자체만으로도 이후 그로부터 획득되었거나 파생된 증거의 증거능력이 부인될 가능성이 높게 되었다. 그러나 피의자 신문과정에서 발생한 기망, 약속 등 명백히 위법한 수사활동으로 보기 어려운 경우에는 여전히 그로부터 획득된 자백의 임의성과의 인과관계여부를 따져 자백의 증거능력을 배제할 여지가 남아 있다고 할 것이다.

⑥ 위법수사에서 파생된 증거의 증거능력－미국의 독수독과이론

독수의 과실이론은 위법하게 수집된 증거에 의하여 발견된 제2차 증거도 역시 증거로 할 수 없다는 이론이다. 즉, 위법한 방법으로 증거물을 확보한 다음 다시 그 증거물을 이용하여 또 다른 증거물을 확보하는 경우 그 또 다른 증거물 역시 증거로 사용할 수 없다.

예를 들면 경찰관 A가 살인범 B의 집에 불법적으로 몰래 들어가 B의 메모를 가지고 나왔다고 가정해 보자. 그 메모에는 B가 과거 C를 살인하는데 사용한 칼이 묻혀있는 위치가 메모되어 있었다. 그 후 그 메모를 통하여 살인에 사용된 칼을 확보하였다. 이 경우 메모는 위법하게 수집된 증거이다. 그리고 칼은 그 증거를 이용하여 발견한 2차 증거로서, 독수독과이론에 의해 원칙적으로 증거로 사용할 수 없다.

그러나 이 이론에 대하여 미국에서 다음과 같은 예외가 인정되고 있다.

가. 독립된 증거원

우선, 위법한 압수·수색으로 획득한 증거물이지만, 위법한 압수·수색과 관련없는 다른 독립된 정당한 정보에 기초하여 같은 내용의 증거물을 확보할 수 있었음을 입증한 경우에는 그 증거물은 증거로 할 수 있다는 독립된 증거원의 예외이다.

예를 들면 위법한 압수·수색으로 얻은 서류의 내용은 증거로 할 수 없지만, 수사관이 수사 중 위 서류의 내용을 알고 있는 다른 증인을 확보하게 된 경우 그 증인을 통하여 위 서류의 내용을 진술하거나 증언하도록 할 수 있다는 것이다. 위의 사례에서 B가 칼을 묻는 것을 본 목격자 D가 증언하여 어차피 칼을 찾아낼 수 있었다면 그 칼에 대하여는 독수독과이론의 예외에 해당하여 증거로 사용할 수 있다는 것이다.

나. 오염순화

최초의 위법한 수사행위로 인한 제1차 증거의 오염성이 피고인의 자발적 행위나 제3자의 독립된 행위가 개입되어 최초의 오염을 없앨만큼 순화되면 제2차 증거에 영향을 미치지 않는다는 오염순화의 예외도 있다.

이는 위법수사와 증거의 발견 사이에 다른 사정이 개입되어 인과관계가 단절되고 그 증거의 사용으로 인하여 위법수사억지효과나 사법의 염결성달성에 영향이 없는 경우이다.

다. 불가피한 발견

수사관이 불법한 행위로 취득한 증거라도 그 불법행위와는 별도로 다른 경찰관이 합법적으로 증거를 수집하였을 것임이 증명되는 경우에는 증거로 허용된다. 독립된 증거원에 의한 예외와 함께 수사기관이 사소한 부주의로 증거수집절차에서 위법을 행한 경우에 범인이 면책되는 것을 방지하기 위하여 인정된다.

예를 들어 위 사례에서 A가 B의 집을 수색할 당시 영장을 제시함이 없이 수색하여 위법하게 메모를 획득하였다고 하더라도 그 이후 다른 경찰관 E가 적법한 영장에 기하여 여러 차례에 걸쳐 B의 집을 수색하는 상황이 있었다면, A가 위법한 수색 당시 메모를 획득하지 못하였더라도 E가 적법하게 수색할 때에 메모를 발견하였을 것이므로 이 역시 독수독과원칙에 대한 예외로서 메모 또는 칼을 증거로 쓸 수 있다는 것이다.

⑦ 사인에 의한 위법수집증거의 배제

가. 사인에 의한 위법수집증거의 의의

위법수집증거배제법칙은 기본적으로 수사기관 즉 국가의 위법활동을 전제로 하고 있다. 따라서 수사기관이 아닌 사인(私人)이 위법하게 수집한 증거에 대하여 위법수집증거배제법칙이 적용되는지, 이러한 증거의 증거능력은 어떻게 되는지에 대하여 의문이 제기된다.

예를 들어 경찰관 등의 수사기관이 아닌 일반인 A가 B와 C의 대화를 불법적으로 도청한 경우에 이 녹음파일도 위법수집증거배제법칙에 의해 증거로 사용할 수 없는지 문제되는 것이다.

앞에서 서술한 바와 같이 미국법상 발달한 위법수집증거배제법칙은 수사기관의 위법활동을 억지하려는 목적으로 규정된 것이므로 수사기관이 아닌 사인이 위법하게 수집한 증거에 대하여는 위법수집증거배제법칙이 적용될 정책적 근거가 없다.

반면 아래에서 보는 바와 같이 독일에서 발전된 증거사용금지론에 의하면 사인에 의해 수집된 증거도 헌법에 규정되어 있는 인간의 존엄, 인격권, 사생활보호 등을 침해할 수 있기 때문에 사인이 위법하게 수집한 증거도 사용을 금지하여야 한다고 본다.

다만 사인에 의한 위법수집증거와 구별하여야 하는 것은 사인이 위법하게 취득하거나 보관하고 있는 물건을 임의적으로 제출하는 경우이다. 즉, 사인에 의한 위법수집증거는 사인이 범죄의 증명에 사용할 목적으로 위법하게 증거를 수집하는 경우를 말하는 것이고, 사인이 증거수집 목적이 아닌 다른 이유로 위법하게 취득하여 보관하고 있던 물건을 임의제출하는 것은 사인에 의해 위법하게 수집된 증거를 제출하는 것이 아니다. 임의제출할 수 있기 위해서는 반드시 그 물건을 적법하게 취득하거나 보관할 수 있는 적법한 권원이 있을 것을 요구하지 않으므로 이러한 경우에는 당연히 증거능력이 인정된다. 예컨대, 절도범으로부터 그가 소지하고 있던 장물을 다시 훔친 다른 절도범이 경찰에 검거되자 그 장물을 임의제출한 경우에 앞서 그 물건을 훔친 절도범에 대한 증거로 이를 사용하는 데에는 아무런 제한이 없다. 비록 장물이 위법하게 취득하여 보관 중인 물건이더라도 증거로 사용하기 위하여 위법하게 취득한 것이 아니기 때문이다.

나. 비교형량에 의한 증거배제

적법한 절차에 따르지 아니하고 수집된 증거에 사인이 수집한 증거도 포함되는지 여부에 관하여 판결(서울지방법원 1997. 4. 9. 선고 96노5541)은 "사람을 피사체로 하여 촬영한 사진의 경우, 특히 국가기관이 아닌 사인에 의한 사진촬영이라 할지라도 상대방의 명시적 의사에 반한 임의성 없는 촬영의 경우나 상대방이 범죄행위에 사용된다는 사실을 모르는 상태에서 촬영되는 경우와 같이 인격권이나 초상권 등의 기본권을 중대하게 침해하는 경우에는 증거능력이 부인된다고 할 것이고, 사인이 부정한 목적에 사용하기 위하여 촬영한 사진을 국가기관이 증거로 사용한다면 이것은 상대방의 기본권에 대한 새로운 침해를 의미한다고 할 것이므로 이 점에서도 증거능력을 부인하는 것이 타당하며, 증거수집절차의 중대한 위법으로 인하여 증거로서 사용이 허용되지 않는 증거는 증거동의의 대상에서 배제된다"고 판시하였다.

그러나 대법원(대법원 1997. 9. 30. 선고 97도1230 판결)은 이러한 원심판결에 대하여 "효과적인 형사소추 및 형사소송에서의 진실발견이라는 공익과 개인의 사생활보호이익을 비교형량하여 그 허용여부를 결정하여야 할 것"이라고 판시하여 증거능력 인정여부에 있어서 비교형량을 통하여 결정하는 태도를 취하면서 원심판결을 파기하고 그 증거능력을 인정하였다.

> 모든 국민의 인간으로서의 존엄과 가치를 보장하는 것은 국가기관의 기본적인 의무에 속하는 것이고, 이는 형사절차에서도 당연히 구현되어야 하는 것이기는 하나 그렇다고 하여 국민의 사생활영역에 관계된 모든 증거의 제출이 곧바로 금지되는 것으로 볼 수는 없고, 법원으로서는 효과적인 형사소추 및 형사소송에서의 진실발견이라는 공익과 개인의 사생활의 보호이익을 비교형량하여 그 허용여부를 결정하고, 적절한 증거조사의 방법을 선택함으로써 국민의 인간으로서의 존엄성에 대한 침해를 피할 수 있다고 보아야 할 것이므로, 피고인의 동의하에 촬영된 나체사진의 존재만으로 피고인의 인격권과 초상권을 침해하는 것으로 볼 수 없고, 가사 사진을 촬영한 제3자가 그 사진을 이용하여 피고인을 공갈할 의도였다고 하더라도 사진의 촬영이 임의성이 배제된 상태에서 이루어진 것이라고 할 수는 없으며, 그 사진은 범죄현장의 사진으로서 피고인에 대한 형사소추를 위하여 반드시 필요한 증거로 보이므로, 공익의 실현을 위하여는 그 사진을 범죄의 증거로 제출하는 것이 허용되어야 하고, 이로 말미암아 피고인의 사생활의 비밀을 침해하는 결과를 초래한다 하더라도 이는 피고인이 수인하여야 할 기본권의

제한에 해당된다(대법원 1997. 9. 30. 선고 97도1230 판결).

국민의 인간으로서의 존엄과 가치를 보장하는 것은 국가기관의 기본적인 의무에 속하는 것이고 이는 형사절차에서도 당연히 구현되어야 하는 것이지만, 국민의 사생활영역에 관계된 모든 증거의 제출이 곧바로 금지되는 것으로 볼 수는 없으므로 법원으로서는 효과적인 형사소추 및 형사소송에서의 진실발견이라는 공익과 개인의 인격적 이익 등의 보호이익을 비교형량하여 그 허용여부를 결정하여야 한다(대법원 1997. 9. 30. 선고 97도1230 판결, 대법원 2008. 6. 26. 선고 2008도1584 판결 참조).

원심은, 피고인들 사이의 이 사건 간통범행을 고소한 피고인 1의 남편인 공소외인이 피고인 1의 주거에 침입하여 수집한 후 수사기관에 제출한 혈흔이 묻은 휴지들 및 침대시트를 목적물로 하여 이루어진 감정의뢰회보에 대하여, 다음과 같은 이유로 위 감정의뢰회보의 증거능력을 인정하고, 공소사실을 유죄로 인정하였다. 즉, 공소외인이 피고인 1의 주거에 침입한 시점은 피고인 1이 그 주거에서의 실제상 거주를 종료한 이후이고, 위 감정의뢰회보는 피고인들에 대한 형사소추를 위하여 반드시 필요한 증거라 할 것이므로 공익의 실현을 위해서 위 감정의뢰회보를 증거로 제출하는 것이 허용되어야 한다. 이로 말미암아 피고인 1의 주거의 자유나 사생활의 비밀이 일정정도 침해되는 결과를 초래한다 하더라도 이는 피고인 1이 수인하여야 할 기본권의 제한에 해당된다는 것이다(대법원 2010. 9. 9. 선고 2008도3990 판결).

다. 수사기관의 개입

다만, 수사기관이 사인의 위법한 증거수집을 요구, 조장, 방조, 묵인한 다음 의도적으로 그 증거를 취득하는 것은 수사기관의 증거수집으로 보아야 한다. 결국 수사기관이 직접 위법하게 수집한 것과 다를바 없기 때문이다.

기록에 의하여 살펴보면, 이 사건업무일지 그 자체는 피고인 경영의 주식회사 수복건설이 그날그날 현장 및 사무실에서 수행한 업무내용 등을 담당직원이 기재한 것이고, 그 뒷면은 1996. 2. 25.자 태전사 신축공사계약서(이하 '신축계약서'라 한다), 1998. 2. 25.자 태전사 신축추가 공사계약서(이하 '추가계약서'라 한다) 및 1999. 11. 27.자 약정서 등 이 사건 각 문서의 위조를 위해 미리 연습한 흔적이 남아 있는 것에 불과하여, 이를 피고인의 사생활영역과 관계된 자유로운 인격권의 발현물이라고 볼 수는 없고, 사문서위조・위조사문서행사 및 소송사기로 이어지는 일련의 범행에 대하여 피고인을 형사소추하기 위해서는 이 사건업무일지가 반드시 필요한 증거로 보이므로, 설령 그것이 제3자에 의하여 절취된 것으로서 위 소송사기 등의 피해자 측이 이를 수사기관에 증거자료로 제출하기 위하여 대가를 지급하였다 하더라도, 공익의 실현을 위하여는 이 사건업무일지를 범죄의 증거로 제출하는 것이 허용되어야 하고, 이로 말미암아 피고인의 사생활영역을 침해하는 결과가 초래된다 하더라도 이는 피고인이 수인하여야 할 기본권의 제한에 해당된다(대법원 2008.6.26. 선고 2008도1584 판결).

충청남도 금산경찰서 소속 경사 공소외 1은 피고인 소유의 쇠파이프를 피고인의 주거지 앞마당에서 발견하였으면서도 그 소유자, 소지자 또는 보관자가 아닌 피해자 공소외 2로부터 임의로 제출받는 형식으로 위 쇠파이프를 압수하였고, 그 후 압수물의 사진을 찍은 사실, 공판조서의 일부인 제1심 증거목록상 피고인이 위 사진(증 제4호의 일부)을 증거로 하는 데 동의한 것으로 기재되어있는 사실을 알 수 있는바, 앞서 본 법리에 비추어 보면, 이 사건 압수물과 그 사진은 형사소송법상 영장주의 원칙을 위반하여 수집하거나 그에 기초한 증거로서 그 절차 위반행위가 적법절차의 실질적인 내용을 침해하는 정도에 해당한다고 할 것이므로, 피고인의 증거동의에도 불구하고 위 사진은 이 사건 범죄사실을 유죄로 인정하는 증거로 사용할 수 없다고 할 것이다.

형사소송법 제218조는 "사법경찰관은 소유자, 소지자 또는 보관자가 임의로 제출한 물건을 영장없이 압수할 수 있다"고 규정하고 있는바, 위 규정을 위반하여 소유자, 소지자 또는 보관자가 아닌 자로부터 제출받은 물건을 영장없이 압수한 경우 그 '압수물' 및 '압수물을 찍은 사진'은 이를 유죄인정의 증거로 사용할 수 없는 것이고, 헌법과 형사소송법이 선언한 영장주의의 중요성에 비추어 볼 때 피고인이나 변호인이 이를 증거로 함에 동의하였다고 하더라도 달리 볼 것은 아니다(대법원 2010.1.28 선고 2009도10092 판결).

위 대법원 판결은 소유자, 소지자, 보관자가 아닌 피해자로부터 증거물을 임의제출받은 사안이나, 여기에서 증거물을 제출한 피해자는 피고인으로부터 이 사건 파이프를 취득하여 보관하고 있었던 것이 아니라 수사기관이 피고인의 주거지 마당에서 발견된 물건을 직접 압수할 수 있었음에도 그대로 두었다가 피해자가 이를 증거로서 수사기관에 제출하였다.

이 사안에서는 수사기관이 직접 증거물을 압수하지 아니하고 피해자로 하여금 증거물을 압수하여 임의제출하게 함으로써 사후 압수·수색영장 절차를 회피하였다. 이러한 경우에는 비록 사인을 통해 증거가 수집되었다고 하더라도 위법수집증거배제법칙이 적용된다고 본 것이다. 또한 위 판결에 의하면 이러한 경우 피고인이 증거동의 하였다고 하더라도 해당 증거물의 증거능력이 없다고 판시하고 있는 점도 주목할 필요가 있다.

3) 전문법칙

① 의의

전문법칙이라 함은, 전문증거는 원칙적으로 증거능력이 인정될 수 없다는 것으로, 형사소송법 제301조의2에 의거한다.

여기서 전문증거(傳聞證據)라 함은 한자 그대로 전해들은 증거를 말한다. 즉, 사실인정의 기초가 되는 사실을 경험자가 직접 공판준비기일 또는 공판기일에서 진술하는 것이 아니라, 그 내용을 제3자에 의해 혹은 다른 형태에 의해 간접적으로 전하는 것을 의미한다. 이러한 전문법칙은 진술증거에 대하여만 적용되며, 증거물과 같은 비진술증거에는 전문법칙의 적용이 없다.

형사소송법은 제310조의2에서 '공판준비 또는 공판기일에서의 진술에 대신하여 진술을 기재한 서류나 공판준비기일외에서의 타인의 진술을 내용으로 하는 진술은 이를 증거로 할 수 없다'고 규정하여 원칙적으로 전문증거의 증거능력을 부정하고 있다. 그렇다면 전문법칙이 적용되기 위해서는 어떠한 요건들을 갖추어야 하는 것일까.

우선, 전문법칙이 적용되기 위해서는 전문증거가 진술증거여야 한다. 달리 말하면 형사소송을 통해 입증하고자 하는 사실을 직접 목격한 사람의 진술을 내용으로 하는 증거여야 한다는 것이다. 예를 들어, 어떠한 경험사실을 진술하는 내용을 담고 있는 것이 아닌 직접적으로 범죄에 사용한 피묻은 칼이나 필로폰 등과 같은 물증(物證)의 경우는 이러한 전문증거가 적용될 여지가 없다.

다음으로 전문법칙이 적용되기 위해서는 원진술내용이 형사소송을 통하여 입증하고자 하는 사실을 담고 있어야 한다. 다만 아무리 진술증거라고 하더라도 그 진술자체가 입증사실을 담고 있는 경우, 이에 대해서는 전문법칙이 적용되지 아니함을 주의해야 한다. 예를 들어 A가 B에게 "어제 내가 C를 죽였다."고 말하였고, 이러한 내용을 B가 진술하는 경우, A의 살인사건에 있어서 B의 진술은 전문법칙이 적용되는 진술증거이다. 그러나 A가 B에게 "돈을 주지않으면 당신의 딸을 죽이겠다."라고 말하며 협박하였다고 B가 진술하는 것은 진술증거이지만 A의 협박죄에 대해 B가 직접 경험한 사실을 진술하는 것이므로 직접증거일뿐 전문증거가 아니어서 전문법칙이 적용되지 않는 진술증거이다.

또한 전문증거일지라도 검사와 피고인이 증거로 할 수 있음을 동의한 서류 또는 물건은 진정한 것으로 인정할 때에는 전문법칙에도 불구하고 증거로 할 수 있다(형사소송법 제318조). 당사자가 이처럼 동의하는 경우에는 증거로 할 수 있도록 하여 불필요한 증인신문을 피하는 것이 재판의 신속과 소송경제에 부합하기 때문이다.

丙의 절도사건 : 甲의 목격 → 乙의 청취 → 乙의 진술(丙의 범죄를 입증하기 위해 甲과 乙의 두단계 진술이 개입됨)

甲의 명예훼손사건 : 甲의 목격 → 乙 등 다수의 사람들에게 공연히 적시 → 乙의 진술(甲의 범죄사실을 입증하기 위해 乙이 직접 목격한 사실을 진술하는 것이므로 전문법칙이 적용되지 아니함)

아울러 탄핵증거의 경우도 형사소송법 제318조의2 제1항에서 "제312조부터 제316조까지의 규정에 따라 증거로 할 수 없는 서류나 진술이라도 공판준비 또는 공판기일에서의 피고인 또는 피고인이 아닌 자(공소제기 전에 피고인을 피의자로 조사하였거나 그 조사에 참여하였던 자를 포함한다. 이하 이 조에서 같다)의 진술의 증명력을 다투기 위하여 증거로 할 수 있다."고 규정하여 명시적으로 전문법칙이 적용되지 아니함을 인정하고 있다.

탄핵증거라 함은 진술의 증명력을 다투기 위한 증거를 말한다. 이는 증인의 신빙성(信憑性)을 감쇄하기 위하여 제출하는 증거를 의미하는 영미증거법상의 개념이다. 다시 말하면 범죄의 요증사실을 증명하기 위한 것이 아니라 단지 '증인의 증언을 얼마나 믿을 수 있는가'에 대한 척도를 낮추기 위하여 사용되는 증거들은 보다 낮은 정도의 증명으로도 충분하기에 범죄사실을 직접적으로 입증하는 증거와 달리 그 증거능력을 완화하고 있는 것이다.

다만 전문증거라고 하여 모두 증거능력이 없다고 하는 것은 부당하다. 따라서 형사소송법은 아래와 같이 전문증거일지라도 증거능력을 인정받을 수 있는 예외적인 경우를 인정하고 있다.

② 전문법칙의 예외이론

형사소송법은 제311조에서 제316조에 걸쳐 전문법칙의 예외를 인정하고 있다.

전문법칙은 자신이 경험한 사실을 공판정에서 직접 진술하는 것이 아니라 경험자가 이를 수사기관에 진술한 것을 기록한 조서를 제출하거나 경험한 자로부터 그 사실을 전해들은 자가 진술하는 등의 경우, 직접 경험한 자에 대하여 당사자의 반대신문권이 보장되어 있지 않고, 신용성이 결여되어 있으므로 그 증거능력을 부정하는 것이다. 즉 재판장과 당사자 앞에서 목격 또는 경험한 자가 직접 진술하여야만 믿을 수 있다고 보아 증거로 사용할 수 있게 해주는 것이다. 그러나 이를 지나치게 고집할 경우, 재판이 지연되고 오히려 중요한 증거를 사용하지 못하게 되어 실질적인 진실을 밝히는데 오히려 지장을 초래할 수 있다. 따라서 예외적으로 진술의 진실성이 여러 제반사정에 의하여 보장되어 질 수 있고, 실제로 원진술자의 사망・질병 등의 사유로 그 증거를 사용하여야만 할 필요성이 인정되는 경우 등에는 그 증거능력을 인정하게 된 것이다.

가. 법원 또는 법관의 면전조서(面前調書)

제311조(법원 또는 법관의 조서)
공판준비 또는 공판기일에 피고인이나 피고인 아닌 자의 진술을 기재한 조서와 법원 또는 법관의 검증의 결과를 기재한 조서는 증거로 할 수 있다. 제184조 및 제221조의2의 규정에 의하여 작성한 조서도 또한 같다.

위와 같은 조서는 법원 또는 법관의 면전에서 직접 진술한 내용을 조서에 기재한 것이므로, 그 성립이 진정하고 신용성의 정황적 보장이 이루어진 것으로 봄이 상당하여 다른 전문법칙의 예외와 달리 다른 조건없이 증거능력을 부여하고 있다. 즉, 법관 등 앞에서 직접 진술하고 이를 기재한 것은 다른 전문증거에 비하여 믿을 수 있기 때문에 증거능력을 인정하는 것이다. 이외에 증거보전절차(형사소송법 제184조)와 증인신문청구절차(형사소송법 제221조의 2)에서 작성된 조서도 그 증거능력을 부여하고 있다.

나. 피의자신문조서

제312조(검사 또는 사법경찰관의 조서 등)
① 검사가 피고인이 된 피의자의 진술을 기재한 조서는 적법한 절차와 방식에 따라 작성된 것으로서 피고인이 진술한 내용과 동일하게 기재되어 있음이 공판준비 또는 공판기일에서의 피고인의 진술에 의하여 인정되고, 그 조서에 기재된 진술이 특히 신빙할 수 있는 상태하에서 행하여졌음이 증명된 때에 한하여 증거로 할 수 있다.
② 제1항에도 불구하고 피고인이 그 조서의 성립의 진정을 부인하는 경우에는 그 조서에 기재된 진술이 피고인이 진술한 내용과 동일하게 기재되어 있음이 영상녹화물이나 그밖의 객관적인 방법에 의하여 증명되고, 그 조서에 기재된 진술이 특히 신빙할 수 있는 상태하에서 행하여졌음이 증명된 때에 한하여 증거로 할 수 있다.
③ 검사 이외의 수사기관이 작성한 피의자신문조서는 적법한 절차와 방식에 따라 작성된 것으로서 공판준비 또는 공판기일에 그 피의자였던 피고인 또는 변호인이 그 내용을 인정할 때에 한하여 증거로 할 수 있다.

피의자신문조서는 크게 검사가 작성하는 경우(형사소송법 제312조 제1, 2항)와 경찰(형사소송법 제312조 제3항)이 작성하는 두 가지의 경우로 나뉜다.

검사가 작성한 피의자신문조서가 증거능력을 가지기 위해서는 i) 적법한 절차와 방식에 의하여 작성, ii) 실질적 진정성립, iii) 특히 신빙할 수 있는 상태의 세 가지 요건을 요한다.

'적법한 절차와 방식'은 형사소송법 제244조가 규정하고 있는 절차에 의해서 정당하게 작성되어질 것을 의미하고, '실질적 진정성립'이란 조서의 기재내용이 피고인이 진술한 내용과 동일하게 기재되어 있음을 인정하는 것이며, '특히 신빙할 수 있는 상태'란 진술내용이나 조서의 작성에 허위개입의 여지가 거의 없고, 진술내용의 신빙성이나 임의성을 담보할 구체적이고 외부적인 정황이 있는 것을 말한다.

경찰작성의 피의자신문조서의 경우는 검사작성의 그것과 큰 차이를 보이는데, 위 조항에서 볼 수 있는 바와 같이 경찰작성의 피의자신문조서의 경우, 피고인과 변호인 등이 그 내용이 진정하다고 인정하는 경우에 한정하여 그 증거능력을 인정하고 있다.

여기서 주의할 점은 검사작성의 피의자신문조서의 요건인 '실질적 진정성립의 인정'과 경찰작성의 피의자신문조서의 요건인 '내용인정'은 다르다는 점이다. 즉, '실질적 진정성립의 인정'은 그 내용이 객관적인 사실에 부합한다고 인정하는 것이 아니라 단지 검찰에서 자신이 진술한 내용과 동일한 내용으로 기재되었음을 인정하는 것이다. 따라서 A가 B의 물건을 훔치지 아니하였음에도 검찰에서 자신이 B의 물건을 훔쳤다고 거짓으로 진술하였고 이와 같은 내용이 피의자신문조서에 기재되어 있다면, 이는 비록 객관적 진실에는 부합하지 아니하지만 실질적 진정성립은 인정되는 것이다.

한편, '내용인정'은 조서의 진정성립뿐만 아니라 조서의 기재내용이 객관적 진실에 부합한다는 조서내용의 진실성 그 자체를 의미한다. 위의 사례와 같은 진술을 경찰에게 했고 이와 같은 내용이 경찰작성 피의자신문조서에 기재되어 있는 경우 비록 진술한 내용과 동일한 내용으로 기재되어 있어도 그 내용이 실제 발생한 사실과는 다르므로, B는 내용을 부인하게 될 것이다. 이러한 경우 피고인이 경찰이 작성한 피의자신문조서를 내용부인하게 되면 그 자체로 위 피의자신문조서는 증거로 사용할 수 없게 되는 것이다.

이는 경찰에서 작성된 피의자신문조서보다 검찰에서 작성된 피의자신문조서의 신용성이 더 높다고 보아 다르게 요건을 규정한 것이다.

다. 진술조서

제312조(검사 또는 사법경찰관의 조서 등)

④ 검사 또는 사법경찰관이 피고인이 아닌 자의 진술을 기재한 조서는 적법한 절차와 방식에 따라 작성된 것으로서 그 조서가 검사 또는 사법경찰관 앞에서 진술한 내용과 동일하게 기재되어 있음이 원진술자의 공판준비 또는 공판기일에서의 진술이나 영상녹화물 또는 그 밖의 객관적인 방법에 의하여 증명되고, 피고인 또는 변호인이 공판준비 또는 공판기일에 그 기재 내용에 관하여 원진술자를 신문할 수 있었던 때에는 증거로 할 수 있다. 다만, 그 조서에 기재된 진술이 특히 신빙할 수 있는 상태하에서 행하여졌음이 증명된 때에 한한다.

참고인 진술조서를 규정하고 있는 조문이다. 요건 중 '적법한 절차와 방식'과 '실질적 진정성립' 그리고 '특히 신빙할 수 있는 상태'는 위에서 살펴본 검사작성의 피의자신문조서와 동일하다.

다만, 진술조서의 경우는 반대신문권을 보장해 줄 것을 요구하고 있는데, 이는 그 기재내용에 대한 원진술자를 피고인 또는 변호인이 신문하여 진술의 허위를 밝혀낼 수 있는 기회를 부여하는 것으로 이는 피고인의 형사소송상 가장 중요한 권리로 손꼽힌다.

라. 검증조서

> **제312조(검사 또는 사법경찰관의 조서 등)**
> ⑥ 검사 또는 사법경찰관이 검증의 결과를 기재한 조서는 적법한 절차와 방식에 따라 작성된 것으로서 공판준비 또는 공판기일에서의 작성자의 진술에 따라 그 성립의 진정함이 증명된 때에는 증거로 할 수 있다.

적법한 절차와 방식에 따라 작성되고, 공판준비 또는 공판기일에서의 작성자의 진술에 따라 그 성립의 진정함이 증명되어야 한다. 다만, 사망·질병·외국거주·소재불명 그밖에 이에 준하는 사유로 인하여 진술할 수 없는 때에는 그 진술 또는 작성이 특히 신빙할 수 있는 상태하에서 행하여졌음이 증명된 때에 한하여 증거능력이 인정된다.

즉, 검증조서 역시 '적법한 절차와 방식'과 작성자의 진술에 의하여 그 성립의 진정이 인정될 경우 증거로 사용가능하다 할 것이다.

마. 진술서 및 감정조서

> **제313조(진술서 등)**
> ① 전2조의 규정 이외에 피고인 또는 피고인이 아닌 자가 작성한 진술서나 그 진술을 기재한 서류로서 그 작성자 또는 진술자의 자필이거나 그 서명 또는 날인이 있는 것은 공판준비나 공판기일에서의 그 작성자 또는 진술자의 진술에 의하여 그 성립의 진정함이 증명된 때에는 증거로 할 수 있다. 단, 피고인의 진술을 기재한 서류는 공판준비 또는 공판기일에서의 그 작성자의 진술에 의하여 그 성립의 진정함이 증명되고 그 진술이 특히 신빙할 수 있는 상태하에서 행하여 진 때에 한하여 피고인의 공판준비 또는 공판기일에서의 진술에 불구하고 증거로 할 수 있다.
> ② 감정의 경과와 결과를 기재한 서류도 전항과 같다.

위 조문들은 진술서와 진술기재서류에 대하여 규율하고 있다. 여기서 진술서란 작성자와 진술자가 일치하는 것으로, 피고인·피의자 또는 참고인이 직접 자신의 경험 등을 기재한 서면을 말한다. 한편, 진술기재서류란 작성자와 진술자가 다른 것을 말하는데, 피고인·피의자 또는 참고인(진술자)이 그들이 경험한 사실 등을 진술하는 것을 제3자(작성자)가 기재한 서면을 말한다.

다만 제312조와의 관계상 그 작성자가 수사기관인 경우에는 동조는 적용되지 아니하고 제312조가 적용된다.

위 조항에 따라 피고인이 아닌 자가 진술한 내용이 담긴 진술서 또는 진술기재서류에 대하여는 제313조 제1항 본문에 따라 그 진술자의 자필이거나 그 서명 또는 날인이 있는 경우에 그 진술자가 진술로서 성립의 진정함을 인정한 경우에는 증거로 할 수 있다.

그리고 피고인이 진술한 내용이 담긴 진술서 또는 진술기재서류에 대하여는 작성자가 성립의 진정함을 인정하고 특히 신빙할 수 있는 상태가 인정되는 경우에는 증거로 할 수 있다.

감정조서는 형사소송법 제313조 제2항에 따라 동조 제1항의 규정에 의하여 증거능력을 판단하는 것으로 규정하고 있다.

바. 당연히 증거능력이 있는 서류

제315조(당연히 증거능력이 있는 서류)
다음에 게시한 서류는 증거로 할 수 있다.
1. 가족관계기록사항에 관한 증명서, 공정증서등본 기타 공무원 또는 외국공무원의 직무상 증명할 수 있는 사항에 관하여 작성한 문서
2. 상업장부, 항해일지 기타 업무상 필요로 작성한 통상문서
3. 기타 특히 신용할 만한 정황에 의하여 작성된 문서

형사소송법 제311조의 법원 또는 법관의 면전조서의 경우와 유사하게 특히 신용성이 높고 그 작성자를 증인으로 신문하는 것이 부적당하거나 실익이 없는 경우, 별도의 증인신문 필요성이 없기에 그 증거능력을 예외적으로 인정하고 있다.

i) 가족관계기록사항에 관한 증명서, 공정증서등본 기타 공무원 또는 외국 공무원의 직무상 증명할 수 있는 사항에 관하여 작성한 문서, ii) 상업장부, 항해일지 기타 업무상 필요로 작성한 통상문서, iii) 기타 특히 신용할 만한 정황에 의하여 작성된 문서가 이에 해당한다.

사. 전문진술

> **제316조(전문의 진술)**
> ① 피고인이 아닌 자(공소제기 전에 피고인을 피의자로 조사하였거나 그 조사에 참여하였던 자를 포함한다. 이하 이 조에서 같다)의 공판준비 또는 공판기일에서의 진술이 피고인의 진술을 그 내용으로 하는 것인 때에는 그 진술이 특히 신빙할 수 있는 상태하에서 행하여졌음이 증명된 때에 한하여 이를 증거로 할 수 있다.
> ② 피고인 아닌 자의 공판준비 또는 공판기일에서의 진술이 피고인 아닌 타인의 진술을 그 내용으로 하는 것인 때에는 원진술자가 사망, 질병, 외국거주, 소재불명 그밖에 이에 준하는 사유로 인하여 진술할 수 없고, 그 진술이 특히 신빙할 수 있는 상태하에서 행하여졌음이 증명된 때에 한하여 이를 증거로 할 수 있다.

제316조 제1항은 피고인이 아닌 A가 피고인 B가 자신에게 한 말을 공판 중에 진술을 하는 경우를 말한다. 이 경우는 B가 위 진술을 할 당시 특히 신빙할 수 있는 상태였던 경우 그 증거능력을 인정하는 것이다. 이는 원진술자인 피고인 B가 공판정에서 직접 A를 반대신문할 수 있으므로 그 신용성을 보장할 수 있다고 보아 특히 신빙할 수 있는 상태만 유지된다면 이에 대한 증거능력을 인정하는 것이다.

한편, 제2항은 피고인 아닌 A가 피고인 아닌 B에게 한 말을 B가 공판 중 진술하는 것을 규율한다. A는 피고인이 아니므로, 공판에 참여하지 아니하여 반대신문할 수 없으므로 이러한 문제점을 보완하기 위하여 A가 사망 등으로 직접 출석하기 어려운 상황이 있는 경우에만 제한적으로 그 증거능력을 인정하고 있는 것이다. 즉, 이 경우 원칙적으로 직접 말한 A가 공판정에 나와서 진술하여야 증거로 사용할 수 있고 이를 전해들은 B가 A의 이야기를 진술하는 경우에는 A가 직접 나올 수 없는 특별한 사정이 있는 경우에만 증거로 쓰도록 하는 것이다.

아. 第314조

> **第314조(증거능력에 대한 예외)**
> 第312조 또는 第313조의 경우에 공판준비 또는 공판기일에 진술을 요하는 자가 사망·질병·외국거주·소재불명 그 밖에 이에 준하는 사유로 인하여 진술할 수 없는 때에는 그 조서 및 그밖의 서류(피고인 또는 피고인 아닌 자가 작성하였거나 진술한 내용이 포함된 문자·사진·영상 등의 정보로서 컴퓨터용디스크, 그밖에 이와 비슷한 정보저장매체에 저장된 것을 포함한다)를 증거로 할 수 있다. 다만, 그 진술 또는 작성이 특히 신빙할 수 있는 상태하에서 행하여졌음이 증명된 때에 한한다.

第314조는 第312조 및 第313조가 적용되는 경우 진정성립을 인정할 주체인 원진술자가 사망 등에 의하여 진정성립인정 진술을 할 수 없게 되는 경우에 대비하기 위한 보충적인 규정이다.

즉, 원진술자에게 사망하거나 질병, 외국거주, 소재불명 그밖에 이에 준하는 사유로 인하여 공판정에서 성립의 진정에 대하여 진술할 수 없는 사정이 발생한 경우 성립의 진정이 인정되지 않더라도 특히 신빙할 수 있는 상태가 증명되면 증거로 사용할 수 있다.

가) 절차

전문증거가 제출된 경우 역시 상대방이 동의하지 않으면 전문법칙의 예외에 해당한다는 점을 제출자가 입증해야 한다.

나) 효과

전문법칙은 전문증거의 증거능력을 상대적으로만 배제하는바, 상대방의 동의가 있거나 전문법칙의 예외에 해당하는 경우 증거능력이 있게 된다.

(3) 증거조사의 방법

1) 증거조사 이전의 모두 절차

진술거부권 등의 고지 → 피고인 인정신문 → 검사의 모두 진술 → 피고인의 모두 진술(공소사실인부 포함) → 재판장의 쟁점정리 및 검사·변호인의 증거관계 등에 대한 진술 등 모두 절차가 끝난 후에야 아래와 같은 '증거조사'가 진행된다(법 제290조).

2) 증거인부 및 증거조사

① 증거인부

공판준비 또는 공판기일에서 증거조사에 앞서 먼저 검사가 증거목록을 제출함으로써 증거신청을 하고, 이에 대해 피고인 또는 변호인이 증거능력 유무에 관한 의견을 진술하여야 하는데 이를 '증거인부'라고 한다.

검사작성의 피의자신문조서의 경우 성립 및 임의성의 인부에 관한 의견을 진술하고, 사법경찰관 작성의 피의자신문조서의 경우 성립, 임의성 및 내용의 인부를 진술하며, 기타 증거는 동의 내지 부동의를 진술한다.

② 증거조사

가. 의의

증거조사는 법원이 피고사건에 관한 사실을 인정함에 있어서 필요한 심증을 얻기 위하여 증거자료를 조사하여 그 내용을 감지하는 소송행위로 증인의 증언을 청취하거나 증거물의 형상을 확인하는 방식으로 이루어진다. 검사, 피고인 또는 변호인의 증거신청과 법원의 증거결정 및 이에 대한 이의신청과 법원의 결정 등도 증거조사에 포함되는 절차이다(법 제295조, 제296조).

나. 절차 및 방식

증거조사의 순서는 검사가 신청한 증거를 조사한 후 피고인이 신청한 증거를 조사하고 법원은 그 조사가 끝난 후 직권으로 결정한 증거를 조사한다. 법원은 직권 또는 검사, 피고인 변호인의 신청에 따라 위 순서를 변경할 수 있다(제291조의2).

증거조사의 방식은 제출된 증거자료의 성격에 따라 달라지는바, 증거자료가 물건일 경우 '제시'를 하며, 증거서류일 경우 '낭독', 증인일 경우 '신문'을 한다. 증거조사의 자세한 내용 특히 증인신문, 검증, 감정에 관하여는 (4)항에서 후술하도록 하겠다.

3) 증거조사 후 피고인신문, 최종변론 및 판결의 선고

① 피고인신문

피고인신문이라 함은, 피고인에 대하여 공소사실과 그 정상에 관하여 필요한 사항을 신문하는 절차이다.

검사 또는 변호인은 증거조사 종료 후에 순차로 피고인에게 공소사실 및 정상에 관하여 필요한 사항을 신문할 수 있다. 다만, 재판장은 필요하다고 인정할 때에는 증거조사 완료전이라도 이를 허가할 수 있다(제296조의2 제1항).

이와 같은 피고인신문을 하는 때에는 피고인을 증인석에 좌석케 하여야 한다(제275조 제3항 단서). 피고인신문의 범위는 공소사실과 정상에 관하여 필요한 사항이며, 피고인신문에 있어서는 진술의 강요와 유도신문이 금지된다(규칙 제128조).

피고인신문에 있어서 진술거부권행사와 관련하여, 대법원은 이를 가중적 양형의 조건으로 삼는 것은 허용되지 아니하나, 그러한 태도가 방어권행사의 범위를 넘어 진실의 발견을 적극적으로 숨기거나 법원을 오도하려는 시도에 기인한 경우에는 가중적 양형의 조건으로 참작할 수 있다고 하였다.

② 최종변론

가. 검사의 의견진술

증거조사와 피고인신문이 종료된 때 검사는 사실과 법률적용에 관하여 의견을 진술하여야 한다. 단, 검사의 출석 없이 개정한 경우에는 공소장 기재사항에 의해 의견진술이 있는 것으로 간주한다(제302조). 특히 검사의 양형에 대한 의견을 구형이라고 하는바, 법원은 검사의 구형에 구속되지 않는다.

나. 피고인 및 변호인의 의견진술

재판장은 검사의 의견을 들은 후 피고인과 변호인에게 최종의견을 진술할 기회를 주어야 한다(제303조). 이러한 최종의견의 진술기회는 변호인과 피고인에게 모두 주어진다.

③ **판결의 선고**

판결의 선고는 공판절차의 최종단계로서, 변론종결기일에 하는 것이 원칙인데, 이를 즉일선고의 원칙이라 한다. 다만, 특별한 사정이 있는 때에는 따로 선고기일을 정할 수 있으며(제318조의4 제1항), 이 경우 선고기일은 변론종결 후 14일 이내로 지정되어야 한다(동조 제3항).

(4) 증거조사의 내용

1) 증인신문

① **의의**

증인이라 함은 법원 또는 법관에 대하여 자기가 과거 실험한 사실을 진술하는 제3자를 말하며, 증인신문은 증인이 경험한 사실을 내용으로 하는 진술을 얻는 증거조사, 즉 증인에 대한 증거조사를 의미한다. 이는 강제처분의 성격을 지닌다.

② **증인적격**

가. 의의

증인적격이란 증인이 될 자격이 있는가의 문제를 의미한다. '법원은 법률에 다른 규정이 없으면 누구든지 증인으로 신문할 수 있는바(제146조),' 특히 공동피고인의 증인적격이 문제된다.

나. 공동피고인의 증인적격

예를 들어 A와 B가 합동하여 D의 금반지를 절취하고, C가 그 금반지를 장물인 점을 알고 취득하였다고 가정할 때, 검사 K가 A, B 및 C를 관련사건으로 기소하여 함께 재판하는 경우 A, B, C는 공동피고인이 된다.

여기서 A와 B는 공동정범으로서 공범자인 공동피고인이 되며, C는 절도에 대한 공범은 아니므로 공범자 아닌 공동피고인이 된다.

대법원은 공범자인 공동피고인의 경우에는 '공범인 공동피고인은 당해 소송절차에서는 피고인의 지위에 있으므로 다른 공동피고인에 대한 공소사실에 관하여 증인이 될 수 없다'고 하여 증인적격을 부정하고 있다.

반면에 공범자가 아닌 공동피고인의 경우에는 '피고인과 별개의 범죄사실로 기소되어 병합심리 중인 공동피고인은 피고인의 범죄사실에 관하여는 증인의 지위에 있다'고 하여 증인적격을 인정하는 입장이다.

이러한 공범자인 공동피고인이 법정에서 피고인으로 진술하였을 경우에는, 대법원은 '공동피고인의 자백은 이에 대한 피고인의 반대신문권이 보장되어 있어 증인으로 신문한 경우와 다를 바 없으므로 독립한 증거능력이 있다'고 하여 다른 피고인에 대한 유죄의 증거로 사용할 수 있다는 입장이다.

즉 위 사례의 경우 A와 B는 공범자인 공동피고인이므로 절도범죄사건에서는 피고인의 지위에 있으므로 서로에게 증인이 될 수 없으나, C는 비록 A와 B의 절도범죄와 C의 장물취득죄가 병합하여 함께 심리되고 있다고 하여도 각각 다른 사건이므로 A와 B의 범죄에 대하여 증인이 될 수 있다는 것이다.

③ 증인의 권리와 의무

가. 소송법상 권리 – 증언거부권

증언거부권이라 함은 증언의무의 존재를 전제로 하여 증언의무의 이행을 거절할 수 있는 권리를 의미한다. 형사소송법은 자기 또는 근친자의 형사책임과 관련된 경우(제148조) 및 업무상 비밀과 관련된 경우(제149조)에 있어 증언거부권을 인정하고 있다.

위와 같은 경우에 해당하는 경우 재판장은 신문전에 증언거부권을 고지하여야 한다(제160조). 이에 대하여 증언거부권자는 증언거부권을 포기하고 증언할 수 있다. 이 경우 거부사유를 소명해야 한다(제150조).

나. 소송법상 의무

증인은 출석의무(제152조의2 내지 제155조), 선서의무(제156조 내지 제159조) 및 증언의무(제160조)를 진다.

④ 증인신문의 방법

가. 증인에 대한 신문방법

증인에 대한 신문은 원칙적으로 구두로 해야 한다. 증인에 대한 반대신문권 보장을 위함이다.

이러한 증인신문은 개별신문을 원칙으로 하는바, 증인신문은 각 증인에 대하여 신문을 해야하며, 신문하지 아니한 증인이 재정한 때에는 퇴정을 명해야 한다. 그러나 필요시에는 증인과 다른 증인 또는 피고인과 대질하게 할 수 있다(제162조).

나. 교호신문제도

가) 의의

증인신문을 주신문－반대신문－재주신문－재반대신문의 순서로 행하는 제도를 교호신문제도라고 한다.

나) 방식

주신문이라 함은, 증인을 신청한 당사자가 하는 신문을 의미하며, 반대신문이라 함은, 주신문 후에 반대당사자가 하는 신문을 말한다. 주신문은 증명하는 사항과 이와 관련된 사항에 대하여 하며(규칙 제75조 제1항), 주신문에 있어서는 유도신문이 원칙적으로 금지된다. 그러나 유도신문이 필요한 특별한 사유가 있는 경우 주신문에서도 유도신문이 허용된다(동조 제2항).

반면에 반대신문에는 원칙적으로 유도신문이 허용된다(규칙 제76조 제2항). 이러한 반대신문은 원칙적으로 주신문에서 나타난 사항과 이와 관련된 사항 및 증언의 증명력을 다투기 위한 사항에 대하여 할 수 있으며(규칙 제76조 제1항, 제77조), 새로운 사항에 대하여는 재판장의 허가가 있어야 한다(규칙 제76조 제4항).

반대신문후에 반대신문에서 나타난 사항과 이와 관련된 사항에 관하여 주신문자가 행하는 신문을 재주신문이라 하며, 이러한 재주신문후에는 반대당사자는 재판장의 허가하에 재반대신문을 할 수 있다(규칙 제79조).

2) 감 정

① 의의

감정이라 함은, 특수지식 및 경험을 가진 제3자가 그 지식 및 경험에 의해 알 수 있는 법칙 또는 그 법칙을 적용하여 얻은 판단을 법원에 보고하는 것을 의미한다.

② 절차

가. 감정의 방법

법원은 학식경험있는 자에게 감정을 명할 수 있다(제169조). 감정인에게는 감정전 선서하게 하여야 한다(제170조 제1항).

나. 감정유치 및 감정에 필요한 처분

피고인의 정신 또는 신체에 관한 감정에 필요한 때에는 법원은 기간을 정하여 병원 기타 적당한 장소에 피고인을 유치하게 할 수 있고 감정이 완료되면 즉시 유치를 해제해야 한다(제172조 제3항). 이러한 감정유치를 함에는 감정유치장을 발부해야 한다(동조 제4항).

감정인은 감정에 관하여 필요한 때에는 재판장의 허가를 얻어 타인의 주거, 간수자가 있는 가옥, 건조물, 항공기, 선거내에 들어갈 수 있고 신체의 검사, 사체의 해부, 분묘의 발굴, 물건의 파괴를 할 수 있다. 이 경우 허가장을 발부해야 한다(제173조 제1항 내지 제3항).

다. 감정인의 참여권·신문권과 당사자의 참여권

감정인은 감정에 관하여 필요한 경우 재판장의 허가를 얻어 서류와 증거물을 열람 또는 등사하고 피고인 또는 증인의 신문에 참여할 수 있다(제174조 제1항). 감정인은 피고인 또는 증인의 신문을 구하거나 재판장의 허가를 얻어 직접 발문할 수 있다(동조 제2항). 검사, 피고인 또는 변호인은 감정에 참여할 수 있다(제176조 제1항).

라. 감정의 보고 및 감정서

감정의 경과와 결과는 감정인으로 하여금 서면으로 제출하게 하여야 하며(제171조 제1항), 감정인이 수인인 때에는 각각 또는 공동으로 제출하게 할 수 있다(동조 제2항). 이러한 감정보고서는 당사자가 동의하지 않는 한 감정인의 공판정에서의 진술에 의하여 성립의 진정이 인정된 때에 한하여 증거능력이 있다(제313조 제2항).

③ **통역과 번역**

통역과 번역은 언어에 대한 일종의 감정으로 볼 수 있으며, 국어에 통하지 아니한 자의 진술이나 농아자의 진술에는 통역인으로 하여금 통역하게 하여야 하고(제180조, 제181조), 국어 아닌 문자 또는 부호에 대하여는 번역인으로 하여금 번역하게 하여야 한다(제182조). 이러한 통역과 번역에는 감정에 관한 규정이 준용된다(제183조).

3) 검 증

① **의의**

검증이라 함은, 법관이 사물의 존재와 상태를 직접 실험하고 인식하는 증거조사를 의미한다.

② **절차**

가. 검증의 신청

법원은 사실을 발견함에 필요한 때 검증을 할 수 있다(제139조). 법원의 검증에는 영장이 불요하다.

나. 검증의 시행

검증을 함에는 신체의 검사, 사체의 해부, 분묘의 발굴, 물건의 파괴 기타 필요한 처분을 할 수 있다(제140조). 검증 시각에는 제한이 있는바, 일출 전 일몰 후에는 가주, 간수자 또는 이에 준하는 자의 승낙이 없으면 검증을 위해 타인의 주거, 간수자가 있는 가옥, 건조물, 항공기, 선거 내로 들어가지 못한다. 단, 일출후에는 검증목적을 달성할 수 없을 염려가 있는 경우에는 예외로 한다(제143조 제1항, 제2항).

한편, 검사, 피고인 또는 변호인은 검증에 참여할 수 있으므로 이들에게 미리 검증의 일시와 장소를 통지하여야 하나, 참여권을 포기했거나 급속을 요하는 경우 그렇지 아니하다(제145조, 121조, 122조).

다. 검증조서작성

검증에 관하여는 검증의 결과를 기재한 검증조서를 작성해야 하며(제49조 제1항), 법원 또는 법관의 검증결과를 기재한 검증조서는 당연히 증거능력이 있다(제311조).

3 디지털증거와 형사증거법의 문제

(1) 총 설

첨단사회는 곧 디지털정보의 폭발적인 증가를 가져왔다. 2015년 7월 기준, 한국의 스마트폰 가입자 수는 4,230만 명[6]을 넘어섰다고 하니 우리는 가히 디지털혁명의 시대에 살고있는 것이다. 이렇듯 정보통신기술이 발달하게 되면서 디지털영역이 확장되고 우리는 제한 없이 많은 사람들과 많은 정보와 지식을 공유할 수 있게 되었다. 하지만, 다른 한편으로는 각종 컴퓨터 및 인터넷 범죄와 고도로 지능화된 IT 관련 범죄가 증가하게 되면서 이에 맞춰 발빠른 대응이 요구되고 있는 실정이다.

이번 장에서는 형사법에서 말하는 '증거'에 대하여 다루도록 한다. 형사소송에 의하여 확정되는 구체적 법률관계는 사실관계의 정확한 파악을 전제로 하는데, 사실인정에 있어서 무엇보다 중요하게 요구되는 자료를 '증거'라고 한다. 즉, 형사소송이란 증인, 증거서류 또는 증거물 등 사실인정의 자료가 되는 유형물의 존재와 판단이 핵심이라고 해도 과언이 아닌 것이다.

특히 '증거'는 증거로서의 가치가 있다고 하더라도 수사기관에 의하여 위법하게 수집된 것이라고 한다면 사실을 인정하는 자료로 인정하지 않는데, 이같은 증거를 '증거능력'이 없는 증거라고 한다. 그런데 디지털증거의 경우 '대량성', 무형성', '비가독성' 등으로 인하여 수사기관은 증거를 수집하는 과정에서

6) 미래창조과학부, 2015. 8.

큰 어려움을 겪고있는 실정이고, 부득이하게 법상 요구하는 절차를 어겨서 해당 디지털증거가 재판과정에서 무용지물이 되는 불상사도 생기게 되었다. 이로 인하여 우리 형사법에서도 디지털증거 수집에 있어서 온전한 '증거능력'을 확보하는 것이 최근의 화두로 등장하게 된 것이다.

따라서, 이번 장에서는 형사소송법상 증거능력과 관련하여 특히 자주 문제되는 '압수 · 수색', '위법수집증거배제법칙', '전문법칙'등을 다룰 것이다. 이 개념을 통하여 디지털증거수집과 사용에 관련한 특징 및 주의점에 대하여 학습하여 보기로 한다.

(2) 압수 · 수색과 디지털증거

1) 개 관

압수란 단어는 일반인 누구나 학창시절에 꽤 자주들어보았을 단어이다. 불시에 교실에 들이닥친 학생주임선생님은 학생들의 책가방을 샅샅이 뒤지고는 했는데, 그 실력이 어찌나 대단한지 학생들의 가방에서는 만화책, 비디오, 담배 등의 금지된 물품들이 속절 없이 쏟아져 나오는 것이었다. 사실 우리 형사소송법에서 말하는 압수 · 수색도 위와 같은 내용과 거의 유사한 시각에서 바라본다면 그리 어려운 내용이 아니다.

수사란, 범죄의 혐의유무를 명백히 하여 공소의 제기와 유지여부를 결정하기 위하여 범인을 발견 · 확보하고 증거를 수집 · 보전하는 수사기관의 활동을 말한다. 형사소송에 의하여 확정되는 구체적인 법률관계는 사실관계의 정확한 파악을 전제로 하기 때문에 수사에 의하여 형사절차가 개시된다고 보아도 무방한 것이다. 따라서, 증거를 확보하는 과정은 사안의 진상을 명백하게 가리기 위한 매우 중요한 절차에 해당하며, 이를 위한 가장 효과적인 수사방법이 압수 · 수색인 것이다.

다만, 대물적 강제처분에 해당하는 압수 · 수색이 국민의 인권을 고려하지 않고 무분별하게 이루어질 경우 야기되는 사회적 혼란, 위법한 증거수집으로 인한 개개인의 고통과 피해를 우리는 역사적으로 지켜봤다. 따라서 수사권을 가지고 있는 자라하여도 범죄의 혐의와 강제처분의 필요성 및 해당사건과의 관련성 등을 근거로 법원의 영장을 발부받거나, 영장예외의 원칙을 엄격하게 지켜서 압수 · 수색을 실행하게 되는 것이다.

2012. 1. 1.부터 시행되고 있는 개정 형사소송법에서 새로이 규정하고 있는 정보저장매체의 압수에 대한 조항도 디지털증거가 무분별하게 압수 · 수색될 가능성을 미연에 차단하고자 하는 취지로 도입된 것이다. 기존 형사소송법이 압수의 대상이 되는 물건을 유체물로 한정하고 있었기 때문에 무체물인 '정보' 자체만 필요로 하는 경우에도 USB메모리나 하드 등의 정보저장매체 전체를 압수하는 사례가 실무에서 빈번하게 일어나고 있었다. 이로 인하여 사건과 관련성이 없는 다른 개개인의 사생활에 대한 정보까지 침해된다는 지적이 있게 되면서 정보자체가 압수의 대상이 되는 경우에는 이를 출력하거나 복제하는 것을 원칙적인 압수방식으로 규정하게 된 것이다.

아래에는 압수 · 수색의 개념 및 절차에 대하여 좀더 자세하게 살펴보도록 하고, 디지털증거를 압수 · 수색으로 확보할 경우 발생할 수 있는 문제점 등을 다루기로 한다.

2) 압수 · 수색

① 의의

압수 · 수색은 증거방법에 해당하는 물건을 수집한다는 의미에서 대물적 강제처분으로 본다. 압수란 증거로 인정되는 물건의 점유를 취득하는 행위이다. 즉, 증거물을 가진 자에게 강제력을 행사하여 그 물건의 점유를 수사기관이나 법원의 점유로 옮기는 것을 말한다. 수색이란 압수할 물건을 발견하기 위하여 일정한 장소를 뒤져서 찾는 처분을 말한다. 다만, 실무상으로는 압수 · 수색영장으로 구분없이 사용되고 있다.

그렇다면, 수사기관이나 법원이 필요에 따라서 개개인이 가지고 있는 어떠한 물건이라도 압수 · 수색을 할 수 있는 것일까.

일반적으로 증거확보를 위하여 압수 · 수색을 반드시 필요로 하는 경우가 많지만, 전술한 바와 같이 범죄의 혐의가 불분명한 상황에서 수사상의 필요로 압수・수색을 남발한다면 헌법이 인정하는 개인의 사생활은 심대하게 침해될 것이 분명하다. 따라서 우리 형사소송법은 압수・수색의 요건으로 '범죄의 혐의', '압수・수색의 필요성' 및 '해당 사건과의 관련성' 등을 명문으로 규정해 두고 이를 충족시켜야만 압수・수색을 가능하게 하였다.

특히 과거 우리 형사소송법은 법문상 '관련성'의 요건을 적시하지 않고 있었다. 그런데, 2012. 1. 1.자로 형사소송법이 개정되면서 압수・수색의 요건으로 '관련성'이 명문화되게 되었다. 구체적으로 개정 형사소송법 제106조 제1항은 법원은 필요한 때에는 피고사건과 관계가 있다고 인정할 수 있는 것에 한정하여 증거물 또는 몰수할 것으로 사료되는 물건을 압수할 수 있다고 규정하였고, 제109조 제1항은 법원은 필요한 때에는 피고사건과 관계가 있다고 인정할 수 있는 것에 한정하여 피고인의 신체, 물건 또는 주거, 그밖의 장소를 수색할 수 있다고 규정하였다. 또한 제215조 제1항에서 검사는 범죄수사에 필요한 때에는 피의자가 죄를 범하였다고 의심할 만한 정황이 있고 해당 사건과

형사소송법 [시행2010.1.1] [법률 제9765호, 2009.6.9, 타법개정]	형사소송법 [시행2012.1.1] [법률 제10864호, 2011.7.18, 일부개정]
제106조(押收) ① 법원은 필요한 때에는 증거물 또는 몰수할 것으로 사료하는 물건을 압수할 수 있다. 단, 법률에 다른 규정이 있는 때에는 예외로 한다.	제106조(押收) ① ―――― 때에는 피고사건과 관계가 있다고 인정할 수 있는 것에 한정하여 ――――.
제109조(捜索) ① 법원은 필요한 때에는 피고인의 신체, 물건 또는 주거 기타 장소를 수색할수 있다.	제109조(捜索) ① 법원은 필요한 때에는 피고사건과 관계가 있다고 인정할 수 있는 것에 한정하여 피고인의 신체, 물건 또는 주거, 그밖의 장소를 수색할 수 있다.
제215조(押收, 捜索, 檢證) ① 검사는 범죄수사에 필요한 때에는 지방법원 판사에게 청구하여 발부받은 영장에 의하여 압수, 수색 또는 검증을 할 수 있다.	제215조(압수, 수색, 검증) ① ――― 때에는 피의자가 죄를 범하였다고 의심할 만한 정황이 있고 해당 사건과 관계가 있다고 인정할 수 있는 것에 한정하여 ―――.
② 사법경찰관이 범죄수사에 필요한 때에는 검사에게 신청하여 검사의 청구로 지방법원 판사가 발부한 영장에 의하여 압수, 수색 또는 검증을 할 수 있다.	② ――― 때에는 피의자가 죄를 범하였다고 의심할 만한 정황이 있고 해당 사건과 관계가 있다고 인정할 수 있는 것에 한정하여 ―――.

관계가 있다고 인정할 수 있는 것에 한정하여 지방법원 판사에게 청구하여 발부받은 영장에 의하여 압수, 수색 또는 검증을 할 수 있다.라고 규정하였다.

종전 형사소송법에서는 '필요성'만을 규정하고 있었으나 판례의 태도에 따라서 해당 사건과의 '관련성'도 있어야만 압수・수색이 가능하다는 것에 대하여 대체로 견해가 일치하고 있었다.

그런데, 개정 형사소송법이 굳이 '관련성'을 명문에 규정한 까닭은 무엇일까, 이는 실무상 디지털증거를 확보하는 과정에서 관련성 있는 증거만을 선별하여 확보하기 어려운 문제에서 기인한 것이라고 볼 수도 있다. 이로 인하여 사건과 전혀 관련성이 없는 디지털증거도 종종 압수당하게 되었는데, 이를 입법적으로 명시하여 주의를 당부하고자 하는 의도도 있었던 것으로 보인다. 이에 대하여는 후술하도록 할 것이다.

또한, 압수・수색을 하기 위해서는 우선 '범죄의 혐의'가 있어야 한다. 이에 대하여 우리 형사소송규칙은 압수・수색의 청구서에 범죄사실의 요지를 기재하고(규칙 제107조), 피의자에게 범죄의 혐의가 있다고 인정되는 자료를 제출할 것을 요구하고 있다(규칙 제108조). 문제는 혐의의 정도를 어느 정도까지 요구하는지에 대하여 의견이 나뉘는데, 이에 대하여 죄를 범하였다고 인정할 고도의 개연성이 있어야 압수・수색이 가능하다고 해석하는 견해도 일부있으나, 압수・수색에서 요구되는 범죄의 혐의는 신체구속의 경우에 요구되는 정도에 이를 것을 요구하는 것은 아니라고 해석하는 것이 타당해 보인다. 강제수사인 압수・수색은 대부분 수사의 초기에 구속에 앞서 행하여지는 것이고, 우리 형사소송법이 압수・수색에 대해서는 체포와 구속사유와는 달리 피의자가 죄를 범하였다고 의심할 만한 정황만을 요구하고 있기 때문이다.

다음으로는 '필요성'을 그 요건으로 한다. 즉, 법원은 필요한 때에는 압수 또는 수색할 수 있고(제106조, 제109조), 검사 또는 사법경찰관도 범죄수사에 필요한 때에만 압수・수색할 수 있다(제215조 제1항, 제2항). 여기서 '필요성'을 피의사실과의 관련성과 대상물 존재의 개연성을 의미한다고 좁게 해석할 수도 있지만, '필요성'에는 '비례성'이라는 요건을 포함하여 넓게 해석하는 것이 보다 타당하다고 판단된다. 즉, 수사목적을 위하여 필요한 경우라고 문언 그대로 해석하기보다는 압수·수색을 하지 않으면 수사의 목적을 달성할 수 없는 것을 말한다고 보는 것이 수사기관으로 하여금 필요최소한의 강제수사를 가능케한다는 점에서 더 타당하다는 의미이다. 결국 '필요성'이란, 범죄의 태양과 경중, 대상물의 증거가치와 중요성 및 인멸의 위험, 처분을 받을 자의 불이익의 정도 등 제반사정을 고려하게 되는 것이다

이같은 압수·수색의 비례성과 유사하게 압수·수색으로 밝혀내려는 범죄혐의와 이로 인하여 침해되는 이익 간의 균형성이 요구되는 것인데, 우리 형사소송법은 이와 같은 이익의 불균형으로 인하여 압수·수색이 제한될 수 있는 경우를 명시하고 있다.

우선 군사상 비밀을 요하는 장소는 그 책임자의 승낙없이는 압수 또는 수색할 수 없다. 다만 그 책임자는 국가의 중대한 이익을 해하는 경우를 제외하고는 승낙을 거부하지 못한다(제110조). 또한, 공무원 또는 공무원이었던 자가 소지 또는 보관하는 물건에 관하여는 본인 또는 그 해당 공무소가 직무상의 비밀에 관한 것임을 신고한 때에는 그 소속공무소 또는 당해 감독관공서의 승낙 없이는 압수하지 못한다. 이때 소속공무소 또는 당해 감독관공서는 국가의 중대한 이익을 해하는 경우를 제외하고는 승낙을 거부하지 못한다 (제111조). 그리고 변호사, 변리사, 공증인, 공인회계사, 세무사, 대서업자, 의사, 한의사, 치과의사, 약사, 약종상, 조산사, 간호사, 종교의 직에 있는 자 또는 이러한 직에 있던 자가 그 업무상 위탁을 받아 소지 또는 보관하는 물건으로 타인의 비밀에 관한 것은 압수를 거부할 수 있다. 단, 그 타인의 승낙이 있거나 중대한 공익상 필요가 있는 때에는 예외로 한다(제112조).

② 절차

압수·수색은 수사를 담당하는 사법경찰관이나 검사가 임의로 할 수 있는 것이 아니고 법원의 통제 하에서 절차를 진행 할 수 있다. 검사는 범죄수사에 필요한 때에는 지방법원판사에게 청구하여 발부받은 영장에 의하여 압수·수색을 할 수 있다. 사법경찰관이 범죄수사에 필요한 때에는 검사에게 신청하여 검사의 청구로 지방법원판사가 발부한 영장에 의하여 압수·수색을 할 수 있다

(제215조).

압수 · 수색영장에는 피고인의 성명, 죄명, 압수할 물건, 수색할 장소 · 신체 · 물건, 발부연월일 · 유효기간과 그 기간을 경과하면 집행에 착수하지 못하며 영장을 반환하여야 한다는 취지, 압수 · 수색의 사유를 기재하고 재판장 또는 수명법관이 서명날인하여야 하며, 압수 · 수색할 물건이 전기통신에 관한 것인 경우에는 작성기간을 기재하여야 한다(제114조 제1항, 규칙 제58조).

여기서 말하는 영장의 유효기간에 대하여 흔히들 혼동하기 쉬운데, 형사소송법 제215조에 의한 압수 · 수색영장은 수사기관의 압수 · 수색에 대한 허가장으로서 거기에 기재되는 유효기간은 집행에 착수할 수 있는 종기(終期)를 의미하는 것일 뿐이므로, 수사기관이 압수 · 수색영장을 제시하고 집행에 착수하여 압수 · 수색을 실시하고 그 집행을 종료하였다면 이미 그 영장은 목적을 달성하여 효력이 상실되는 것이고, 동일한 장소 또는 목적물에 대하여 다시 압수 · 수색할 필요가 있는 경우라면 그 필요성을 소명하여 법원으로부터 새로운 압수 · 수색영장을 발부받아야 하는 것이지, 앞서 발부받은 압수 · 수색영장의 유효기간이 남아있다고 하여 이를 제시하고 다시 압수 · 수색을 할 수는 없다(대법원 1999. 12. 1. 결정, 99모161)는 점을 주의하여야 한다.

발부된 영장은 검사의 지휘에 의하여 사법경찰관리가 집행하게 되며, 필요한 경우에는 재판장은 법원사무관 등에게 그 집행을 명할 수 있다(제115조 제1항, 제219조). 검사는 관할구역 외에서도 집행을 지휘할 수 있고, 사법경찰관리도 압수 · 수색영장을 집행할 수 있다(제115조 제2항, 제83조).

압수 · 수색영장은 처분을 받는 자에게 반드시 제시하여야 한다(제118조, 제219조). 만약, 현장에서 압수 · 수색을 당하는 사람이 여러 명일 경우에는 그 사람들 모두에게 개별적으로 영장을 제시해야 하는 것이 원칙이다. 수사기관이 압수 · 수색에 착수하면서 그 장소의 관리책임자에게 영장을 제시하였다고 하더라도, 물건을 소지하고 있는 다른 사람으로부터 이를 압수하고자 하는 때에는 그 사람에게 따로 영장을 제시하여야 한다(대법원 2009. 3. 12, 2008도763).

압수 · 수색영장의 집행 중에는 타인의 출입을 금지할 수 있고, 이에 위배한 자에게는 퇴거하게 하거나 집행종료시까지 간수자를 붙일 수 있다(제119

조, 제219조). 영장의 집행에 있어서는 건정을 열거나 개봉 기타 필요한 처분을 할 수 있다. 압수물에 대하여도 같은 처분을 할 수 있다(제120조, 제219조). 정보처리매체를 압수한 경우에 범죄혐의 관련정보를 탐색하여 해당 전자정보를 문서로 출력하거나 파일을 복사하는 것도 압수·수색영장의 집행의 일환에 해당한다. 영장의 집행을 중지할 경우에 필요한 때에는 집행이 종료될 때까지 그 장소를 폐쇄하거나 간수자를 둘 수 있다(제127조, 제219조). 압수·수색영장의 집행에 있어서는 타인의 비밀을 보지하여야 하며 처분받은 자의 명예를 해하지 아니하도록 주의하여야 한다(제116조).

검사, 피고인 또는 변호인은 압수·수색영장의 집행에 참여할 수 있다(제121조, 제219조). 압수·수색절차의 공정을 확보하고 집행을 받는 자의 이익을 보호하기 위한 것이다. 따라서 압수·수색영장을 집행함에는 미리 집행의 일시와 장소를 참여권자에게 통지하여야 한다. 단, 참여하지 아니한다는 의사를 표명한 때 또는 급속을 요하는 때에는 예외로 한다(제122조, 제219조). 공무소, 군사용의 항공기 또는 선차 내에서 압수·수색영장을 집행함에는 그 책임자에게 참여할 것을 통지하여야 한다. 이 이외의 타인의 주거, 간수자 있는 가옥, 건조물, 항공기 또는 선차 내에서 압수·수색을 집행함에는 주거주, 간수자 또는 이에 준하는 자를 참여하게 하여야 한다. 이상의 자를 참여하게 하지 못할 때에는 인거인 또는 지방공공단체의 직원을 참여하게 하여야 한다(제123조, 제219조).

일출 전 일몰 후에는 압수·수색영장에 야간집행을 할 수 있는 기재가 없으면 그 영장을 집행하기 위하여 타인의 주거, 간수자 있는 가옥, 건조물, 항공기 또는 선차 내에 들어가지 못한다(제125조, 219조). 다만, 도박 기타 풍속을 해하는 행위에 상용된다고 인정하는 장소, 여관, 음식점 기타 야간에 공중이 출입할 수 있는 장소에 대하여는 이러한 제한을 받지 않는다(제126조, 219조).

수색을 완료한 경우 증거물 또는 몰수할 물건이 없는 때에는 그 취지의 증명서를 교부하여야 하며(제128조, 제219조), 압수한 경우에는 목록을 작성하여 소유자, 소지자, 보관자 기타 이에 준할 자에게 교부하여야 한다(제129조, 제

219조).

③ 영장주의의 예외

지금까지 한 압수·수색에 대한 설명은 모두 '영장발부'를 기초로 하고 있다. 그런데 여기서 한 가지 의문점이 발생한다. 만약, 영장을 발부받을 여유가 없다면? 예를 들어 피의자를 체포하기 위하여 타인의 주거를 수색하여야 하는 상황, 또는 긴급체포한 피의자가 보관하고 있던 물건을 긴급하게 압수하여야 하는 상황에서 법원의 영장을 구하기는 현실적으로 쉽지 않다. 따라서 이 경우에 우리 형사소송법은 영장주의의 예외를 인정하여 영장 없는 압수·수색을 가능케 하고 있다.

첫 번째로 체포·구속 목적의 피의자 수사의 경우에 영장주의의 예외가 인정된다. 즉, 검사 또는 사법경찰관은 체포영장에 의한 체포(제200조의 2), 긴급체포(제200조의 3) 또는 현행범인의 체포(제212조)에 의하여 체포하거나 구속영장에 의하여 피의자를 구속하는 경우(제201조)에 필요한 때에는 영장없이 타인의 주거나 타인이 간수하는 가옥, 건조물, 항공기, 선차 내에서 피의자 수사를 인정하고 있다(제216조 제1항 제1호).

이는 피의자를 발견하기 위한 수색에 한정된다. 즉, 체포 또는 구속하고자 하는 피의자가 타인의 주거내에서 은신하고 있는 경우에 사법경찰관 등은 피의자의 소재를 알아내기 위하여 필수불가결하게 수색을 진행할 수밖에 없다. 이 경우에 압수·수색은 영장없이 할 수 있는 것이다.

또한, 체포영장에 의한 체포, 긴급체포 및 현행범인을 체포하는 경우에 필요한 때에는 영장없이 체포현장에서 압수·수색을 할 수 있다(제216조 제1항 제2호). 예를 들어서, 경찰관이 범인을 체포하는 현장에서 총포, 도검류를 발견하였다면 안전을 위하여 흉기를 압수해야 하는 것은 당연하다. 따라서 체포하는 자의 안전을 위하여 무기를 빼앗거나 피의자가 증거를 파괴하는 것을 예방하고자 하는 긴급행위로서 예외법칙으로 인정히고 있다.

다만, 영장예외의 법칙이 인정되기 위해서는 체포현장에서의 압수·수색이 체포와 시간적으로 접착되어 있어야 하는데, 해석에 있어서는 체포행위에 시간적 · 장소적으로 접착되어 있으면 족하며 체포의 전후를 불문한다는 견해, 압수 · 수색의 당시에 피의자가 현장에 있음을 요한다는 견해 등이 대립되고 있다.

검사 또는 사법경찰관은 체포현장에서 압수한 물건을 계속 압수할 필요가 있는 경우에는 지체없이 압수 · 수색영장을 청구하여야 하며, 이 경우 압수 · 수색영장의 청구는 체포한 때로부터 48시간 이내에 하여야 한다(제217조 제2항). 검사 또는 사법경찰관은 청구한 압수 · 수색영장을 발부받지 못한 때에는 압수한 물건을 즉시 반환하여야 한다(동조 제3항).

다음으로 검사 또는 사법경찰관이 피고인에 대한 구속영장을 집행하는 경우에 필요한 때에는 그 집행현장에서 영장없이 압수 · 수색을 할 수 있다(제216조 제2항). 또한, 범행 중 또는 범행 직후의 범죄장소에서 긴급을 요하여 법원판사의 영장을 받을 수 없는 때에는 영장없이 압수 · 수색 또는 검증을 할 수 있다. 이 경우에는 사후에 지체없이 영장을 받아야 한다(동조 제3항).

이는 피의자의 체포 또는 구속을 전제로 하지 않는 것이 특징이다. 예를 들어, 피의자가 이미 자취를 감춘 범죄현장에는 사건의 단서가 될 만한 숱한 증거가 은닉되어 있을 가능성이 있고, 시급하게 압수 · 수색을 진행하지 않을 경우에는 산재하고 있는 증거물이 산일될 우려가 있다. 따라서 피의자가 현장에 있거나 체포되었을 가능성과는 무관하게 압수 · 수색을 인정하는 것이다.

한편, 검사 또는 사법경찰관은 긴급체포의 규정(제200조의 3)에 따라 체포된 자가 소유, 소지 또는 보관하는 물건에 대하여 긴급히 압수할 필요가 있는 경우에는 피의자를 체포한 때로부터 24시간 이내에 한하여 영장없이 압수 · 수색 또는 검증을 할 수 있다(제217조 제1항).

위 조항을 제216조 제1항 2호에 의한 체포현장에서의 압수 · 수색과 혼동하여 사용할 가능성이 많은데, 엄밀히 보면 위 두 조항은 그 취지가 상이하다. 즉, 긴급체포시의 압수 · 수색은 체포현장에서의 압수 · 수색과 같이 체포에 수반하는 대물적 강제수사라고 보기에는 어렵다. 긴급체포시의 압수 · 수색은 긴급체포 된 사실이 밝혀지면 이와 연루된 사건관계자가 증거물을 은닉하거나 파괴하는 것을 방지하는 것을 막기위한 제도인 것이다

따라서 영장없이 압수 · 수색 할 수 있는 대상은 긴급체포 된 자가 소유, 소

지 또는 보관하는 물건이다(제217조 제1항). 영장없이 압수·수색할 수 있는 기간은 긴급체포한 후 24시간 이내에 한하며, 검사 또는 사법경찰관은 압수한 물건을 계속 압수할 필요가 있는 경우에는 지체없이 압수·수색영장을 청구하여야 한다(동조 제2항).

3) 압수·수색과 디지털증거

① 형사소송법 제106조 제3항의 신설

신설된 형사소송법 제106조 제3항은 디지털증거의 압수·수색에 관한 내용을 규정하고 있다.

> 제106조(압수)
> ③ 법원은 압수의 목적물이 컴퓨터용디스크, 그밖에 이와 비슷한 정보저장매체(이하 이 항에서 "정보저장매체등"이라 한다)인 경우에는 기억된 정보의 범위를 정하여 출력하거나 복제하여 제출받아야 한다. 다만, 범위를 정하여 출력 또는 복제하는 방법이 불가능하거나 압수의 목적을 달성하기에 현저히 곤란하다고 인정되는 때에는 정보저장매체 등을 압수할 수 있다.
> ④ 법원은 제3항에 따라 정보를 제공받은 경우 「개인정보보호법」 제2조 제3호에 따른 정보주체에게 해당 사실을 지체없이 알려야 한다.

이는 종래 대법원의 태도[7]를 그대로 따른 것인데, 대법원은 디지털증거에 대한 압수·수색의 과정에 있어서 '전자정보에 대한 압수·수색영장을 집행할 때에는 원칙적으로 영장발부의 사유인 혐의사실과 관련된 부분만을 문서출력물로 수집하거나 수사기관이 휴대한 저장매체에 해당 파일을 복사하는 방식으로 이루어져야 하고, 집행현장 사정상 위와 같은 방식에 의한 집행이 불가능하거나 현저히 곤란한 부득이한 사정이 존재하더라도 저장매체 자체를 직접 혹은 하드카피나 이미징 등 형태로 수사기관사무실 등 외부로 반출하여 해당 파일을 압수·수색할 수 있도록 영장에 기재되어있고 실제 그와 같은 사정이 발

7) '전교조' 사건(대법원 2011. 5. 6. 선고2009모1190 준항고기각결정에 대한 재항고) 등.

생한 때에 한하여 위 방법이 예외적으로 허용될 수 있을 뿐이다'라고 판시한 바 있다.

이같은 개정 형사소송법과 종래 대법원 판례를 미루어보면 압수·수색과정에서 개인의 사생활에 대한 침해를 최소화하고 혼란을 방지하겠다는 입법자의 결단이 있는 것으로 보인다.

다만, 디지털증거를 확보하는 실무상의 애로사항을 고려한다면, 위 개정 법률이 존재하더라도 디지털증거의 압수·수색에 대한 원칙과 예외가 언제든지 혼용되어 해석될 수 있다는 점에서 법률의 모호함을 문제삼는 쪽의 의견도 만만치 않다.

따라서 예외적으로 정보저장매체를 압수하는 경우, 그 예외적 상황에 대한 합리적인 해석이 필요하다. 즉, 원본을 압수하여 출력하는 것보다 현장에서 출력 또는 복사하는 것이 피압수자 등이 정상적인 업무를 처리하는데 큰 지장을 초래한다면 예외적으로 정보저장매체의 압수를 허용하여야 할 것이다. 또는 형사소송규칙에 관련 규정을 보완하여 수사기관이 정보저장매체를 압수하고자 할 때에는 영장청구서에 정보저장매체를 압수하지 않을 수 없는 예외사유를 열거하고 그 사유를 기재하여 법원의 사전허가를 받도록 하는 것도 고려할 수도 있다. 다만 어떠한 경우라도 예외조항을 적용하기 위하여 헌법에 합치되는 해석을 하는 것이 중요하다.

이처럼 개정된 법률의 예외조항을 해석하는데 참고할 만한 판시로서 <'왕재산' 사건[8]>을 들 수 있다. 피고인들이 이른바 '왕재산'이라는 간첩단을 조직해 북한간첩활동을 한 혐의(국가보안법 위반)로 구속기소되어 서울중앙지방법원에서 판시한 사건으로 피고인들은 검찰이 제출한 여러 증거들이 조작되었다거나 압수, 수색상의 여러가지 문제가 있었다고 주장하였으나 받아들여지지 않았다.

구체적으로 법원은 각 압수·수색장소에서 디지털저장매체가 많게는 60여개에 이를 정도로 다수 압수되었으므로 현장에서 범죄사실의 관련성이 있는

8) 대판 2013.7.26. 선고 2013도2511.

전자정보만을 구분해내는 것은 현실적으로 불가능하였던 것으로 보이고, 실제로 이 법원에 압수된 각 디지털저장매체에 저장되어 있던 600여 개에 이르는 문건이 증거로 제출되었던 점, 일부 보안USB메모리에는 암호가 설정되어 있어 현장에서 그 내용을 지득할 수 없었으며, 삭제파일의 복구 등 추가적 분석이 필요하였던 것으로 보이는 점 등을 인정할 수 있고, 이를 종합하여 보면 저장매체 자체를 직접 혹은 하드카피나 이미징 등 형태로 반출한 것에는 부득이한 사유가 있었음을 인정하였다.

【판결요지】

압수물인 컴퓨터용 디스크 그밖에 이와 비슷한 정보저장매체(이하 '정보저장매체'라고만 한다)에 입력하여 기억된 문자정보 또는 그 출력물(이하 '출력문건'이라 한다)을 증거로 사용하기 위해서는 정보저장매체 원본에 저장된 내용과 출력문건의 동일성이 인정되어야 하고, 이를 위해서는 정보저장매체 원본이 압수 시부터 문건출력 시까지 변경되지 않았다는 사정, 즉 무결성이 담보되어야 한다. 특히 정보저장매체 원본을 대신하여 저장매체에 저장된 자료를 '하드카피' 또는 '이미징'한 매체로부터 출력한 문건의 경우에는 정보저장매체 원본과 '하드카피' 또는 '이미징'한 매체 사이에 자료의 동일성도 인정되어야 할 뿐만 아니라, 이를 확인하는 과정에서 이용한 컴퓨터의 기계적 정확성, 프로그램의 신뢰성, 입력・처리・출력의 각 단계에서 조작자의 전문적인 기술능력과 정확성이 담보되어야 한다. 이 경우 출력문건과 정보저장매체에 저장된 자료가 동일하고 정보저장매체 원본이 문건출력 시까지 변경되지 않았다는 점은, 피압수・수색 당사자가 정보저장매체 원본과 '하드카피' 또는 '이미징'한 매체의 해쉬(Hash)값이 동일하다는 취지로 서명한 확인서면을 교부받아 법원에 제출하는 방법에 의하여 증명하는 것이 원칙이나, 그와 같은 방법에 의한 증명이 불가능하거나 현저히 곤란한 경우에는, 정보저장매체 원본에 대한 압수, 봉인, 봉인해제, '하드카피' 또는 '이미징' 등 일련의 절차에 참여한 수사관이나 전문가 등의 증언에 의해 정보저장매체 원본과 '하드카피' 또는 '이미징'한 매체 사이의 해쉬값이 동일하다거나 정보저장매체 원본이 최초 압수시부터 밀봉되어 증거제출시까지 전혀 변경되지 않았다는 등의 사정을 증명하는 방법 또는 법원이 그 원본에 저장된 자료와 증거로 제출된 출력문건을 대조하는 방법 등으로도 그와 같은 무결성・동일성을 인정할 수 있으며, 반드시 압수・수색과정을 촬영한 영상녹화물 재생 등의 방법으로만 증명하여야 한다고 볼 것은 아니다.

② **관련성의 문제**[9)]

앞서 살펴본 바와 같이 압수·수색을 하기 위해서는 우선 범죄의 혐의가 있어야 하는 것은 물론이다. 따라서 압수의 대상물도 그 해당 범죄혐의에 관한 증거물로 한정되어야 하기 때문에 '관련성'이라는 요건을 필요로 하게 되는것이다. 그렇다면, 범죄혐의에 관한 증거물, 즉 관련성이 인정되는 해당사건의 범위가 어떻게 되는지가 문제된다.

우리 대법원은 이와 관련하여, '압수의 대상을 압수·수색영장의 범죄사실 자체와 직접적으로 연관된 물건에 한정할 것은 아니고, 압수·수색영장의 범죄사실과 기본적 사실관계가 동일한 범행 또는 동종·유사의 범행과 관련된다고 의심할 만한 상당한 이유가 있는 범위 내에서는 압수를 실시할 수 있다'고 판시[10)]한 바 있다.

위 판결의 배경이 된 사건의 압수·수색영장 범죄사실에는 2008. 3.~4.경의 사전선거운동, 후보자 비방, 허위사실공표만 기재되어 있었는데, 압수과정에서 2007. 12.경의 사전선거운동의 증거가 발견되어 이를 압수하여 이를 증거로 사용하여 기소한 사안으로, 대법원은 위 판결에서 i) 2007. 11.경의 사전선거운동에 관한 서류도 선거기획서류로 압수할 물건에 해당되고, ii) 범죄사실과의 관련성 및 필요성이 있으며, iii) 가사 혐의사실과 관련성을 직접적으로 연관된 물건에 한정한다고 하더라도 증거능력을 인정할 수 있는 예외에 해당한다고 판시하였다.

위 판례처럼 압수·수색과정에서 관련성의 의미에 대한 판례가 축적되고 관련한 해석이 이뤄지면서 수사과정에서 이른바 '일괄압수'와 같은 과도한 처분이 지양되고 있는 것이 사실이다. 그러나 디지털증거의 경우는 그 특징으로 인하여 관련성의 범위를 어떠한 한도에서 인정해야 할지에 대하여 많은 논란이 있다. 일반적으로 디지털증거는 '대량성', '무형성', '비가독성'을 가지고 있다. 그렇기 때문에 압수·수색과정에서 당해 범죄와 밀접한 관련성이 있는 증

9) 디지털증거 압수수색절차에서의 '관련성'의 문제, 정대희, 이상미, 형사정책연구, 제26권 제2호(통권 제102호, 2015.여름)

10) 대법원 2009. 7. 23. 선고 2009도2649 판결.

거물만을 선별하여 압수하기란 현실적으로 쉽지 않다.

이는 곧 수사의 비효율이라는 결과를 가져온다. 만약에 디지털증거에 있어서도 선별적인 증거획득을 강조하게 된다면 '대량성'이라는 디지털정보의 특성으로 인하여 수사관은 정보를 특정하기 위하여 매우 많은 시간을 투자하여야 할 것이다. 그렇다면, 디지털증거에 대한 압수·수색자체가 더디게 발전할 수 있고, 실무에서는 정보의 소유자에게 비정상적으로 임의제출을 요구하게 될지도 모른다.

이같은 문제는 곧 개인의 프라이버시권과 수사기관의 실체적 진실발견 간의 다툼이라고 할 것인데, 이를 위하여 기본권 보호와 수사방법의 인정 등을 조화롭게 해석하는 시도가 필요하다. 관련 사안으로는 2011년 5월 전교조시국선언 관련 준항고 사건, 이른바 '전교조 사건'이 있다.

③ 법원 압수·수색영장 별지기재례

[별지] [압수방법의 제한]

1. 문서에 대한 압수

가. 해당 문서가 몰수 대상물인 경우, 그 원본을 압수함

나. 해당 문서가 증거물인 경우, 피압수자 또는 참여인(이하 '피압수자 등'이라 한다)의 확인 아래 사본하는 방법으로 압수함(다만, 사본작성이 불가능하거나 협조를 얻을 수 없는 경우 또는 문서의 형상, 재질 등에 증거가치가 있어 원본의 압수가 필요한 경우에는 원본을 압수할 수 있음).

※ 피압수자 : 피의자나 변호인, 소유자, 소지자

※ 참여인 : 형사소송법 제123조에 정한 참여인

2. 컴퓨터용 디스크 등 정보저장매체에 저장된 전자정보에 대한 압수·수색·검증

가. 전자정보의 수색·검증

수색·검증만으로 수사목적을 달성할 수 있는 경우 압수없이 수색·검증만 함

나. 전자정보의 압수

(1) 원칙

저장매체의 소재지에서 수색·검증 후 혐의사실과 관련된 전자정보만을 문서로 출력하거나 수사기관이 휴대한 저장매체에 복사하는 방법으로 압수할 수 있음

(2) 저장매체의 하드카피·이미징(이하 '복제'라 한다)이 허용되는 경우

(가) 집행현장에서의 복제

출력·복사에 의한 집행이 불가능하거나, 압수의 목적을 달성하기에 현저히 곤란한 경우에

한하여 저장매체 전부를 복제할 수 있음

※ 다음 각호의 경우를 말한다. 1. 피압수자 등이 협조하지 않거나, 협조를 기대할수 없는 경우 2. 혐의사실과 관련된 개연성이 있는 전자정보가 삭제, 폐기된 정황이 발견된 경우 3. 출력·복사에 의한 집행이 피압수자 등의 영업활동이나 사생활의 평온을 침해하는 경우 4. 기타 이에 준하는 경우

(나) 저장매체의 원본반출이 허용되는 경우

1) 위 (가)항의 경우 중 집행현장에서의 저장매체의 복제가 불가능하거나 현저히 곤란한 때에 한하여 피압수자 등의 참여하에 저장매체원본을 봉인하여 저장 매체의 소재지 이외의 장소로 반출할 수 있음

※ 다음 각호의 경우를 말한다. 1. 집행현장에서의 하드카피·이미징이 물리적, 기술적으로 불가능하거나 극히 곤란한 경우 2. 하드카피·이미징에 의한 집행이 피압수자 등의 영업활동이나 사생활의 평온을 현저히 침해하는 경우 3.기타 이에 준하는 경우

2) 위 1)항의 방법으로 반출한 원본은 피압수자 등의 참여 하에 개봉하여 복제한 후 지체없이 반환하되, 특별한 사정이 없는 한 원본 반출일로부터 10일을 도과하여서는 아니됨.

(다) 위 (가), (나)항과 같이 복제한 저장매체에 대하여는 혐의사실과 관련된 전자정보만을 출력 또는 복사하여야 하고, 전자정보의 복구나 분석을 하는 경우 신뢰성과 전문성을 담보할 수 있는 방법에 의하여야 함.

(라) 위 (다)항에 의하여 증거수집이 완료되고, 복제한 저장매체를 보전할 필요성이 소멸된 후에는 혐의사실과 관련없는 전자정보를 지체없이 삭제, 폐기하여야 함.

(3) 전자정보압수 시 주의사항

(가) 피압수자 등에게 압수한 전자정보의 목록을 교부하여야 함(목록 교부는 위 (2)항 절차를 거쳐 최종적으로 압수하는 출력물 또는 전자정보 사본의 교부로 갈음할 수 있음)

(나) 봉인 및 개봉은 물리적인 방법 또는 수사기관과 피압수자 등 쌍방이 암호를 설정하는 방법 등에 의할 수 있고, 복사 또는 복제할 때에는 해쉬함수값의 확인이나 압수·수색과정의 촬영 등 원본과의 동일성 등을 확인할 수 있는 방법을 취하여야 함

(다) 압수·수색의 전체과정을 통하여 피압수자 등의 참여권이 보장되어야 하며, 참여를 거부하는 경우에는 신뢰성과 전문성을 담보할 수 있는 상당한 방법으로 압수·수색이 이루어져야 함.

4) 관련판례 〈'전교조' 사건〉[11)]

① 사실관계

(i) 교사 17000여명은 2009. 6. 18. 정부에 대하여 시국선언을 발표하였다.

(ii) 검찰은 2009. 7. 2. 교사시국선언이 국가공무원법상 금지된 집단행동에

11) 대법원 2011. 5. 6. 선고2009모1190 준항고기각결정에 대한 재항고.

해당한다는 이유로 압수수색영장을 신청하였고, 같은 날 법원이 압수수색영장을 발부하자, 경찰은 2009. 7. 3. 전국교직원노동조합 본부 사무실에 대하여 영장에 기한 압수수색을 하였다. 이때 압수수색영장은 '압수수색검증할 물건'을 '2009. 6. 시국선언과 관련된 문서 및 위 자료를 보관 중인 컴퓨터 저장매체 및 출력물'로 하고, '압수의 방법'으로 '압수할 물건이 문서인 경우에는 사본을 압수하고, 컴퓨터 저장장치에 저장된 정보인 경우에는 하드카피, 이미징하거나 출력하되, 하드카피, 이미징 또는 출력할 수 없는 경우에는 컴퓨터 저장장치자체를 압수'하도록하였다.

(iii) 전교조 당직자들은 당시 경찰에게 영장에 기재된 바와 같이 '압수수색현장에서 시국선언발표와 관련된 자료를 검색하여 출력하는 방식으로 압수할 것'을 요구하였으나, 경찰은 "빨리 집행을 마쳐야 하므로 시간이 없다". "서버를 복사할 장비가 충분하지 않다". "범죄사실과 관련된 것인지 여부를 이 자리에서 판단할 수 없다"는 등의 이유로 컴퓨터 서버자체를 압수하였다.

(iv) 경찰은 압수된 서버에서 시국선언과의 관련성 여부를 불문하고 수사기관이 임의로 정한 시점 이후의 접근파일(2009. 5. 1. 이후 서버에 액세스된 파일) 8000여 개를 압수하였다. 그리고 전교조의 직원들 및 그 변호인이 참관하고 있는 가운데 압수된 저장매체에 저장된 파일들 중 2009. 5. 1. 이후 열람한 모든 문서(단 엑셀문서는 2009. 6. 1. 이후) 파일들을 해쉬값 교환 등을 통하여 무결성을 확보하는 방식으로 DVD-ROM 및 CD-ROM에 카피하였다.

(v) 전교조는 2009. 7. 6. 서버를 교체(2009. 5. 중순경)하였기 때문에 종래 서버에 있던 모든 파일이 새로운 서버에서는 2009. 5. 1. 이후 액세스한 것으로 표시되어, 시국선언이 있기 10여 년 전의 노동조합의 회의록, 회계자료 등이 모두 포함되었다면서 압수대상 및 압수방법 위반을 이유로 준항고를 제기하였다.

(vi) 고등법원은 '당시 압수수색 상황이 영장이 예외적으로 인정한 하드카

피, 이미징 또는 문서의 출력을 할 수 없는 경우에 해당하므로 서버자체를 압수한 것은 위법하지 않다'는 취지로 준항고를 기각하였고 이에 전교조는 대법원에 재항고를 하였다.

(vii) 대법원은 2011. 5. 26. 시국선언 압수수색에 대한 전교조의 재항고를 기각하였다.

② 쟁 점

컴퓨터 자체를 압수하여 그 중 파일 8,000여개를 복사한 것이 관련성 있는 증거에 대한 적법한 압수·수색으로 볼 수 있는지 여부가 이 사건의 쟁점이다.

③ 판례의 태도

【판결요지】

수사기관이 전국교직원노동조합 본부 사무실에 대한 압수·수색영장을 집행하면서 방대한 전자정보가 담긴 저장매체 자체를 영장 기재 집행장소에서 수사기관 사무실로 가져가 그곳에서 저장매체 내 전자정보파일을 다른 저장매체로 복사하자, 이에 대하여 위 조합 등이 준항고를 제기한 사안에서, 수사기관이 저장매체 자체를 수사기관 사무실로 옮긴 것은 영장이 예외적으로 허용한 부득이한 사유의 발생에 따른 것으로 볼 수 있고, 나아가 당사자 측의 참여권 보장 등 압수·수색대상 물건의 훼손이나 임의적 열람 등을 막기위해 법령상 요구되는 상당한 조치가 이루어진 것으로 볼 수 있으므로 이 점에서 절차상 위법이 있다고는 할 수 없으나, 다만 영장의 명시적 근거없이 수사기관이 임의로 정한 시점 이후의 접근파일일체를 복사하는 방식으로 8,000여 개나 되는 파일을 복사한 영장집행은 원칙적으로 압수·수색영장이 허용한 범위를 벗어난 것으로서 위법하다고 볼 여지가 있는데, <u>위 압수·수색 전 과정에 비추어 볼 때, 수사기관이 영장에 기재된 혐의사실 일시로부터 소급하여 일정 시점 이후의 파일들만 복사한 것은 나름대로 대상을 제한하려고 노력한 것으로 보이고, 당사자 측도 그 적합성에 대하여 묵시적으로 동의한 것으로 보는것이 타당하므로, 위 영장집행이 위법하다고 볼 수는 없다</u>는 이유로, 같은 취지에서 준항고를 기각한 원심의 조치를 수긍한 사례.

우선 법원은, 법원은 저장매체 자체를 수사기관 사무실 등으로 옮긴 후 영장에 기재된 범죄혐의관련 전자정보를 탐색하여 해당 전자정보를 문서로 출력하거나 파일을 복사하는 과정 역시 전체적으로 압수·수색영장집행의 일환에 포함된다고 보아야 하며, 그러한 경우 문서출력 또는 파일복사 대상 역시 혐의사실과 관련된 부분으로 한정되어야 하는 것은 헌법 제12조 제1항, 제3항, 형사소송법 제114조, 제215조의 적법절차 및 영장주의 원칙상 당연하다고 보았다.

그러므로 수사기관 사무실 등으로 옮긴 저장매체에서 범죄혐의 관련성에 대한 구분없이 저장된 전자정보 중 임의로 문서출력 혹은 파일복사를 하는 행위는 특별한 사정이 없는 한 영장주의 등 원칙에 반하는 위법한 집행인 것인데, 한편 검사나 사법경찰관이 압수·수색영장을 집행할 때에는 자물쇠를 열거나 개봉 기타 필요한 처분을 할 수 있지만 그와 아울러 압수물의 상실 또는 파손 등의 방지를 위하여 상당한 조치를 하여야 하므로(형사소송법 제219조, 제120조, 제131조 등), 저장매체에 대한 압수·수색영장을 집행할 때 영장이 명시적으로 규정한 위 예외적인 사정이 인정되어 전자정보가 담긴 저장매체 자체를 수사기관 사무실 등으로 옮겨 이를 열람 혹은 복사하게 되는 경우에도, 전체과정을 통하여 피압수·수색 당사자나 변호인의 계속적인 참여권 보장, 피압수·수색 당사자가 배제된 상태의 저장매체에 대한 열람·복사금지, 복사대상 전자정보 목록의 작성·교부 등 압수·수색대상인 저장매체 내 전자정보의 왜곡이나 훼손과 오·남용 및 임의적인 복제나 복사 등을 막기위한 적절한 조치가 이루어져야만 집행절차가 적법하게 된다고 보았다.

④ 본 사안의 경우

'수사기관이 저장매체 자체를 수사기관 사무실로 옮긴 것은 영장이 예외적으로 허용한 부득이한 사유의 발생에 따른 것으로 볼 수 있고, 나아가 당사자측의 참여권 보장 등 압수·수색대상 물건의 훼손이나 임의적 열람 등을 막기위해 법령상 요구되는 상당한 조치가 이루어진 것으로 볼 수 있으므로 이 점에서 절차상 위법이 있다고는 할 수 없으나, 다만 영장의 명시적 근거없이 수사기관이 임의로 정한시점 이후의 접근파일 일체를 복사하는 방식으로 8,000여 개나 되는 파일을 복사한 영장집행은 원칙적으로 압수·수색영장이 허용한 범위를 벗어난 것으로서 위법하다고 볼 여지가 있는데, 위 압수·수색 전 과정에 비추어 볼 때, 수사기관이 영장에 기재된 혐의사실 일시로부터 소급하여 일정시점 이후의 파일들만 복사한 것은 나름대로 대상을 제한하려고 노력한 것으로 보이고, 당사자 측도 그 적합성에 대하여 묵시적으로 동의한 것으로 보는 것이 타당하므로, 위 영장집행이 위법하다고 볼 수는 없다는 이유로' 전교조측의 주장을 기각하였다.

⑤ 판결의 의의

대법원은 디지털증거의 압수·수색에 있어서도 원칙적으로 관련성이 필요하다는 입장을 그대로 고수하였으며 관련성을 벗어나는 범위의 디지털증거를 수집한다면 위법하다는 기존 판시내용을 재확인하면서도 대상결정의 경우 수사기관이 필요한 증거를 제한하려고 노력하였고 당사자들이 동의한 것으로 볼 수 있는 경우에는 제한적으로 적법하다는 단서를 적용하였다. 이는 법원이 디지털증거를 압수·수색하는 현실적인 어려움 등을 감안하여 고심끝에 내린결정으로 보인다.

이러한 판례의 태도는 2011. 7. 18. 국회가 형사소송법을 개정하여 저장매체를 압수할 경우 그 정보를 출력하거나 복제하는 것을 원칙으로 하고, 예외적으로 저장매체 자체를 압수할 수 있도록 형사소송법 제106조 제3항을 신설하게 되는 계기가 되었다.

【판결요지】

수사기관이 전국교직원노동조합 본부 사무실에 대한 압수·수색영장을 집행하면서 방대한 전자정보가 담긴 저장매체 자체를 영장 기재 집행장소에서 수사기관 사무실로 가져가 그곳에서 저장매체 내 전자정보파일을 다른 저장매체로 복사하자, 이에 대하여 위 조합 등이 준항고를 제기한 사안에서, 수사기관이 저장매체 자체를 수사기관 사무실로 옮긴 것은 영장이 예외적으로 허용한 부득이한 사유의 발생에 따른 것으로 볼 수 있고, 나아가 당사자 측의 참여권 보장 등 압수·수색대상 물건의 훼손이나 임의적 열람 등을 막기 위해 법령상 요구되는 상당한 조치가 이루어진 것으로 볼 수 있으므로 이 점에서 절차상 위법이 있다고는 할 수 없으나, 다만 영장의 명시적 근거없이 수사기관이 임의로 정한 시점 이후의 접근파일 일체를 복사하는 방식으로 8,000여 개나 되는 파일을 복사한 영장집행은 원칙적으로 압수·수색영장이 허용한 범위를 벗어난 것으로서 위법하다고 볼 여지가 있는데, 위 압수·수색 전 과정에 비추어 볼 때, 수사기관이 영장에 기재된 혐의사실 일시로부터 소급하여 일정시점 이후의 파일들만 복사한 것은 나름대로 대상을 제한하려고 노력한 것으로 보이고, 당사자 측도 그 적합성에 대하여 묵시적으로 동의한 것으로 보는 것이 타당하므로, 위 영장집행이 위법하다고 볼 수는 없다는 이유로, 같은 취지에서 준항고를 기각한 원심의 조치를 수긍한 사례.

(3) 위법수집증거배제법칙과 디지털증거

1) 디지털증거의 신뢰성

디지털증거의 신뢰성이란 증거데이터의 분석 등 처리과정에서 디지털증거가 위·변조되거나 의도되지 않은 오류를 포함하지 않았다는 것을 의미한다.

디지털증거의 신뢰성은 디지털증거 자체의 특성이 아닌 디지털증거를 취급하는 인력, 도구, 분석실, 절차 등과 같은 주·객관적인 요소들의 신뢰성 증명을 통해 간접적으로 증명된다. 일반적으로 디지털증거의 신뢰성은 인력, 도구, 분석실, 절차에 대한 신뢰성보증 장치들에 의해서 보증되는데 특히 적법절차와 수단은 위법수집증거배제법칙과 관련하여 중요한 장치이다.

2) 적법절차에 의한 디지털증거의 수집

디지털증거도 다른 증거와 마찬가지로 위법한 절차에 의하여 수집되었다면 형사소송에서 증거로 쓸 수 없다(형사소송법 제308조의2).

따라서 영장 없이 디지털증거를 압수하거나, 압수·수색영장이 발부되었는데 그 범위가 지나치게 포괄적이어서 위법하다고 보아야 할 정도에 이르거나, 영장이 정하여진 범위와 방법을 넘어 지나치게 확장된 때에는 비록 압수된 디지털증거 중 관련성이 있는 증거가 있다 하더라도 위법수집증거배제법칙에 따라 해당 증거전체를 위법수집증거로 보아 전체의 증거능력을 부정하여야 하는데, 이를 통해 수사기관으로 하여금 적법절차에 대한 준수를 강제할 수 있기 때문이다.

한편, 최근 디지털기기를 이용한 범죄가 확대되고 중대화되어감에 따라 실체진실발견을 위한 디지털증거를 확보하여 법정에 제출할 필요성도 점점 높아지고 있다. 이러한 디지털증거제출의 현실적 필요성과 헌법 및 형사소송법의 중대한 이념인 적법절차의 보장, 영장주의의 원칙을 어떻게 조화하는가의 문제가 대두된다. 곧, 위법수집증거배제법칙의 적용문제이다.

3) 디지털증거처리 표준가이드라인 제정의 필요성

디지털증거의 증거능력을 인정받기 위해서는 합리적이고 적절한 표준절차가 필요하고 이를 의무적으로 준수하도록 할 필요가 있다. 따라서 디지털증거처리 표준가이드라인은 관련법률에서 요구하고 있는 원칙을 반영해야 하며, 무결성과 진정성을 보장해줄 수 있는 절차를 제공해야 한다.

미국의 NIST에서 표준화된 디지털증거 표준가이드라인을 제시하였고, 현재 RFC 3227(디지털증거수집 및 획득에 대한 가이드라인)에서도 디지털증거 취급에 관한 국제표준을 선도하기 위해 노력중이다. 국내에서도 경찰청에서 발표한 '디지털증거처리 표준가이드라인'이 있으며, 이를 발전시킨 '컴퓨터 포렌식 가이드라인'이 한국정보통신기술협회(TTA) 표준으로 채택되어 있다.

디지털증거처리 표준가이드라인은 필수적으로 디지털증거처리의 기본원칙과 절차를 포함해야 하는데 구체적으로 디지털증거를 획득함에 있어 원본보존, 디지털증거의 무결성 보장, 분석도구의 신뢰성 확보 등 기본원칙을 정의하고, 디지털증거수집을 위한 각 단계별 준수사항을 명시해야 한다. 또한 디지털증거처리를 위해 필요한 하드웨어 장비, 소프트웨어 도구정보를 제공하고, 사전준비, 디지털증거물 수집, 증거분석 등 각 단계별 절차를 제시해야 한다.

(4) 전문법칙과 디지털증거

1) 개 관

전문법칙(傳聞法則)이란 말 그대로 전해들은 이야기는 형사소송에서 유죄판단의 증거로 사용하기에는 적절하지 않다는 원칙을 말하며, 형사소송법 역시 제310조의2에서 "제311조 내지 제316조에 규정한 것 이외에는 공판준비 또는 공판기일에서의 진술에 대신하여 진술을 기재한 서류나 공판준비 또는 공판기일 외에서의 타인의 진술을 내용으로 하는 진술은 이를 증거로 할 수 없다."고 규정하여 전문법칙을 인정하고 있다.

예를 들면, 甲이 乙에게 "어제 丙이 지갑을 잃어버렸지. 사실은 내가 어제 丙의 지갑을 가지고 나왔어."라고 말하였고, 乙은 그러한 내용을 담은 진술서를 작성하였다. 이 경우, 위 진술서가 바로 전문증거가 되는 것이다. 乙은 甲이 경험한 사실을 직접 본것은 아니고, 그러한 이야기를 甲으로부터 전해들은 것뿐이다.

그러나 여기서 과연 甲이라는 인물을 신뢰할 수 있는지 여부가 문제가 될 것이다. 甲이 거짓말을 수시로 하는 인물이고 당시의 상황을 과장하여 허위의 사실을 말하였을 경우, 진술서만을 놓고 유죄의 증거로 인정한다면 이는 분명히 헌법 제12조가 규정하고 있는 신체의 자유를 직접적으로 제한하는 위험이 발생한다고 하지않을 수 없다.

이러한 전문법칙에는 기본적으로 전문증거는 증거가 아니라는 판단(hearsay is no evidence)이 전제되어 있고, 이는 영미증거법에서 유래된 것이다. 영미에 있어서의 전문법칙은 배심제도가 그 중심에 자리잡고 있고, 직업적으로 법률을 다루는 법관에 비하여 증거를 판단함에 있어 부족한 점이 있기에 검증되지 않은 증거에 노출될 경우, 그 정확한 판단을 보장하기 어렵다는 점에 근거하는 것이다.

또한 현대에 있어서는 무수한 디지털증거들이 넘쳐나고 있다. 컴퓨터 또는 디지털 저장매체에 저장되는 무수한 증거들이 실제로 법정에 제출되고 있고, 이를 증거로 채택하고 있는 상황이다. 다만 이러한 증거들 역시 직접적인 상황을 담을 수도 있으나, 휴대폰 통화녹음과 같이 상대방의 진술을 담게 될 경우, 이 역시 전문증거로서 보지않을 수 없는 것이다.

앞서 형사소송법이 전문증거들을 어떻게 취급하고 있는지에 다루어 보았으므로, 나아가 디지털증거들 중 전문증거에 해당하는 것은 무엇이고, 그러한 디지털증거들에 대하여도 전문증거에 대한 형사소송법의 규정들이 그대로 적용될 수 있을지에 대하여 검토하여 보도록 한다.

2) 전문법칙적용의 문제

① 디지털증거의 정의

디지털증거(digital evidence)는 0과 1이라는 디지털형태로 저장되거나 전송되는 증거가치를 지니는 정보를 말한다. 엄밀한 의미에서 전자증거는 아날로그형태의 데이터를 포함하기 때문에 디지털증거보다 넓은 범위를 포함하지만, 대부분 전자증거, 디지털증거, 컴퓨터관련 증거를 서로 혼용하고 있다.

미국 SWGDE(Scientific Working Group on Digital Evidence)은 디지털증거를 "디지털형태로 저장되거나 전송되는 증거가치가 있는 정보"라고 정의하고 있다. 따라서 디지털증거라 함은 "컴퓨터 또는 기타 디지털저장매체에 저장되거나 네트워크를 통해 전송중인 자료로서 법정에서 신뢰할 수 있는, 증거가치가 있는 정보"를 말한다.

② 디지털증거의 전문증거성

디지털증거가 전문증거로서의 성격을 지니는지에 대해서는 디지털증거가 다양한 유형을 가지고 있고, 입증하고자 하는 사실에 따라 증거의 의미가 달라지기 때문에 일률적으로 디지털증거의 특성을 결정하기 보다는 개별적인 사안에 따라 판단되어야 할 것이다.

예를 들면, 흔히 주변에서 발생되는 휴대폰 통화녹음이 좋은 예일 것이다.

가령 甲이 乙과 전화통화를 하던 중 "피고인 丙이 乙의 물건을 가져가는 것을 보았다."는 내용의 이야기를 하게 되었고, 피해자인 乙은 이를 휴대폰을 통하여 녹음을 하게 되었다. 그렇다면 휴대폰에 저장된 통화녹음파일은 분명 디지털형태로 저장된 디지털증거에 해당한다 할 것이다. 그렇다면 이러한 乙의 진술을 담은 위 디지털증거는 일종의 전문증거가 되는 것이고, 이의 증거능력을 인정받기 위해서는 乙이 이에 대한 진정성립의 절차를 필요로 하는 것이다.

③ 디지털증거의 특수성

디지털증거는 기본적으로 눈에 보이지 않는 '0'과 '1'의 디지털데이터에 의하여 구축된다. 나아가 일단 저장된 후에도 오류가 발생할 수 있으며, 혹은 누군가에 의하여 쉽게 변조가 가능하다고도 할 수 있다. 또한 쉽게 복제가 가능하기 때문에 진정한 원본인지에 큰 의미가 없으며, 원본인지를 가리기도 사실상 어렵다 할 것이다.

④ 디지털증거의 전문법칙적용의 문제점

가. 디지털증거의 진정성

증거의 진정성 증명이란 법정에 제출할 증거가 요증사실을 설명하기 위한 바로 그 증거라는 사실을 증명하는 것을 말한다. 디지털증거의 경우에는 주장하려는 바대로 해당 증거가 특정사람이 특정시점에 생성하고 특정시점에 특정인에게 전송된 증거가 맞는가를 증명하는 것이다.

이러한 디지털증거의 진정성은 증거의 '동일성'과 '무결성'이 지켜졌음을 주장하며 입증할 수 있다.

즉, 디지털증거가 수집 이후 보존과정 등에서 비의도적 오류 등에 의해 무결성이 손상되거나, 원본과 조사과정에서 분석에 사용된 사본이 그 동일성을 갖지 않는다면 디지털증거의 진정성이 훼손된 것으로 보아 증거능력이 결여되는 것으로 보는 것이다.

나. 디지털증거의 무결성

디지털증거가 원본으로부터 수집되어 보관·분석되는 과정에서 부당한 수정, 변경, 손상이 없도록 유지되어야 하며, 이러한 수정, 변경, 손상이 발생하지 않았음을 검증할 수 있어야 한다. 디지털증거가 수사기관이나 제3자에 의해 위조되어 법정에 제출되는 경우에도 검증과정을 통해 위조사실을 적발할 수 있어야 한다.

다. 디지털증거의 동일성

디지털증거는 그 자체로는 가시성, 가독성이 없으므로 가시성이 있는 인쇄물로 출력하여 법원에 제출하게 되는데, 이러한 이유로 실제로 법정에 제출되는 증거는 원본증거와는 다른 형태를 취하게 되는 경우가 많으므로, 증거 원본이 제출되어야 하는 증거법 원칙상 제출되는 사본증거 그리고 가시성, 가독성 있는 형태로 변환된 증거를 원본으로 인정할 수 있는가 하는 문제가 별도로 제기되게 된다.

3) 2016. 5. 29. 형사소송법 313조 등 개정

형사소송법 [시행2016.1.6] [법률 제13722호, 2016.1.6, 타법개정]	형사소송법 [시행2016.5.29] [법률 제14179호, 2016.5.29, 일부개정]
제313조(진술서등) ①전2조의 규정 이외에 피고인 또는 피고인이 아닌 자가 작성한 진술서나 그 진술을 기재한 서류로서 그 작성자 또는 진술자의 자필이거나 그 서명 또는 날인이 있는 것은 공판준비나 공판기일에서의 그 작성자 또는 진술자의 진술에 의하여 그 성립의 진정함이 증명된 때에는 증거로 할 수 있다. 단, 피고인의 진술을 기재한 서류는 공판준비 또는 공판기일에서의 그 작성자의 진술에 의하여 그 성립의 진정함이 증명되고 그 진술이 특히 신빙할 수 있는 상태하에서 행하여 진 때에 한하여 피고인의 공판준비 또는 공판기일에서의 진술에 불구하고 증거로 할 수 있다.	제313조(진술서등) ①――― 있는 것(피고인 또는 피고인 아닌 자가 작성하였거나 진술한 내용이 포함된 문자·사진·영상 등의 정보로서 컴퓨터용디스크, 그 밖에 이와 비슷한 정보저장매체에 저장된 것을 포함한다. 이하 이 조에서 같다)――. ―――.
② 감정의 경과와 결과를 기재한 서류도 전항과 같다.[전문개정 1961.9.1]	② 제1항 본문에도 불구하고 진술서의 작성자가 공판준비나 공판기일에서 그 성립의 진정을 부인하는 경우에는 과학적 분석결과에 기초한 디지털포렌식 자료, 감정 등 객관적 방법으로 성립의 진정함이 증명되는 때에는 증거로 할 수 있다. 다만, 피고인 아닌 자가 작성한 진술서는 피고인 또는 변호인이 공판준비 또는 공판기일에 그 기재 내용에 관하여 작성자를 신문할 수 있었을 것을 요한다.
〈신 설〉	③ 감정의 경과와 결과를 기재한 서류도 제1항 및 제2항과 같다. [전문개정 1961.9.1]
제314조(증거능력에 대한 예외) 제312조 또는 제313조의 경우에 공판준비 또는 공판기일에 진술을 요하는 자가 사망·질병·외국거주·소재불명 그 밖에 이에 준하는 사유로 인하여 진술할 수 없는 때에는 그 조서 및 그 밖의 서류를 증거로 할 수 있다. 다만, 그 진술 또는 작성이 특히 신빙할 수 있는 상태하에서 행하여졌음이 증명된 때에 한한다.	제314조(증거능력에 대한 예외) ―― 서류(피고인 또는 피고인 아닌 자가 작성하였거나 진술한 내용이 포함된 문자·사진·영상 등의 정보로서 컴퓨터용디스크, 그 밖에 이와 비슷한 정보저장매체에 저장된 것을 포함한다). ――.

(5) 관련 판례

1) 대법원 1999. 9. 3. 선고 99도2317 판결 〈'영남위원회' 사건〉

【판결요지】

[5] 컴퓨터 디스켓에 들어있는 문건이 증거로 사용되는 경우 그 컴퓨터 디스켓은 그 기재의 매체가 다를 뿐 실질에 있어서는 피고인 또는 피고인 아닌 자의 진술을 기재한 서류와 크게 다를 바 없고, 압수후의 보관 및 출력과정에 조작의 가능성이 있으며, 기본적으로 반대신문의 기회가 보장되지 않는 점 등에 비추어 그 기재내용의 진실성에 관하여는 전문법칙이 적용된다고 할 것이고, 따라서 형사소송법 제313조 제1항에 의하여 그 작성자 또는 진술자의 진술에 의하여 그 성립의 진정함이 증명된 때에 한하여 이를 증거로 사용할 수 있다.

【이유】

2. 변호인 및 피고인들의 상고이유에 관하여 판단한다.

나. 공소외 2로부터 압수된 컴퓨터 디스켓의 증거능력

원심판결이유에 의하면, 원심은 공소외 2로부터 압수된 컴퓨터 디스켓의 압수절차에 관하여, 이 사건압수는 공소외 2를 긴급체포하면서 이루어진 것이고, 공소외 2에 대한 긴급체포는 형사소송법 제200조의3 제1항이 정한 긴급체포의 실체적 요건 및 긴급성을 모두 갖추고 있으므로, 그 압수절차가 적법하다고 판단하였는바, 위와 같은 원심의 인정 및 판단은 정당하고 거기에 압수절차에 관한 법리오해 등의 위법이나 사실오인, 판단유탈 등의 위법이 있다고 할 수 없다.

피고인들은 위 컴퓨터 디스켓의 압수방법이 위법하다는 것이나, 컴퓨터 디스켓을 압수함에 있어 위조, 변조 등의 위험을 피하기 위하여 피고인들이 주장하는 바와 같은 방법을 취하는 것이 바람직하다 하더라도 이는 단지 압수방법의 적정여부에 관한 것일 뿐 그와 같은 조치를 취하지 않은 것이 반드시 위법한 것이라고는 할 수 없고, 그밖에 위 컴퓨터 디스켓이 당초의 압수된 상태에서 조작되었다는 피고인들의 주장 역시 받아들일 수 없다.

다만, 컴퓨터 디스켓에 들어있는 문건이 증거로 사용되는 경우 위 컴퓨터 디스켓은 그 기재의 매체가 다를 뿐 실질에 있어서는 피고인 또는 피고인 아닌 자의 진술을 기재한 서류와 크게 다를 바 없고, 압수 후의 보관 및 출력과정에 조작의 가능성이 있으며, 기본적으로 반대신문의 기회가 보장되지 않는 점 등에 비추어 그 기재내용의 진실성에 관하여는 전문법칙이 적용된다고 할 것이고, 따라서 형사소송법 제313조 제1항에 의하여 그 작성자 또는 진술자의 진술에 의하여 그 성립의 진정함이 증명된 때에 한하여 이를 증거로 사용할 수 있다 할 것이다.

그런데 위 컴퓨터 디스켓에 수록된 문건들(컴퓨터 디스켓에 대하여 실시한 검증결과는 단지 디스켓에 수록된 문건의 내용이 출력물에 기재된 것과 같다는 것에 불과하여 증거자료가 되는 것은 여전히 컴퓨터 디스켓에 보관된 문건의 내용이다)에 대하여는 그 작성자 또는 진술자에 의하여 성립의 진정함이 증명된 바 없다.

그럼에도 불구하고 원심이 위 컴퓨터 디스켓에 수록된 문건들의 증거능력을 인정하여 이를 피고인들에 대한 유죄의 증거로 쓴 것은 위법하다 할 것이다(다만, 이적표현물을 컴퓨터 디스켓에 저장, 보관하는 방법으로 이적표현물을 소지하는 경우에는 컴퓨터 디스켓에 담긴 문건의 내용의 진실성이 아닌 그러한 내용의 문건의 존재 그 자체가 직접증거로 되는 경우이므로 적법한 검증절차를 거친 이상 이적표현물 소지의 점에 관하여는 컴퓨터 디스켓의 증거능력이 인정된다고 할 것이다).

① **쟁 점**

이 사건에서는 '컴퓨터 디스켓에 들어있는 문건, 즉 디지털증거에 대하여 진술증거로 보아 전문법칙이 적용되는지 여부'가 쟁점이 되었다.

② **판결의 의의**

전문법칙의 대상인 전문증거에는 '서류와 진술'이라고 되어있음에도 불구하고, 서류가 아닌 컴퓨터 저장매체 등을 '서류와 진술'에 해당하는 것으로 보아 전문법칙을 적용할 수 있는지에 대하여 다툼이 있었다.

이에 대하여 위 판례는 컴퓨터 저장매체에 저장되는 디지털증거 또한 '서류와 진술'에 해당하여 전문법칙의 대상이 됨을 최초로 확인하였다.

한편, 전자적 증거가 모두 전문법칙이 적용되는 것으로 오해를 하여서는 아니될 것이다. 판례는 제시된 증거의 입증취지가 이적표현물의 소지자체를 드러내기 위한 목적이었다면 컴퓨터 디스켓에 담긴 문건의 내용의 진실성이 아닌 그러한 내용의 문건 존재자체가 증거가 될 뿐이지 이에 대하여 전문법칙이 적용될 여지는 없다는 취지로 판시하였다.

2) 대판 2007.12.13. 선고 2007도7257 〈'일심회' 국가보안법 위반 사건〉[12)]

① **사실관계**

(i) 검찰은, 피고인들이 '일심회'라는 이적단체를 구성하고, 타국에서 북한

---

12) [판례평석]디지털증거의 증거능력(가칭 '일심회 사건'), 노명선, 2014. 3. 17.

공작원을 접선하여 지령을 수수하고, 국가기밀을 북한에 전달하였다는 혐의로 피고인들에 대해 각 국가보안법위반으로 기소하면서 위 혐의와 관련하여 압수한 전자적 매체내 파일을 출력하여 증거로 제출하였다.

(ii) 변호인들은, 위 출력물에 대해 진정성이 입증되지 못하였고, 검증에 참여한 포렌식 조사관의 증언은 그 신뢰성이 부족하므로 증거로 사용할 수 없다고 주장하였다.

(iii) 1심 법원은 "① 이 법원의 검증조서, 포렌식 조사관의 증언 및 기타 이 사건 변론에 나타난 제반사정을 종합하면, …이미지 파일은 전 세계적으로 많이 사용되고 있는 EnCase 프로그램을 이용하여 작성되었는데, 디지털 저장매체 원본의 해쉬값과 이미징 작업을 통해 생성된 이미지 파일의 해쉬값은 동일한 점이 인정된다"고 하면서 이 주장을 배척하였고,

(iv) 항소심에서 피고인 측은, "최초 이미징 작업시 해쉬값을 작성하지 않았고, 포렌식복구 수사과정에서 디지털 원본매체의 변경 가능성이 존재하므로 증거능력이 없다"고 주장하였으나, 항소심 법원은 "② 위 디지털 저장매체를 압수, 봉인, 봉인해제 및 복제를 할 때 항상 해당 피고인 측에서 입회하여 그 과정을 확인한 이상, 위 디지털 저장매체를 복제할 때 해쉬값을 작성하지 않았다고 하더라도, 위 디지털 저장매체에 담긴 파일의 내용이 수사과정에서 변경되었을 가능성은 거의없다"고 하면서 1심의 판단과 뜻을 같이하였다.

(v) 이에 피고인 측은 본 사건상고를 함에 이르렀고, 검찰 또한 형사소송법 제313조에 의해 증거능력이 부정된 디지털증거에 대해서는 동법 제314조와 제315조에 의해 증거능력이 인정되어야 한다는 취지로 함께 상고하였다.

② 쟁점

이 사건에서는,

(i) 디지털 저장매체로부터 출력한 문건의 증거능력을 인정하기 위한 요건

(ii) 컴퓨터 파일형태로 작성된 증거에 대하여 이를 전문증거로 보아 전문법칙의 예외규정을 적용할 것인지 여부가 쟁점이 되었다.

③ 법원의 판시

【판결요지】

[1] 압수물인 디지털 저장매체로부터 출력한 문건을 증거로 사용하기 위해서는 디지털 저장매체 원본에 저장된 내용과 출력한 문건의 동일성이 인정되어야 하고, 이를 위해서는 디지털 저장매체 원본이 압수시부터 문건출력시까지 변경되지 않았음이 담보되어야 한다. 특히 디지털 저장매체 원본을 대신하여 저장매체에 저장된 자료를 '하드카피' 또는 '이미징'한 매체로부터 출력한 문건의 경우에는 디지털 저장매체 원본과 '하드카피' 또는 '이미징'한 매체 사이에 자료의 동일성도 인정되어야 할 뿐만 아니라, 이를 확인하는 과정에서 이용한 컴퓨터의 기계적 정확성, 프로그램의 신뢰성, 입력·처리·출력의 각 단계에서 조작자의 전문적인 기술능력과 정확성이 담보되어야 한다. 그리고 압수된 디지털 저장매체로부터 출력한 문건을 진술증거로 사용하는 경우, 그 기재내용의 진실성에 관하여는 전문법칙이 적용되므로 형사소송법 제313조 제1항에 따라 그 작성자 또는 진술자의 진술에 의하여 그 성립의 진정함이 증명된 때에 한하여 이를 증거로 사용할 수 있다.

④ 사안에 대한 판단

[제 1 쟁점]

우선 디지털증거의 증거능력에 관하여 법원은 ① 국가정보원에서 피고인들 혹은 가족, 직원이 입회한 상태에서 원심판시 각 디지털 저장매체를 압수한 다음 입회자의 서명을 받아 봉인하였고, ② 국가정보원에서 각 디지털 저장매체에 저장된 자료를 조사할 때 피고인들 입회하에 피고인들의 서명무인을 받아 봉인상태확인, 봉인해제, 재봉인하였으며, ③ 이러한 전 과정을 모두 녹화한 사실, ④ 각 디지털 저장매체가 봉인된 상태에서 서울중앙지방검찰청에 송치된 후 피고인들이 입회한 상태에서 봉인을 풀고 세계적으로 인정받는 프로그램을 이용하여 이미징 작업을 하였는데, 디지털 저장매체원본의 해쉬(Hash)값과 이미징 작업을 통해 생성된 파일의 해쉬값이 동일한 사실, ⑤ 제1심법원은 피고인들 및 검사, 변호인이 모두 참여한 가운데 검증을 실시하여 이미징 작업을 통해 생성된 파일의 내용과 출력된 문건에 기재된 내용이 동일함을 확

인한 사실을 인정하며,

출력된 문건은 압수된 디지털 저장매체원본에 저장되었던 내용과 동일한 것으로 인정할 수 있어 증거로 사용할 수 있고, 같은 취지의 원심의 판단은 정당하다고 판단하였다.

[제 2 쟁점]

또한 대법원은, 검사가 디지털 저장매체에서 출력하여 증거로 제출한 문건 중에서 작성자에 의하여 성립의 진정함이 증명되지 않았거나 작성자가 불분명하다는 이유로 그 문건의 내용을 증거로 사용할 수 없다고 판단한 원심법원의 판단은 정당하다고 하였으며,

단지 정황자료만으로 '진정성립'을 인정할 수 있다거나 형사소송법 제314조, 제315조에 의하여 증거능력이 부여되어야 한다는 취지의 검사의 상고이유 주장을 받아들이지 아니하였다.

⑤ 판결의 의의

디지털증거의 증거능력을 논함에 있어서는 우선 ① 문제되는 증거가 진술증거인지 판단한 다음, ② 만약 진술증거라면 전문법칙을 적용할 것인가, ③ 전문법칙의 어떤 예외조항을 근거로 증거능력을 부여할 것인가에 대해서 검토하여야 한다.

[제 1 쟁점]

우선 동일성과 관련하여, 대법원은 동일성의 입증에 대해 반드시 압수·수색 전 과정을 촬영한 영상녹화물에 의하여야 하거나 모든 절차에서 해쉬값을 생성하여 대조하여야 한다는 변호인측 주장을 부정하고 있다. 즉, 이러한 방법이 아니더라도 포렌식 조사관이나 입회인의 증언 및 기타 변론의 전취지 등을 종합하여 자유로운 방법으로 인정할 수 있다는 취지를 선언함에 그 의의가 있다.

[제 2 쟁점]

다음으로 디지털정보를 출력한 문건에 대하여 전문법칙이 적용되어야 하는지에 대하여, 법원은 컴퓨터파일의 경우에도 '서류'에 준하여 증거능력을 판

단하고 있다.

즉, 현행 형사소송법 제310조의 2는, "제311조 내지 제316조에 규정한 것 이외에는 공판준비 또는 공판기일에서의 진술에 대신하여 진술을 기재한 '서류'나 공판준비 또는 공판기일 외에서의 타인의 진술을 내용으로 하는 '진술'은 이를 증거로 할 수 없다"고 하고 있는데, 이때 '서류'에 디지털증거를 포함한다는 견해를 법원이 취하고 있는 것이다.

그리고 본 판결에서 문제된 문건은 사적인 상황에서 작성된 문서인데, 법원은 그 문서에 대하여 전문법칙의 예외규정으로서 형사소송법 제313조를 적용하며, 그에 따라 성립의 진정을 당사자 본인의 구두진술에만 의존하고 있다.

현행 형사소송법 제313조를 엄격히 해석하여 작성자의 구두진술에 의해서만 진술서의 증거능력을 인정해 오던 종래의 입장을 재확인한 본 판례에 대하여 비판이 있었으며, 이와 같이 성립의 진정을 당사자가 부인하는 경우에도 "과학적 분석결과에 기초한 디지털포렌식 자료, 감정 등 객관적 방법으로 성립의 진정함이 증명되는 때" 증거능력을 부여할 수 있다는 취지의 형사소송법의 개정이 2016. 5. 29.이루어짐으로써 입법적으로 해결되었다.

3) 대판 2013.7.26. 선고 2013도2511 〈'왕재산' 사건〉

① **사실관계**

(i) 검찰은 북한 225국의 국내 지하당 조직총책으로 10여년 간 북한에 국내 정세를 보고한 혐의로 IT업체 대표 김**을 국가보안법 위반혐의로 구속하고, 김**의 컴퓨터 파일에서 단서를 찾아내, 다른 4명을 국가보안법위반혐의로 구속 및 위 5명에 대하여 기소하였다.

(ii) 1심법원은 간첩행위에는 유죄를, 단체인 왕재산을 결성한 것에는 "증거가 부족하다"며 무죄를 선고하였고, 피고인측은 이중 유죄부분에 대하여 항소하였다.

(iii) 항소심 법원에서는 유죄판단이 있었던 간첩행위에 관하여 제시된 수십개의 전자정보에 대하여 그 증거능력이 쟁점화되었다. 피고인측은 정보저장매체 등이 수사기관에 의하여 조작되었다거나 피고인들이 그

정보저장매체를 소유내지 소지한 것이 아니라는 취지의 주장을 하며 원본과 사본의 동일성을 해쉬값 검증을 통해 하여야 함을 주장하였고(제 1 쟁점), 또한 압수물인 디지털 저장매체에서 출력된 문건은 기재내용의 진실성이 문제가 되어 전문법칙이 적용되므로 증거능력이 없다고 주장하였다(제 2 쟁점).

(iv) 항소심은 제1쟁점에 관하여 그러한 검증과정 중 사본의 해쉬값 추출에 너무나 많은 시간이 소요될 것이 예상되었고 또한 검증절차 중 오류가 반복되자 다른 여러 사정을 종합하여 무결성 및 동일성을 인정하고 이에 근거하여 간첩행위에 관하여 유죄판단이 내려졌다.

(v) 피고인측은 무결성 · 동일성 그리고 신뢰성에 대한 입증방법이나 그 입증의 정도 등에 관한 법리를 오해한 위법이 있음을 지적하며 상고하였으나, 대법원은 이러한 주장을 인용하지 아니하고 원심을 확정지었다.

② 쟁점

(i) 이 사건에서는 '동일성과 무결성을 담보하는 방법으로서 반드시 원본과 사본 각각의 해쉬값의 일치성을 입증해야하는지 여부'가 문제되었고,

(ii) 부수적으로 이적표현물 소지 등 국가보안법 위반 사안에서 디지털 저장매체에서 출력된 문건은 전문법칙이 적용되어야 하는지 문제되었다.

③ 판례의 태도

【판결요지】

[2] 압수물인 컴퓨터용 디스크 그밖에 이와 비슷한 정보저장매체(이하 '정보저장매체'라고만 한다)에 입력하여 기억된 문자정보 또는 그 출력물(이하 '출력문건'이라 한다)을 증거로 사용하기 위해서는 정보저장매체 원본에 저장된 내용과 출력문건의 동일성이 인정되어야 하고, 이를 위해서는 정보저장매체 원본이 압수 시부터 문건출력 시까지 변경되지 않았다는 사정, 즉 무결성이 담보되어야 한다. 특히 정보저장매체 원본을 대신하여 저장매체에 저장된 자료를 '하드카피' 또는 '이미징'한 매체로부터 출력한 문건의 경우에는 정보저장매체 원본과 '하드카피' 또는 '이미징'한 매체 사이에 자료의 동일성도 인정되어야 할 뿐만 아니라, 이를 확인하는 과정에서 이용한 컴퓨터의 기계적 정확성, 프로그램의 신뢰성, 입력 · 처리 · 출력의 각 단계에

서 조작자의 전문적인 기술능력과 정확성이 담보되어야 한다. 이 경우 출력문건과 정보저장매체에 저장된 자료가 동일하고 정보저장매체 원본이 문건출력 시까지 변경되지 않았다는 점은, 피압수·수색 당사자가 정보저장매체 원본과 '하드카피' 또는 '이미징'한 매체의 해쉬(Hash)값이 동일하다는 취지로 서명한 확인서면을 교부받아 법원에 제출하는 방법에 의하여 증명하는 것이 원칙이나, 그와 같은 방법에 의한 증명이 불가능하거나 현저히 곤란한 경우에는, 정보저장매체 원본에 대한 압수, 봉인, 봉인해제, '하드카피' 또는 '이미징' 등 일련의 절차에 참여한 수사관이나 전문가 등의 증언에 의해 정보저장매체 원본과 '하드카피' 또는 '이미징'한 매체 사이의 해쉬값이 동일하다거나 정보저장매체 원본이 최초 압수 시부터 밀봉되어 증거제출 시까지 전혀 변경되지 않았다는 등의 사정을 증명하는 방법 또는 법원이 그 원본에 저장된 자료와 증거로 제출된 출력문건을 대조하는 방법 등으로도 그와 같은 무결성·동일성을 인정할 수 있으며, 반드시 압수·수색 과정을 촬영한 영상녹화물 재생 등의 방법으로만 증명하여야 한다고 볼 것은 아니다.

④ **사안에 대한 판단**

[**제 1 쟁점**]

대법원은, ① 국가정보원 수사관들은 피고인들 혹은 가족, 직원이 참여한 상태에서 원심판시 각 정보저장매체를 압수한 다음 참여자의 서명을 받아 봉인하였고, ② 국가정보원에서 일부 정보저장매체에 저장된 자료를 '이미징' 방식으로 복제할 때 피고인들 또는 위 전문가들로부터 서명을 받아 봉인상태확인, 봉인해제, 재봉인하였으며, ③ 이들은 정보저장매체 원본의 해쉬값과 '이미징' 작업을 통해 생성된 파일의 해쉬값이 동일하다는 취지로 서명하였던 사정들과 함께, ④ 제1심법원이 피고인들 및 검사, 변호인이 모두 참여한 가운데 검증을 실시하여 그 검증과정에서 산출한 해쉬값과 압수·수색 당시 쓰기방지장치를 부착하여 '이미징' 작업을 하면서 산출한 해쉬값을 대조하여 그 해쉬값이 동일함을 확인하거나, '이미징'작업을 통해 생성된 파일의 문자정보와 그 출력문건이 동일함을 확인하였던 사정, ⑤ 일부 정보저장매체의 경우 원심에서 시행한 검증결과 부분의 봉인봉투 안에 전자정보에 관한 전문가로서 '이미징' 과정에 참여하였던 전문가가 서명한 것으로 보이는 이전의 봉인해제 봉투가 존재하는 사실을 확인한 사정 등을 종합한 결과, 동일성과 무결성을 인정할 수 있다는 항소심의 조치가 옳음을 확인하였다.

[제 2 쟁점]

대법원은 영남위원회 판결 등 관련 대법원 판결을 인용하여 "다만 정보저장매체에 기억된 문자정보의 내용의 진실성이 아닌 그와 같은 내용의 문자정보가 존재하는 것 자체가 증거로 되는 경우에는 전문법칙이 적용되지 아니한다. 나아가 어떤 진술을 범죄사실에 대한 직접증거로 사용할 때에는 그 진술이 전문증거가 된다고 하더라도 그와 같은 진술을 하였다는 것 자체 또는 그 진술의 진실성과 관계없는 간접사실에 대한 정황증거로 사용할 때에는 반드시 전문증거가 되는것은 아니"라고 전제한 다음, "반국가단체의 구성원과 문건을 주고받는 방법으로 통신을 한 경우, 반국가단체로부터 지령을 받고 국가기밀을 탐지·수집하였다는 공소사실과 관련하여 수령한 지령 및 탐지·수집하여 취득한 국가기밀이 문건의 형태로 존재하는 경우나 편의제공의 목적물이 문건인 경우 등에는, 문건내용의 진실성이 문제되는 것이 아니라, 그러한 내용의 문건이 존재하는 것 자체가 증거가 되는 것으로서, 위와 같은 공소사실에 대하여는 전문법칙이 적용되지 않는다."라고 본 원심의 판단을 유지하였다.

⑤ **판결의 의의**

[제 1 쟁점]

재판정의 검증절차를 통해 원본과 사본 각각의 해쉬값을 비교하는 방법 외 다른 방법으로 동일성과 무결성을 인정할 필요가 있다는 취지의 판결인바, 일심회 판결에서 보듯 다양한 방법으로 동일성 및 무결성을 증명할 수 있음을 명시적으로 확인한 것에서 그 의의를 갖는다.

[제 2 쟁점]

또한, 전문증거는 그 내용의 진실성을 증명하기 위하여 제출된 진술만을 의미하고 이는 요증사실과의 관계에 의하여 정해진다는 점을 재확인하였다.

4) 대판 2013.7.26, 선고, 2013도2511 〈'종근당'사건〉

① **사실관계**

(i) 수원지검 강력부는 2011. 4. 25. 배임혐의에 관한 압수·수색영장(제1

영장)을 발부받아 종근당 빌딩 내 이** 회장의 사무실에 대하여 압수·수색하였다.

(ii) 검사는 종근당의 동의를 받아 이 사건 저장매체 자체를 자신의 사무실로 반출하였다.

(iii) 검사는 2011. 4. 26.경 이 사건 저장매체를 대검찰청 디지털포렌식센터(DFC)에 인계하여 파일전부를 '이미징'의 방법으로 다른 저장매체로 복제(제1처분)하도록 하였는데, 이때 이** 회장 측은 2011. 4. 27. 복제되는 과정을 참관하다가 임의로 그곳에서 퇴거하였다.

(iv) 제1처분이 완료된 후 검사는 위 이미징한 복제본을 자신이 소지한 외장 하드디스크에 재복제(제2처분)하고, 제1영장 기재 범죄혐의와 관련된 전자정보를 탐색하였는데, 그 과정에서 제1영장에 기재된 혐의사실과 무관한 정보들도 함께 출력(제3처분), 제2·3처분 당시 이** 측은 그 절차에 참여할 기회를 부여받지 못하였고, 실제로 참여하지도 아니하였다.

(v) 검사는 이 사실을 수원지검 특별수사부에 통보하여 특별수사부 검사가 2011. 5. 26. 경 다시 압수·수색영장을 청구하여 별도의 압수·수색영장(제2영장)을 발부받아 압수·수색하였다.

(vi) 이때 특별수사부 검사는 종근당 측에 압수·수색과정에 참여할 수 있는 기회를 부여하지 않았을 뿐만 아니라 압수목록을 교부하지도 않았다.

② **쟁점**

[제 1 쟁점] 전자정보에 대한 압수·수색이 현장에서의 저장매체 압수, 이미징 복제, 탐색·복제·출력 등 일련의 과정을 거쳐 이루어지는 경우 피압수자 측의 참여권이 어느 범위에서 보장되는 것인지 여부

[제 2 쟁점] 하나의 압수·수색영장에 기한 압수·수색이 여러 단계를 거쳐 이루어지는 경우 단계적으로 이루어진 개별처분을 취소할 수 있는지 여부

[제 3 쟁점] 혐의사실과 관련된 전자정보를 탐색하는 과정에서 별도의 범죄혐의와 관련된 전자정보를 발견한 경우 수사기관이 이를 적법하게 압수할

수 있는 요건은 무엇인지 여부

③ **법원의 판단**

(i) 원심의 판단

제1영장에 관하여, 종근당 측의 참여가 이루어지지 아니한 채 제1영장의 혐의사실과 무관한 전자정보에 대하여도 압수와 수색이 이루어졌다는 등의 이유로 제1, 2, 3 처분을 모두 취소하였고,

제2영장에 관하여, 적법절차의 원칙에 위배되어 이루어진 제1·2처분에 의해 취득한 전자정보를 별건수사를 위한 증거자료로 사용하려는 과정에서 이루어진 압수처분이고 참여권도 박탈된 상태에서 이루어졌다는 이유로 제2영장에 기한 압수처분을 취소하다.

(ii) 대법원의 판단

○ **[제 1 쟁점]에 대한 판시(다수의견)**

[판결요지]

수사기관의 전자정보에 대한 압수·수색은 원칙적으로 영장발부의 사유로 된 범죄혐의의 사실과 관련된 부분만을 문서출력물로 수집하거나 수사기관이 휴대한 저장매체에 해당 파일을 복제하는 방식으로 이루어져야 하고, 저장매체 자체를 직접 반출하거나 그 저장매체에 들어있는 전자파일 전부를 하드카피나 이미징 등 형태(이하 '복제본'이라 한다)로 수사기관 사무실 등 외부로 반출하는 방식으로 압수·수색하는 것은 현장의 사정이나 전자정보의 대량성으로 인하여 관련 정보획득에 긴 시간이 소요되거나 전문인력에 의한 기술적 조치가 필요한 경우 등 범위를 정하여 출력 또는 복제하는 방법이 불가능하거나 압수의 목적을 달성하기에 현저히 곤란하다고 인정되는 때에 한하여 예외적으로 허용될 수 있을 뿐이다.

이처럼 저장매체 자체 또는 적법하게 획득한 복제본을 탐색하여 혐의사실과 관련된 전자정보를 문서로 출력하거나 파일로 복제하는 일련의 과정 역시 전체적으로 하나의 영장에 기한 압수·수색의 일환에 해당한다 할 것이므로,그러한 경우의 문서출력 또는 파일복제의 대상 역시 저장매체 소재지에서의 압수·수색과 마찬가지로 혐의사실과 관련된 부분으로 한정되어야 함은 헌법 제12조 제1항, 제3항과 형사소송법 제114조, 제215조의 적법절차 및 영장주의 원칙이나 앞서 본 비례의 원칙에 비추어 당연하다. 따라서 수사기관 사무실 등으로 반출된 저장매체 또는 복제본에서 혐의사실 관련성에 대한 구분없이 임의로 저장된 전자정보를 문서로 출력하거나 파일로 복제하는 행위는 원칙적으로 영장주의 원칙에 반하는 위법한 압수가 된다.

전자정보는 복제가 용이하여 전자정보가 수록된 저장매체 또는 복제본이 압수·수색과정에

서 외부로 반출되면 압수·수색이 종료한 후에도 복제본이 남아있을 가능성을 배제할 수 없고, 그 경우 혐의사실과 무관한 전자정보가 수사기관에 의해 다른 범죄의 수사의 단서 내지 증거로 위법하게 사용되는 등 새로운 법익침해를 초래할 가능성이 있으므로 혐의사실 관련성에 대한 구분없이 이루어지는 복제·탐색·출력을 막는 절차적 조치가 중요성을 가지게 된다.

따라서 저장매체에 대한 압수·수색과정에서 범위를 정하여 출력 또는 복제하는 방법이 불가능하거나 압수의 목적을 달성하기에 현저히 곤란한 예외적인 사정이 인정되어 전자정보가 담긴 저장매체 또는 복제본을 수사기관 사무실 등으로 옮겨 이를 복제·탐색·출력하는 경우에도, 그와 같은 일련의 과정에서 형사소송법 제219조, 제121조에서 규정하는 피압수·수색 당사자(이하 '피압수자'라 한다)나 그 변호인에게 참여의 기회를 보장하고 혐의사실과 무관한 전자정보의 임의적인 복제 등을 막기 위한 적절한 조치를 취하는 등 영장주의 원칙과 적법절차를 준수하여야 한다. 만약 그러한 조치가 취해지지 않았다면 피압수자측이 참여하지 아니한다는 의사를 명시적으로 표시하였거나 절차위반행위가 이루어진 과정의 성질과 내용 등에 비추어 피압수자측에 절차참여를 보장한 취지가 실질적으로 침해되었다고 볼 수 없을 정도에 해당한다는 등의 특별한 사정이 없는 이상 압수·수색이 적법하다고 평가할 수 없고(대법원 2011.5.26.자 2009모1190결정 등 참조), 비록 수사기관이 저장매체 또는 복제본에서 혐의사실과 관련된 전자정보만을 복사·출력하였다 하더라도 달리 볼 것은 아니다.

○ [제 2 쟁점]에 관한 판시(다수의견)

[판결요지]

전자정보에 대한 압수·수색과정에서 이루어진 현장에서의 저장매체 압수·이미징·탐색·복제 및 출력행위 등 수사기관의 처분은 하나의 영장에 의한 압수·수색과정에서 이루어지는 것이다. 그러한 일련의 행위가 모두 진행되어 압수·수색이 종료된 이후에는 특정단계의 처분만을 취소하더라도 그 이후의 압수·수색을 저지한다는 것을 상정할 수 없고 수사기관으로 하여금 압수·수색의 결과물을 보유하도록 할 것인지가 문제될 뿐이다. 그러므로 이 경우에는 준항고인이 전체 압수·수색과정을 단계적·개별적으로 구분하여 각 단계의 개별처분의 취소를 구하더라도 준항고법원으로서는 특별한 사정이 없는 한 그 구분된 개별처분의 위법이나 취소 여부를 판단할 것이 아니라 당해 압수·수색과정 전체를 하나의 절차로 파악하여 그 과정에서 나타난 위법이 압수·수색절차 전체를 위법하게 할 정도로 중대한지 여부에 따라 전체적으로 그 압수·수색처분을 취소할 것인지를 가려야 할 것이다. 여기서 위법의 중대성은 위반한 절차조항의 취지, 전체과정 중에서 위반행위가 발생한 과정의 중요도, 그 위반사항에 의한 법익침해 가능성의 경중 등을 종합하여 판단하여야 한다.

○ [제 3 쟁점]에 관하여(전원일치)

[판결요지]

전자정보에 대한 압수 · 수색에 있어 그 저장매체 자체를 외부로 반출하거나 하드카피 · 이미징 등의 형태로 복제본을 만들어 외부에서 그 저장매체나 복제본에 대하여 압수 · 수색이 허용되는 예외적인 경우에도 혐의사실과 관련된 전자정보 이외에 이와 무관한 전자정보를 탐색 · 복제 · 출력하는 것은 원칙적으로 위법한 압수 · 수색에 해당하므로 허용될 수 없다. 그러나 전자정보에 대한 압수 · 수색이 종료되기 전에 혐의사실과 관련된 전자정보를 적법하게 탐색하는 과정에서 별도의 범죄혐의와 관련된 전자정보를 우연히 발견한 경우라면, 수사기관으로서는 더 이상의 추가탐색을 중단하고 법원으로부터 별도의 범죄혐의에 대한 압수 · 수색영장을 발부받은 경우에 한하여 그러한 정보에 대하여도 적법하게 압수 · 수색을 할 수 있다고 할 것이다.

나아가 이러한 경우에도 별도의 압수·수색 절차는 최초의 압수 · 수색절차와 구별되는 별개의 절차이고, 별도 범죄혐의와 관련된 전자정보는 최초의 압수 · 수색영장에 의한 압수 · 수색의 대상이 아니어서 저장매체의 원래 소재지에서 별도의 압수 · 수색영장에 기해 압수 · 수색을 진행하는 경우와 마찬가지로 피압수자는 최초의 압수 · 수색이전부터 해당 전자정보를 관리하고 있던 자라 할 것이므로, 특별한 사정이 없는 한 그 피압수자에게 형사소송법 제219조, 제121조, 제129조에 따라 참여권을 보장하고 압수한 전자정보목록을 교부하는 등 피압수자의 이익을 보호하기 위한 적절한 조치가 이루어져야할 것이다.

④ 사안에 대한 판단

[제 1 쟁점] 및 [제 2 쟁점]에 관하여,

○ 현장압수 및 제1처분은 위법하지 아니하나, 제2 · 3처분은 제1처분 후 피압수자에게 계속적인 참여권을 보장하는 등의 조치가 이루어지지 아니한 채 제1영장 기재 혐의사실과 관련된 정보는 물론 그와 무관한 정보까지 재복제 · 출력한 것으로서 영장이 허용한 범위를 벗어나고 적법절차를 위반하여 위법하다.

○ 제2 · 3처분에 해당하는 전자정보의 복제 · 출력과정은 증거물을 획득하는 행위로서 압수 · 수색의 목적에 해당하는 중요한 과정인 점, 이 과정에서 혐의사실과 무관한 정보가 수사기관에 남겨지게 되면 피압수자의 다른 법익이 침해될 가능성이 한층 커지게 되므로 피압수자에게 참여권을 보장하는 것이 그러한 위험을 방지하기 위한 핵심절차인데도 그 과정에 참여권을 보장하지 않은 점, 더구나 혐의사실과 무관한 정보까지 출력한 점 등 위법의 중대성에

비추어 볼 때, 비록 제1처분까지의 압수 · 수색과정이 적법하다고 하더라도 전체적으로 제1영장에 기한 압수 · 수색은 취소되어야 할 것인바, 그 단계별 처분을 모두 취소한 원심의 판단은 결국 준항고인들(종근당 측)이 신청한 범위 내에서 제1영장에 기한 압수 · 수색을 전체적으로 취소한 것과 동일한 결과이어서 정당하다.

[제 3 쟁점]에 관하여,

제2영장 청구당시 압수할 물건으로 삼은 정보는 제1영장의 피압수자에게 참여의 기회를 부여하지 않은 상태에서 임의로 재복제한 외장 하드디스크에 저장된 정보로서 그 자체가 위법한 압수물이어서 앞서 본 별건정보에 대한 영장청구요건을 충족하지 못한 것이므로, 비록 제2영장이 발부되었다고 하더라도 그 압수 · 수색은 영장주의의 원칙에 반하는 것으로서 위법하다.

나아가 제2영장에 기한 압수 · 수색 당시 이** 등에게 압수 · 수색과정에 참여할 기회를 전혀 보장하지 않았으므로 이 점에 비추어 보더라도 제2영장에 기한 압수 · 수색은 전체적으로 위법하다.

준항고인들이 구하는 제2영장에 기한 처분을 모두 취소한 원심의 판단은 결국 제2영장에 기한 압수 · 수색처분 전체를 취소한 것과 동일한 결과이어서 정당하다.

⑤ 의의

대법원이 ① 전자정보에 대한 압수수색이 현장에서의 저장매체압수, 이미징 복제, 탐색 · 복제 · 출력 등 일련의 과정을 거쳐 이루어지는 경우 피압수자의 참여권이 어느 범위에서 보장되는 것인지 여부, 그리고 ② 하나의 압수 · 수색영장에 기한 압수수색이 여러 단계를 거쳐 이루어지는 경우 단계적으로 이루어진 개별처분을 취소할 수 있는지 여부 및 ③ 혐의사실과 관련된 전자정보를 탐색하는 과정에서 별도의 범죄혐의와 관련된 전자정보를 발견한 경우 수사기관이 이를 적법하게 압수할 수 있는 요건 등에 관하여 구체적으로 판시한 최초의 판결이라는 점에 의의가 있다.

전문증거의 증거능력범위를 넓히는 개정안이 2016. 5. 29. 공포 및 시행되었다. 개정안은 정보사회의 고도화로 인하여 각종 정보저장매체를 이용한 정보저장이 일상화됐고, 범죄행위에 사용된 증거들도 종이문서가 아닌 전자정보의 형태로 디지털화된 경우가 많아지고 있는 추세를 반영한 것이다. 디지털 포렌식의 발달로 작성자 또는 진술자의 진정성립 인정이 없더라도 아이디와 비밀번호의 소유자, 로그기록, IP주소, 작성자만의 고유한 암호사용 등을 통해 객관적인 방법으로 진정성립을 확인할 수 있다면 이를 최대한 증거로 현출해 법정에서 다투도록 하자는 것이 그 개정취지이다.

형소법 제313조 1항의 개정으로, 진술이 담긴 일반종이서류뿐만 아니라 '피고인 등이 작성했거나 진술한 내용이 포함된 문자·사진·영상 등의 정보가 컴퓨터용디스크 등 정보저장매체에 저장돼 있는' 디지털증거까지 전문증거 대상에 포함될 수 있게 되었다. 또 같은 조 2항을 개정해 전문증거의 작성자가 공판준비기일이나 공판기일에서 그 성립의 진정을 부인하는 경우에도 과학적 분석결과에 기초한 디지털포렌식 조사관의 증언, 감정 등 객관적 방법으로 진정성립이 증명되는 때에는 증거능력을 인정하도록 했다(단, 진술자와 작성자가 다른 진술 기재자료는 대상에서 제외). 아울러 피고인 아닌 자가 작성한 진술서는 피고인 또는 변호인이 공판에서 그 기재내용에 관해 원진술자를 신문하도록 하는 '반대신문권'을 명시하였다.

Chapter 03

행정소송

학습목표

행정소송이란 무엇인지 알아보자.

1. 행정소송관련 개념을 알아본다.
2. 행정소송의 종류를 알아보고 행정소송절차에 대해 이해한다.

1 개 관

(1) 의의와 종류

1) 행정소송의 의의

① 행정소송의 정의

행정소송이란, 위법한 행정작용, 즉 행정청의 위법한 처분, 기타 공권력의 행사 또는 불행사로 인하여 침해받은 권리 또는 이익의 구제를 구하고 공법상의 권리관계 또는 법적용에 관한 다툼을 적정하게 해결하기 위하여 법원에 제기하는 정식쟁송절차를 의미한다. 쉽게 말하여 행정처분 등에 대하여 불복하는 자가 법원에 그 처분의 취소 등을 구하는 소송인 것이다.

행정소송법은 『이 법은 행정소송절차를 통하여 행정청의 위법한 처분 그 밖에 공권력의 행사 · 불행사 등으로 인한 국민의 권리 또는 이익의 침해를 구제하고, 공법상의 권리관계 또는 법적용에 관한 다툼을 적정하게 해결함을 목적으로 한다』고 규정한다(행정소송법 제1조). 이와 같이 행정소송법 제1조에 행정소송에 관한 모든 것이 내포되어 있는데, 각 의미를 간략하게 설명하면 다음과 같다.

가. 행정소송절차

행정행위에 대하여 불복하는 절차에 관한 것으로, 행정절차법이 정해주고 있다.

나. 행정청

행정에 관한 의사를 결정하여 표시하는 국가 또는 지방자치단체의 기관, 그밖에 법령 또는 자치법규에 따라 행정권한을 가지고 있거나 위탁을 받은 공공단체나 그 기관 또는 사인을 말한다. 행정청은 보통 행정관청을 가리키나, 법령에 따라 행정권한의 위임을 받은 행정기관, 공공단체 또는 사인을 행정청으로 보기도 한다는 것이다.

다. 처분 등

'처분 등'의 개념은 행정소송법 제2조 제1항 제1호에서 정하고 있다. 즉, 『처분등이라 함은 행정청이 행하는 구체적 사실에 관한 법집행으로서의 공권력의 행사 또는 그 거부와 그밖에 이에 준하는 행정작용(이하 '처분'이라 한다) 및 행정심판에 대한 재결을 말한다』.

행정소송은 처분등을 대상으로 한다. 따라서 처분성이 인정되지 않으면 이는 소송요건조차 갖추지 못한 것으로 본안심리에 들어가지도 못하고 소송요건 심리단계에서 소각하판결을 받게 된다.

판례는 "행정청의 어떤 행위가 항고소송의 대상이 될 수 있는지의 문제는 추상적 · 일반적으로 결정할 수 없고, 구체적인 경우 행정처분은 행정청이 공권력의 주체로서 행하는 구체적 사실에 관한 법집행으로서 국민의 권리의무에 직접적으로 영향을 미치는 행위라는 점을 염두에 두고, 관련 법령의 내용과 취지, 그 행위의 주체 · 내용 · 형식 · 절차, 그 행위와 상대방 등 이해관계인이 입는 불이익과의 실질적 견련성, 그리고 법치행정의 원리와 당해 행위에 관련한 행정청 및 이해관계인의 태도 등을 참작하여 개별적으로 결정하여야 한다"고 밝힌바 있다(대법원 2010. 11. 18. 선고, 2008두167 판결).

일반적으로 처분은 실체법상 행정행위로 국한되지만, 예외적으로 행정쟁송의 목적과 국민의 권익구제 등을 고려하여 사실행위 등도 포함된다. 예를 들어 행정청이 경고조치를 한 경우, 이것은 법률에 따른 징계조치일뿐 엄밀한 의미에서 행정행위로 볼 수는 없지만 이로 인해 1년 동안 인사카드에 등재되는 등 실질적인 영향을 받는 경우 이를 처분으로 인정한다.

② 기타 행정소송과 관련된 개념의 이해

그밖에 행정소송에 대한 대략적인 이해를 위하여 알아두어야 할 기본개념에 대하여 설명하고자 한다.

가. 행정소송 제외영역

가) 통치행위

통치행위는 말 그대로 국가를 통치하기 위한 행위를 말하는 것으로, 단순한 법집행작용이 아니라 국정의 기본방향을 설정하거나 국가적인 이해를 그 대상으로 하는 고도의 정치성을 띤 집행부의 행위로서 사법적 심사의 대상이 되기에 부적합한 성질의 행위를 말한다.

예를 들어, 남북정상회담을 개최하는 행위, 군사시설보호구역을 설정하는 행위 등 국가기관이 정치적으로 결정하는 행위를 말한다.

대법원은 일단 통치행위라 하더라도 과도한 사법심사의 자제가 기본권을 보장하고 법치주의 이념을 구현해야 할 법원의 책무를 태만히 하거나 포기하는 것이 되지 않도록 그 인정을 신중히 해야하고, 법치주의 원칙상 통치행위라 하더라도 헌법과 법률에 근거하여야 하고 그에 위배되어서는 안 된다고 본다.

헌법재판소는 통치행위로 인정이 되어도 통치행위를 포함한 모든 국가작용은 국민의 기본권적 가치를 실현하기 위한 수단이라는 한계를 지켜야 하므로, 이로 인해 국민의 기본권이 침해된다면 심사를 할 수 있다는 입장이다.

나) 민사소송사건

행정소송은 공법상의 법률관계를 대상으로 하고, 민사소송은 사법상의 법률관계를 대상으로 하기 때문에 민사소송사건은 행정소송의 영역에서 제외된다. 행정소송사건은 원칙적으로 전속관할인 행정법원에서 처리하고, 민사소송은 일반법원에서 처리한다.

한편, 행정소송은 절차면에서 민사소송과 유사하기 때문에 행정소송법은 민사소송법, 민사소송규칙 등 민사소송에 관한 각종 관련법규를 준용하고(그대로 따르고) 있다. 그러나 행정소송은 그 성질상 실체적인 진실을 발견하기 위하여 법원의 적극적인 관여(직권심리, 직권소송참가)가 이루어진다.

다) 헌법소원사건

헌법소원은 공권력의 작용에 의해 헌법상 보장된 기본권이 침해당한 경우 헌법재판소에 직접 권리구제를 신청하는 제도이다. 헌법재판소법 제68조 제1항은 다른 법률에 구제절차가 있는 경우에는 그 절차를 모두 거친후에 헌법소원을 청구할 수 있도록 규정하고 있기 때문에 행정소송의 대상이 되는 것은 헌법소원으로 다툴 수가 없다. 한편, 행정소송을 먼저 거친후에는 헌법소원의 대상에 법원의 재판은 해당되지 않기 때문에 헌법소원을 제기할 수 없게 된다. 따라서 결론적으로 어떤 경우에도 행정소송의 대상이 되는 행정처분은 헌법소원의 대상이 되지 않는다. 결국 행정소송의 대상이 되지 않는 공권력의 행사 또는 불행사로 기본권의 침해를 받은 자가 헌법소원을 제기할 수 있는 것이다.

라) 정부계약(국고행정, 입찰참가자격제한)

공행정주체(국가, 지자체, 공무수탁 사인 등)가 행정조달계약, 공공계약 등 민사상의 법률관계를 맺을 수 있는데, 이러한 공행정주체의 사법상 작용을 국고행정이라고 한다.

이러한 국고행정은 원칙적으로 사법상 계약에 불과하므로 관련분쟁이 발생하였을 때 민사소송으로 해결하여야 할 뿐 행정소송의 대상이 되지 않는다.

예를 들어 국가나 지방자치단체가 사인과 물품구매계약이나 건축도급계약 등을 체결한 경우 이는 단지 주체가 국가 등일뿐 그 성질은 사법상의 계약에 해당하기 때문에 이에 관한 분쟁은 행정소송의 대상이 되지않는 것이다.

이와 관련하여 '국가를 당사자로 하는 계약에 관한 법률'은 관련 공무원의 계약사무처리에 관한 국가내부규정에 불과한데, 대법원은 위 법률상의 요건과 절차를 거치지 않은 국가(또는 지방자치단체)와 사인 간의 사법상 계약은 무효로 보고 있다.

한편, 대법원은 국가를 당사자로 하는 계약에 관한 법률에 의한 중앙관서의 장(예, 조달청장)의 입찰참가제한조치를 처분으로 보아 행정소송의 대상으로 삼은 바 있다(대법원 1983. 12. 27. 선고, 81누366 판결). 다만 판례는 행정청이 아닌 한국전력공사(대법원 1999. 11. 26, 선고 99부3 결정)나 수도권매립지관리공사(대법원 2010. 11. 26. 선고 2010무137 판결)의 입찰참가자격제한조치의 처분성은 부정하였다.

마) 국유재산(행정재산)의 사용허가, 사용료부과

국유재산은 국가가 소유하는 일체의 재산인데, 행정소송과 관련하여 문제가 되는 것은 국가가 그 사무의 목적으로 소유하는 공용재산, 공공용재산인 행정재산이다.

이러한 행정재산에 대하여 국가는 국유재산법 등에 따라 용도 또는 목적에 장애가 없는 범위 안에서 그 사용·수익을 허가할 수 있는데, 이러한 허가는 행정처분(특허)이며, 이러한 행정재산에 대한 분쟁(행정재산에 대한 사용료부과처분)은 행정소송의 대상이 된다. 또한 기부채납된 행정재산을 사용 허가하는 행위 또한 행정처분(특허)이다.

바) 국유재산(일반재산)

국유재산 중 일반재산(구 잡종재산)은 특정 행정목적에 사용되는 것이 아닌 국유재산으로, 이를 매각하는 것은 사법적 거래로서 관련분쟁은 민사소송의 대상이며, 현행법은 일반재산에 대한 대부를 허용하는바, 일반재산대부료 부과처분 등은 민사소송의 대상이 된다.

한편, 국유재산법 제72조에 따라 국유재산을 무단으로 사용하는 자에 대하여 변상금 부과처분을 할 수 있는데, 이러한 변상금부과처분은 국유재산의 종류와 상관없이 모두 행정처분으로 보아 이에 대한 불복은 행정소송의 대상이 된다는 것이 판례의 입장이다.

사) 국유재산무단점유 등에 따른 대집행

국유재산법 제74조는 정당한 사유없이 국유재산을 점유하는 자 등에 대하여 그 시설물을 철거하거나 그밖에 필요한 조치를 취할 수 있도록 하고 있다.

이를 대집행이라고 하는데, 대집행은 행정관청이 무단점유자 등에게 시설물철거를 명하였으나 이를 이행하지 않을 때, 행정관청이 직접 철거의무자의 일을 실행한 다음 이에 대한 비용을 청구하는 것이다. 판례는 위 대집행의 대상이 되는 국유재산은 종류를 불문하며, 처음에는 점유권원이 있었으나 이후 권원이 사라진 경우 또한 위 법률이 동일하게 적용된다고 본다.

이러한 대집행은 그 성격이 아래에서 설명하게 될 '권력적 사실행위'이므로 행정소송의 대상이 된다. 다만 대집행의 실행은 대부분 단시간에 집행되는바, 대집행의 실행이 완료된 후에는 이를 취소하여도 이미 소용없게 되므로 소의 이익이 없다는 이유로 각하판결을 받는 경우가 많다.

나. 사실행위

행정행위는 행정청이 구체적 사실에 대한 법집행으로서 행하는 권력적 단독행위로서 공법행위를 의미한다.

이에 반해 사실행위는 법적행위와 구별되는 것으로서, 행정주체가 실력으로써 의사를 실현하는 사실상의 활동으로 그로 인해서 구체적인 법적 효과가 발생하는 것은 아니다. 사실행위의 예로는 철거행위, 주의·권고행위, 공공시설설치·폐지, 공공토목공사, 행정지도 등이 있다. 행정기관의 행위일지라도 법적 행위가 아닌 단지 지도하고 권고하는 등의 사실행위는 원칙적으로 국민의 권리·의무에 구체적으로 영향을 미치지 않으므로 그 취소를 구할 필요가 없다고 보는 것이다.

다만, 사실행위 중 행정청이 행정목적의 달성을 위하여 국민의 신체・재산 등에 직접 물리력을 행사하여 필요한 상태를 실현하는 행위인 '권력적 사실행위'는 판례가 처분성을 인정하여 행정소송의 대상이 되는 것으로 본다. 예를 들어 단수조치[1](대법원 1985. 12. 24. 선고 84누598 판결), 교도소 재소자의 이송조치(대법원 1992. 8. 7. 선고 92두30 결정), 교도관 참여대상자 지정 및 참여행위(대법원 2014. 2. 13. 선고 2013두20899 판결) 등을 권력적 사실행위로 볼 수 있는데 이들에 대하여 판례는 처분성을 인정한 바 있다.

2) 행정소송의 종류

행정소송법 제3조와 제4조는 행정소송을 '항고소송, 당사자소송, 민중소송, 기관소송'의 4종류로, 항고소송을 '취소소송, 무효등 확인소송, 부작위위법확인소송'의 3종류로 규정한다.

① 취소소송

행정소송의 가장 대표적인 것이 취소소송인데, 이는 행정청의 위법한 처분 등을 취소 또는 변경하는 소송이다(행정소송법 제4조 제1호). 취소소송의 성격에 대하여 판례와 통설은 행정처분은 위법할지라도 당연 무효가 아닌 이상, 정당한 권한을 가진 기관에 의해 취소되기 전까지는 유효한 것으로 취급되는 공정력을 지니는데, 취소소송은 이러한 공정력을 배제하여 처분의 효력을 실효시키는 형성의 소로 보고 있다. 이에 따르면 위 '처분의 변경'은 일부 취소를 의미할 뿐, 적극적으로 새로운 것으로 변경시키는 것은 허용되지 않는다.

② 무효등 확인소송

무효등 확인소송은 행정청의 처분 등의 유효여부, 존재여부에 대한 확인을 구하는 소송이다(행정소송법 제4조 제2호). 이에는 처분등 무효확인소송, 처분등 유효확인소송, 처분등 실효확인소송, 처분등 부존재확인소송, 처분등 존재

---

1) 물의 공급을 중단하는 조치.

확인소송이 포함되지만 행정청에 일정한 의무가 있음을 확인하는 소송은 포함되지 않는다.

무효인 처분도 일단 처분이 외관적으로 내려졌기 때문에 행정청에 의하여 집행될 우려가 있다. 따라서 무효인 처분의 상대방이나 이해관계인은 그 처분이 무효임을 법원에 공식적으로 확인받을 필요가 있다. 이럴 때 제기할 수 있는 것이 바로 확인소송이다.

③ 부작위 위법확인소송

부작위[2] 위법확인소송은 행정청의 부작위가 위법하다는 것을 확인하는 소송이다. 즉, 행정청이 당사자의 신청에 대하여 상당한 기간 내에 신청을 인용하는 등의 적극적처분 또는 인용하지 않는 소극적 처분을 하여야 할 법률상 응답의무가 있음에도 아무런 응답을 하지 않는 경우, 이러한 부작위가 위법하다는 것을 확인함으로써 행정청으로 하여금 신속히 응답하여 부작위의 위법상태를 제거하도록 하는 소송인 것이다.

④ 법정 외 항고소송(무명항고소송)

행정소송법 제4조에 규정된 항고소송 이외에도 다양한 항고소송이 존재할 수 있는데, 대법원은 이를 인정하지 않고 있다.

⑤ 당사자소송

당사자소송이란 행정청의 처분 등을 원인으로 하는 법률관계에 관한 소송 그밖의 공법상의 법률관계에 관한 소송으로서 그 법률관계의 한쪽 당사자를 피고로 하는 소송이다(행정소송법 제3조 제2호). 당사자소송에서는 행정청의 처분 등을 원인으로 하더라도 처분 등의 효력자체가 소송의 대상이 아니라 그로 인한 법률관계 자체가 소송의 대상이 되고, 처분 등을 행한 행정청이 아닌 법률관계의 권리주체를 피고로 하는 점에서 항고소송과 다르다. 실무상 공법상 원인에 의한 부당이득반환청구소송, 국가배상법상 국가 등을 상대로 한 손해배상청구소송은 민사소송으로 처리되고 있으나, 대부분 학자들은 이를 공법

---

2) 부작위란 마땅히 해야할 것으로 기대되는 처분 또는 행위를 하지 않는 것을 말한다.

상 당사자소송이라고 보고 있다.

⑥ 민중소송

민중소송은 국가 또는 공공단체가 법률에 위반되는 행위를 한 경우 자신의 법률상 이익과 직접적인 관계가 없더라도 그 시정을 구하기 위해 제기할 수 있는 소송이다(행정소송법 제3조 제3호). 이는 행정법규의 적법한 집행을 위해 예외적으로 인정되는 것인 만큼, 법률이 정한 경우에만 제기할 수 있다(행정소송법 제45조). 그 예로, 당선무효소송, 선거무효소송, 지방자치법상 주민소송 등이 있다.

⑦ 기관소송

기관소송은 국가 또는 공공단체의 기관상호간 그 권한의 존부 또는 행사에 관한 다툼이 있는 경우 국가기관 등 상대 국가기관 등에 대하여 제기하는 소송이다(행정소송법 제3조 제4호). 헌법재판소는 국가기관 상호간, 국가와 지방자체단체간, 지방자치단체 상호간의 쟁의에 관하여 전속적으로 심리하므로, 이는 기관소송에서 제외된다(헌법재판소법 제2조). 기관소송의 예로는, 지방자치법상의 지방의회의 재의결에 대한 지방자치단체장의 소송, 자치사무 등에 관한 감독청의 명령이나 처분의 취소에 대한 지방자치단체장의 소송, 기관위임사무에 대한 위임청의 이행명령에 대한 지방자치단체장의 소송, 시 · 도의회의 재의결에 대한 교육감의 소송이 있다. 기관소송은 법률이 정한 경우에만 제기할 수 있고, 모두 대법원에 직접 제소하도록 되어 있다.

(2) 절차의 이해

사례

교육공무원인 교원 A가 파면이라는 징계처분을 받았다. A는 이에 대하여 불복하기 위해 징계처분을 안 날로부터 30일 이내에 우선 행정심판을 청구하였다(소청심사청구). 소청심사청구가 받아들여지지 않자, A는 소청결정서를 송달받은 지 90일이 지나기 전에 행정법원에 징계처분취소소송을 제기하는 동시에 행정처분의 집행정지신청을 하였다.

1) 절차개관

행정처분이 있는 경우, 처분을 안 날로부터 30일 이내에 행정심판을 제기하고, 행정심판이 기각된 날로부터 90일 이내에 행정소송을 제기하여야 한다. 주의할 점은 행정심판은 원칙적으로 청구권자의 선택사항이어서 행정심판을 청구하지 않고 곧바로 행정소송을 제기할 수 있는 것이 원칙이라는 점이다.

우선 행정소송의 절차와 소송진행상의 쟁점에 대하여 살펴보고, 행정심판을 간단히 설명한다.

2) 행정소송의 절차와 쟁점

행정소송은 소장을 접수하면서 시작되는데, 소장을 작성할 때는 다음 사항을 고려하여야 한다.

① 원고적격(법률상 이익이 있는 자)이 있는지, 협의의 소의 이익(구체적인 권리보호이익)이 인정되는지,

② 피고적격(행정처분을 내린 행정청 또는 권한을 위임받은 자)이 있는지,

③ 제소기간을 지켰는지(행정심판을 청구한 경우는 재결서를 송달받은 날로부터 90일, 송달받지 못한 경우는 재결이 있은 날로부터 1년, 행정심판을 청구하지 않은 경우는 처분 등을 안 날로부터 90일, 처분을 몰랐을 경우는 처분이 있었던 날로부터 1년),

④ 행정심판을 거쳐야 하는 경우는 이를 거쳤는지,

⑤ 별도로 집행정지신청을 할 것인지,

⑥ 또한 행정소송이 제기된 경우 법원에서 어떠한 위법심사기준과 강도를 가지고 심사하는지,

⑦ 판결의 종류와 효과, 판결에 대한 불복방법이 어떠한지 문제된다.

① 원고적격: 원고의 자격이 있는 자

취소소송에서 원고가 될 수 있는 자는 처분 등의 취소를 구할 법률상 이익이 있는 자이고, 무효 등 확인소송에서 원고가 될 수 있는 자는 처분 등의 효력유무 또는 존재여부의 확인을 구할 법률상 이익이 있는 자이며, 부작위위법

확인소송의 원고가 될 수 있는 자는 처분의 신청을 한 자로 부작위의 위법의 확인을 구할 법률상 이익이 있는 자이다(행정소송법 제12조, 35조, 36조).

결국 원고적격은 '법률상 이익'이 있는지 여부의 문제이다.

법률상 이익의 개념이 무엇인지에 대하여 여러 견해가 있으나, 판례는 '법률상의 이익은 당해 처분의 근거법률에 의하여 보호되는 직접적이고 구체적인 이익이 있는 경우를 말하고, 다만 공익보호의 결과로 국민일반이 공통적으로 가지는 추상적 · 평균적 · 일반적 이익과 같이 간접적 · 사실적 · 경제적 이해관계를 가지는데 불과한 경우는 포함하지 않는다.'고 판시하여, '법률상이익설(법률상보호이익구제설)'을 따른다고 본다. 이러한 판례의 입장에 따르면, 교수임용과 관련하여 학습권 침해를 주장하는 학생(대법원 93누8139), 교권침해를 주장하는 같은 학과교수(대법원 95누11856)는 반사적 이익을 누릴뿐이므로 원고적격이 없다고 한다.

② 협의의 소의 이익: 권리보호의 필요

이는 구체적 사안에 있어서 처분에 대한 취소 또는 무효 등을 판단하여야 할 구체적, 현실적 필요성을 말한다. 일반적으로 원고적격(법률상 이익)이 있는 자가 제기한 소송은 소의 이익이 인정되지만, 이미 취소판결을 받는 등으로 그 실현되는 이익이 없는 경우에는 소의 이익이 부정된다.

예를 들어, 위법한 처분의 효력이 기간의 경과 등으로 소멸된 경우(다단계 행정행위에서 후행처분이 존재하는 경우 등), 처분의 집행으로 인해 취소판결을 통한 원상회복이 불가능하거나 실효성이 없는 경우(대집행계고처분에 대한 취소소송 중 철거가 완료된 경우), 처분 후 사정변경으로 권익침해상태가 해소된 경우(사법시험 불합격처분 취소소송 중 새로 실시된 시험에 합격한 경우), 보다 실효적인 구제절차가 있는 경우 등은 소의 이익이 부정된다.

③ 피고적격: 피고가 될 수 있는 행정청

항고소송(취소소송, 무효등 확인소송, 부작위위법확인소송)은 다른 법률에 특별한 규정이 없는 한 그 처분 등을 행한 행정청을 피고로 하고 그 처분 등에 관계되는 권한이 다른 행정청에 승계된 때에는 승계한 행정청을 피고로 하고,

행정청이 없게 된 경우에는 그 처분 등의 사무가 귀속되는 국가 또는 공공단체를 피고로 한다(행정법 제13조, 제38조, 제39조).

여기서 행정청이란 의견을 결정하여 외부에 나타내는 기관으로 외부적 의사표시기관이 아닌 내부기관은 실질적으로 의사를 결정하더라도 피고적격이 없다.

행정소송법 제2조 제2항은 행정소송법상 행정청에는 국가의 행정기관, 공공단체(지방자치단체, 공공조합, 공법상재단, 영조물법인), 공공단체의 기관, 사인이 포함된다고 규정한다. 피고를 잘못 지정하는 경우가 많은데 이 경우 법원에 피고의 경정결정을 해줄것을 요청할 수 있다(행정소송법 제14조).

④ 제소기간: 행정소송법 제20조

행정심판을 청구한 경우에는, 행정심판재결서 정본을 송달받은 날로부터 90일 이내에, 송달받지 못한 경우는 재결이 있은 날로부터 1년 이내에 행정소송을 제기하여야 하는데, 1년의 기간은 정당한 사유가 있을 때 연장된다.

행정심판은 청구기간을 준수한(보통 처분있음을 안 날로부터 90일, 처분있은 날로부터 180일) 적법한 청구임을 요하고, 행정심판은 임의적 청구든, 필요적 청구든 불문한다.

행정심판을 청구하지 않은 경우에는, 처분 등이 있음을 안 날로부터 90일, 처분 등이 있은 날로부터 1년 이내에 소를 제기하여야 한다. 다만, 예외적으로 처분 등이 있은 날로부터 1년이 경과하더라도 정당한 사유가 있으면 제소할 수 있다. 위 90일의 기간은 불변기간인데, 불변기간은 당사자가 책임질 수 없는 사유가 아닌 한 이를 미준수하였을 경우에는 구제받을 수 없는 기간을 의미한다.

⑤ 행정심판과의 관계

행정심판 전치주의라 함은 행정소송을 제기하기 이전에 필요적으로 행정심판을 거치도록 하는 것을 말한다. 현행법은 행정심판을 거칠지 여부를 임의적으로 선택할 수 있도록하되, 개별법률에서 필요적으로 행정심판을 거치도록 규정하고 있다(행정소송법 제18조).

필요적 행정심판 전치주의가 적용되는 경우로, 도로교통법 제142조, 국가공무원법 제16조 제2항, 교육공무원법 제53조 제1항, 지방공무원법 제20조의

2, 국세기본법 제56조 제2항, 노동위원회법 제27조 제1항, 특허법 제186조, 제189조, 실용신안법 등이 있다. 공무원관련처분, 국세(관세)관련처분, 노동관련처분, 특허관련처분은 개별법에서 별도로 행정심판기관, 심판청구기간, 행정심판전치주의, 제소기간 등을 정하고 있으므로 이를 주의해야 한다.

⑥ 집행정지

취소소송과 무효 등 확인소송의 제기는 기존 처분 등의 효력이나 그 집행, 절차의 속행에 영향을 주지 않는다. 따라서 그로 인해 생길 회복하기 어려운 손해를 예방하기 위한 긴급한 필요가 있다면 집행정지신청을 하는 것이 필요하다(행정소송법 제23조).

집행정지신청을 하기 위해서는, 처분 등이 존재하고, 신청인 적격, 피신청인 적격, 신청의 이익을 갖추는 것은 물론, 적법한 본안소송이 계속중이어야 한다. 또한 집행정지를 하지 않을 경우 회복하기 어려운 손해를 예방하기 위하여 긴급한 필요가 있을 것을 요하며, 집행정지로 인하여 공공의 복리에 중대한 영향을 미칠 우려가 없어야 하며, 본안청구가 이유없음이 명백하지 않아야 한다.

위의 요건을 갖춘 경우 당사자의 신청 또는 법원의 직권으로 집행정지결정을 내리게 되는 것이다. 집행정지결정이 내려지게 되면, 본안판결시까지 잠정적으로 행정처분이 없었던 것과 동일한 상태로 되고, 집행정지의 결정은 당사자인 행정청과 그밖의 관계행정청을 기속하므로 행정청은 동일한 내용의 새로운 행정처분을 하거나 관련된 처분을 할 수 없다(행정소송법 제23조 제6조, 제30조).

2 행정소송증거법

행정소송법은 행정소송에 관하여 이 법에 특별한 규정이 없는 것은 민사소송법의 규정을 준용[3]한다(행정소송법 제8조 제2항).

행정소송의 증거에 관한 특별한 규정으로는 직권심리가 있다. 민사소송의 경우 당사자가 주장하고 입증하여야 하는 책임이 있고 예외적으로 직권증거조사를 인정하나, 행정소송은 공익적 측면이 강하기 때문에 법원에 직권으로 증거조사를 하고, 당사자가 주장하지 아니한 사실에 대하여도 판단할 수 있는 권한이 있다(행정소송법 제26조).

그밖에 증거에 관한 내용은 민사소송증거법 편을 참고한다.

3 개인정보보호법

(1) 서 설

디지털포렌식은 개인정보보호법과 밀접한 관련이 있다. 개인정보유출과 관련한 사건이 해킹을 통해 이루어 지는 경우가 많기 때문에 그 유출경위 등을 판단하는데에 디지털포렌식이 유용하게 사용될 수 있다.

한편, 디지털포렌식은 개인이 사용하는 컴퓨터나 스마트폰 등에 대하여 행하여지기도 한다. 이런 경우 그 안에는 많은 양의 내밀하고 민감한 개인정보가 담겨있는 경우가 많다.

따라서 디지털포렌식을 필요로 하는 사건을 이해하기 위하여, 그리고 디지털포렌식 전문가가 법의 테두리 안에서 적법하게 작업을 수행할 수 있도록 개인정보보호법을 공부할 필요가 있는 것이다.

(2) 개인정보의 의의

개인정보란 살아있는 개인에 관한 정보로서 성명, 주민등록번호 및 영상 등을 통하여 개인을 알아볼 수 있는 정보를 발한다. 해당 징보만으로는 특정

3) 어떤 사항에 관한 규정을 그와 유사하지만 본질이 다른 사항에 대하여, 필요한 경우 조금의 수정을 가하여 적용시키는 것을 말한다(법률용어사전, 이병태, 2011. 1. 15., 법문북스).

개인을 알아볼 수 없더라도 다른 정보와 쉽게 결합하여 알아볼 수 있는 것을 포함한다(개인정보보호법 제2조).

이와 같은 개인정보가 누군가에 의해 악의적인 목적으로 이용되거나 유출된 경우 개인의 안전과 재산에 큰 피해를 줄 수 있다. 예를 들어 매일 수신되는 스팸문자, 보이스피싱, 본인사칭 금융사기 등의 피해자가 될 수 있는 것이다.

〈개인정보의 예시〉[4]

유형구분	개인정보 항목
일반정보	이름, 주민등록번호, 운전면허번호, 주소, 전화번호, 생년월일, 출생지, 본적지, 성별, 국적
가족정보	가족구성원들의 이름, 출생지, 생년월일, 주민등록번호, 직업, 전화번호
교육 및 훈련정보	학교출석사항, 최종학력, 학교성적, 기술자격증 및 전문면허증, 이수한 훈련프로그램, 동아리활동, 상벌사항
병역정보	군번 및 계급, 제대유형, 주특기, 근무부대
부동산정보	소유주택, 토지, 자동차, 기타 소유차량, 상점 및 건물 등
소득정보	현재 봉급액, 봉급경력, 보너스 및 수수료, 기타 소득의 원천, 이자소득, 사업소득
기타 수익정보	보험 (건강, 생명 등) 가입현황, 회사의 판공비, 투자프로그램, 퇴직프로그램, 휴가, 병가
신용정보	대부잔액 및 지불상황, 저당, 신용카드, 지불연기 및 미납의 수, 임금압류 통보에 대한 기록
고용정보	현재의 고용주, 회사주소, 상급자의 이름, 직무수행평가기록, 훈련기록, 출석기록, 상벌기록, 성격 테스트결과 직무태도
법적정보	전과기록, 자동차 교통위반기록, 파산 및 담보기록, 구속기록, 이혼기록, 납세기록
의료정보	가족병력기록, 과거의 의료기록, 정신질환기록, 신체장애, 혈액형, IQ, 약물테스트 등 각종 신체테스트 정보
조직정보	노조가입, 종교단체가입, 정당가입, 클럽회원
통신정보	전자우편(E-mail), 전화통화내용, 로그파일(Log file), 쿠키(Cookies)

4) 출처: 개인정보보호 종합포털(http://www.privacy.go.kr).

위치정보	GPS나 휴대폰에 의한 개인의 위치정보
신체정보	지문, 홍채, DNA, 신장, 가슴둘레 등
습관 및 취미정보	흡연, 음주량, 선호하는 스포츠 및 오락, 여가활동, 비디오 대여기록, 도박성향

(3) 용어정리

1) 처 리

처리란 개인정보의 수집, 생성, 기록, 저장, 보유, 가공, 편집, 검색, 출력, 정정, 복구, 이용, 제공, 공개, 파기 기타 이와 유사한 행위를 말한다.

2) 정보주체

정보주체란 처리되는 정보에 의해 알아볼 수 있는 그 정보의 주체가 되는 사람을 말한다. 한편, 정보통신망법 상의 이용자는 '영리목적으로 서비스를 이용하는 사람'이 해당되므로 개인정보보호법에 따른 정보주체와는 구분된다.

3) 개인정보처리자

개인정보처리자란 업무를 목적으로 개인정보파일을 운용하기 위하여 개인정보를 처리하는 공공기관, 법인, 단체, 개인 등을 말한다. 한편, 정보통신망법상 정보통신서비스 제공자는 '영리목적으로 서비스를 제공하는 자'를 의미하므로 개인정보보호법의 개인정보처리자와 구분된다.

4) 개인정보파일

개인정보파일이란 개인정보를 쉽게 검색할 수 있도록 일정한 규칙에 따라 체계적으로 배열하거나 구성한 개인정보집합물을 말한다.

5) 영상정보처리기기

영상정보처리기기란 일정한 공간에 지속적으로 설치되어 사람 또는 사물의 영상 등을 촬영하거나 이를 전송하는 장치를 말한다. 예를 들어 폐쇄회로 텔레비전(CCTV), 네트워크 카메라 등을 말한다.

(4) 법률적용범위

1) 적용대상 및 범위

개인정보보호법은 공공·민간부문의 모든 개인정보처리자에게 적용된다. 즉, ① 포털, 금융기관, 병원, 학원, 제조업, 서비스업 등 72개 업종 350만 전체 사업자와, ② 국회·법원·헌법재판소·중앙선거관리위원회 등 헌법기관, ③ 부처, 지자체, 공사, 공단, 학교 등 2만 8천 전체 공공기관, ④ 사업자 협회·동창회 등 비영리단체 등에 적용된다.

그리고 개인정보보호법의 적용범위는 전자파일형태 외에 동창회 명부, 민원서류, 이벤트 응모권과 같은 수기문서도 포함된다. 다만, 제58조에서 영상정보처리기기는 개인정보수집이용(법 제15조), 동의받는 방법(법 제22조), 영업양도시 개인정보이전제한(법 제27조), 유출통지(법 제34조), 개인정보처리정지권(법 제37조)의 적용을 제외하고 있고, 동창회, 동호회 등 친목도모 단체의 개인정보처리는 개인정보수집이용(법 제11조), 개인정보처리방침(법 제30조), 개인정보보호 책임자지정(법 제31조)의 적용을 제외하고 있다.

2) 다른 법률과의 관계

개인정보보호법은 일반법이므로 정보통신망이용촉진 및 정보보호 등에 관한 법률, 신용정보의 이용 및 보호에 관한 법률 등 다른 법률에 특별한 규정이 있는 경우를 제외하고는 개인정보보호법이 적용된다.

주민등록번호 등 고유식별정보 및 민감정보처리제한, 영상정보처리기기 설치운영제한, 유출통지제, 집단분쟁조정제, 권리침해중지 단체소송 등은 정보통신망법, 신용정보보호법의 수범자인 포털, 망사업자, 금융기관 등에도 모두 적용된다.

(5) 주요 내용

1) 개인정보 수집·이용 및 제공

가. 개인정보의 수집·이용 및 제공이 가능한 경우(법 제15조, 제17조)

개인정보처리자는 개인정보를 수집한 목적범위를 초과하여 이용하여서는 아니된다. 또한 제3자에게 정보주체의 동의없이 제공하거나 수집목적범위를 초과하여 제공하여서도 아니된다.

다만 ① 정보주체의 동의를 받은 경우, ② 법률의 특별한 규정, 법령상 의무준수를 위해 불가피한 경우, ③ 공공기관이 법령에서 정한 소관업무수행을 위해 불가피한 경우, ④ 정보주체와의 계약체결·이행을 위해 불가피한 경우, ⑤ 정보주체 등의 생명, 신체, 재산의 이익보호(사전동의 받기 곤란한 경우), ⑥ 개인정보처리자의 정당한 이익달성을 위해 필요한 경우에는 예외적으로 수집·이용 및 제공이 가능하다.

한편, 제15조를 위반한 경우 5천만 원 이하의 과태료, 제17조를 위반한 경우에는 5년 이하 징역 또는 5천만 원 이하 벌금에 처하도록 하고 있다.

나. 필요 최소한의 개인정보수집(법 제16조)

개인정보처리자는 수집목적에 필요한 최소한의 개인정보를 수집하여야 한다. 이때 최소한의 개인정보수집이라는 점에 대한 입증책임은 개인정보처리자가 부담한다.

한편, 개인정보처리자가 정보주체가 필요 최소한의 정보외의 개인정보수집에 동의하지 않는다는 이유로 정보주체에게 재화 또는 서비스의 제공을 거부하는 것을 금지하고 있다.

법 제16조를 위반하는 경우 3천만 원 이하의 과태료에 처한다.

2) 민감정보 및 고유식별정보처리제한

민감정보 및 고유식별정보의 처리는 원칙적으로 금지된다(법 제23조, 제24조). 다만 정보주체에게 별도 동의를 얻거나, 법령에서 구체적으로 허용된 경우에 한하여 예외적으로 처리를 허용하고 있다. 여기서 민감정보란 사상, 신념, 노동조합, 정당가입, 건강 등 사생활침해우려가 현저히 높은 개인정보를 말하고, 고유식별정보란 법령에 따라 개인을 고유하게 구별하기 위하여 부여된 식별정보를 말한다.

이러한 규정을 위반하는 경우 5년 이하의 징역 또는 5천만 원 이하의 벌금에 처한다.

3) 인터넷상 주민등록번호 이외의 회원가입방법제공

공공기관 및 일평균 홈페이지 이용자 1만명 이상의 개인정보처리자는 정보주체가 인터넷 홈페이지를 통해 회원으로 가입할 경우, 주민등록번호 이외의 회원가입방법을 의무적으로 제공하도록 하고 있다(법 제24조 제2항, 시행령 제20조). 예를 들어 I-PIN이나 공인인증서, 전자서명, OTP 등을 통해 가입할 수 있는 방법을 마련하는 것이다.

4) 영상정보처리기기의 설치 · 운영제한

영상정보처리기기는 공개된 장소에 특정목적으로만 설치 · 운영하도록 하고 있다(법 제25조 제1항). 영상정보처리기기가 설치 · 운영되는 것이 허용되는 사유로는 ① 법령에서 구체적으로 허용하는 경우, ② 범죄예방 및 수사, ③ 시설안전 및 화재예방, ④ 교통단속, ⑤ 교통정보의 수집 · 분석 및 제공하는 경우를 들 수 있다.

또한 목욕실, 화장실, 탈의실 등 개인 사생활을 현저히 침해할 우려가 있는 장소에는 영상정보처리기기 설치 · 운영을 금지하고(법 제25조 제2항), 영상정보처리기기 설치목적과 다른 목적으로 영상정보처리기기를 임의조작하거나 다른 곳을 비추는 행위, 녹음기능을 사용하는 행위는 금지된다(법 제25조 제5항).

또한 정보주체가 쉽게 인식할 수 있도록 안내판을 설치하도록 한다(법 제25조 제4항, 시행령 제24조).

5) 개인정보처리방침 수립 및 공개

개인정보처리자는 개인정보처리방침을 수립 · 공개하여야 한다(법 제30조 제1항, 시행령 제31조 제1항).

개인정보처리방침에는 개인정보처리목적, 개인정보처리 및 보유기간, 개인정보 제3자 제공에 관한 사항, 개인정보처리위탁에 관한 사항, 정보주체의 권리·의무 및 행사방법에 관한 사항, 처리하는 개인정보항목, 개인정보파기에 관한 사항, 개인정보 안전성 확보조치에 관한 사항을 포함하여야 한다.

6) 개인정보보호책임자의 지정

개인정보처리자는 개인정보처리에 관한 업무를 총괄·책임지는 개인정보보호책임자를 지정하여야 한다(법 제31조).

개인정보보호책임자는 개인정보보호계획을 수립·시행하고, 개인정보처리실태 및 관행의 정기적 조사·개선, 불만의 처리 및 피해구제, 유출 및 오남용방지를 위한 내부통제시스템구축, 개인정보보호 교육계획수립·시행, 개인정보파일보호 및 관리·감독, 개인정보처리방침수립·변경 및 시행, 개인정보보호관련 자료의 관리, 처리목적이 달성되거나 보유기간이 경과한 개인정보파기 등의 업무를 한다.

7) 개인정보의 안정성 확보조치

개인정보가 분실·도난·유출·변조·훼손되지 않도록 안전성 확보에 필요한 기술적·관리적·물리적 조치를 이행하여야 한다(법 제29조).

구체적으로 살펴보면, ① 관리적 보호조치로서 내부관리계획을 수립·시행하고, ② 기술적 보호조치로서 접근통제 및 접근권한 제한조치, 개인정보의 안전한 저장·전송을 위한 암호화 또는 이에 상응하는 조치, 접속기록의 보관 및 위·변조 방지조치, 보안프로그램의 설치 및 갱신조치를 하여야 한다. 그리고 ③ 물리적 보호조치로서 개인정보의 안전한 보관을 위한 보관시설마련 또는 잠금장치를 설치하여야 한다(시행령 제30조).

8) 개인정보처리업무위탁기준

제3자에게 개인정보처리업무를 위탁할 때는 문서에 의하여야 한다(법 제26조, 시행령 제28조). 개인정보처리자는 위탁사실을 정보주체가 쉽게 확인토록 공개하여야 한다(법 제26조 제2항).

9) 개인정보파기조치

보유기간의 경과, 개인정보처리목적달성 등 개인정보가 불필요하게 되었을 때는 지체없이(5일 이내) 개인정보를 파기하여야 한다(법 제21조, 표준지침 제11조). 다만, 다른 법령에 따라 보존해야 하는 경우에는 파기하지 아니할 수 있다. 예를 들어, 전자상거래법은 소비자분쟁처리관련 기록(3년), 요금정산(5년), 계약 및 청약철회(5년) 등의 보관기간을 정하고 있고, 의료법 시행규칙은 의료기복부(10년), 진단서 등의 부본(3년) 등의 보관기관을 정하고 있다.

이때 파기방법에 대하여는 시행령 제16조가 규정하는데, 개인정보가 복구 또는 재생되지 아니하게 파기하도록 하고 있다. 즉, 전자적 파일형태의 경우에는 복원이 불가능한 방법으로 영구적으로 삭제하여야 한다. 여기서 복원이 불가능한 방법이란 사회통념상 현재 기술수준에서 적절한 비용이 소요되는 방법을 말한다(표준지침 제11조 제2항). 한편, 기록물・인쇄물・서면 등의 경우에는 파쇄 또는 소각하는 방법에 의하여야 한다.

10) 개인정보유출통지 및 신고제

개인정보처리자는 개인정보유출시 지체없이(5일 이내) 정보주체에게 유출사실을 통지하여야 한다(법 제34조, 표준지침 제27조).

특히 1만명 이상 개인정보가 유출된 경우에는 지체없이(5일 이내) 행정안전부 또는 한국정보화진흥원, 한국인터넷진흥원에 신고하여야 한다(법 제34조 제3항, 시행령 제39조).

11) 정보주체의 열람, 정정, 삭제, 처리정지권 보장

정보주체는 자신의 개인정보에 대한 열람, 정정, 삭제, 처리정지를 개인정보처리자에 대해 요구할 수 있다(법 제35조~제37조).

12) 개인정보분쟁조정 및 단체소송

개인정보 관련한 분쟁의 조정을 원하는 자는 개인정보분쟁조정위원회에

분쟁조정을 신청할 수 있다(법 제43조). 분쟁조정의 내용은 재판상 화해[5]의 효력을 가진다(제47조 제5항).

한편, 정보주체의 피해 또는 권리침해가 다수의 정보주체에게 같거나 비슷한 유형으로 발생하는 경우 집단분쟁조정을 신청할 수 있다(법 제49조).

또한 소비자단체, 비영리민간단체는 개인정보처리자가 집단분쟁조정을 거부하는 경우 또는 결과를 수락하지 않는 경우 법원에 권리침해행위의 금지·중지소송을 제기할 수 있다(법 제51조).

5) 재판상 화해란 소송 중 양 당사자가 화해하여 소송을 종료시키기로 하는 합의, 확정판결과 동일한 효력이 있다.

Chapter 04

헌법소송

학습목표

헌법소송이란 무엇인지 알아보자.

1. 헌법소원심판, 위헌법률심판 등에 대해 알아보자.
2. 헌법소송증거법에 대해 알아본다.

1 개 관

사람은 살아가면서 다른 사람과 일정한 생활관계를 맺게 되고 이러한 가운데 한 사람이 권리를 가지고 다른 사람은 그에 상응하는 의무를 가지는 관계도 나타나는바, 이러한 관계는 그 권리와 의무가 모두 법적인 근거에 의하여 정하여지므로 이를 일반적으로 법률관계라고 칭한다. 이러한 법률관계에 대하여 다툼이 발생한 경우에는 대체로 법원의 재판을 통하여 어떠한 내용의 권리가 누구에게 속하는지를 확정하여 그 당사자 간의 다툼을 해결하게 된다.

그런데 그러한 권리의무를 판단하기 위한 근거가 되는 법률이 헌법에 위반되는 잘못이 있거나, 국민에게 의무를 지우거나 국민의 자유를 제한하는 국가공권력의 작용이 헌법에 위반된다면 이를 다툴 수가 있다. 이 경우에는 법원의 재판을 통하여 해결하는 것이 아니라, 헌법에 정한 권한있는 재판기관, 일반법원과는 다른 별도의 기관, 예컨대 헌법재판소나 헌법위원회가 그 분쟁에서 과연 무엇이 헌법에 합치되는 것이고 합치되지 않는 것인지 판단하여 헌법에 위배되는 법령의 조항이나 공권력 행사를 바로잡음으로써 해결하게 되는데, 바로 이러한 것이 헌법재판이다.

헌법은 국가의 기본적이고 으뜸가는 법으로서 모든 하위법령, 즉 법률, 명령, 규칙 등의 내용은 헌법에 위반되어서는 아니되며 대통령, 입법부, 행정부, 사법부 등 모든 국가기관은 모든 통치권의 행사에서 헌법을 준수하여야 한다. 그런데 구체적인 문제에서는 어떻게 하는 것이 헌법에 부합하는 것인지에 관하여 국가기관 사이, 또는 국가기관과 국민 사이에서 의견의 차이와 분쟁이 발생할 수 있다. 이러한 다툼을 해결하여 국가 공권력 작용이 헌법을 준수하게 하고 국민의 기본권을 보호하게 하는 재판이 바로 헌법재판인 것이다. 따라서 헌법재판은 국가기관으로 하여금 헌법을 잘 지키도록 하고 국민의 자유와 권리를 보장함으로써 질서를 유지하고 민주주의를 보호하는 것을 중요한 기능으로 한다.

2 의의와 종류

(1) 헌법소원심판

1) 의 의

헌법소원이란 공권력에 의하여 헌법상 보장된 국민의 기본권이 침해된 경우에 헌법재판소에 소를 제기하여 그 침해된 기본권의 구제를 청구하는 제도이다.

헌법소원은 국민이 직접 심판청구권자로서 공권력에 의하여 헌법상 보장된 자신의 기본권 침해에 대하여 헌법재판소에 소를 제기함으로써 직접적인 구제를 목적으로 하는 제도로 우리 헌법상 기본권 보장을 위한 제도적 장치 중 가장 핵심적인 것이다.

2) 헌법소원의 종류와 청구사유

헌법재판소법은 두 가지 방법을 규정하고 있고 그 요건과 절차가 현저하게 다르다.

① 헌법재판소법 제68조 제1항에 의한 헌법소원

가. 의의

공권력의 행사 또는 불행사로 인하여 헌법상 보장된 기본권을 침해받은 자는 법원의 재판을 제외하고는 헌법재판소에 헌법소원심판을 청구할 수 있다. 다만, 다른 법률에 구제절차가 있는 경우에는 그 절차를 모두 거친 후가 아니면 청구할 수 없다.

여기서 공권력의 행사란 국가기관이나 공공단체가 우월한 의사의 주체로서 국민에 대하여 명령하거나 강제하는 권력으로, 행정청에 의한 면허취소처분, 영업정지처분 등이 이에 속하고 국회의 입법권도 공권력 중의 하나이며, 법률 그 자체가 직접적으로 기본권을 침해하고 있는 경우나 국회가 당연히 입법하여야 할 사항을 입법하지 않음으로써 기본권을 침해하고 있는 경우도 헌법소원의 대상이 된다.

나. 청구기간

그 사유가 있음을 안 날부터 90일 이내에, 그 사유가 있은 날부터 1년 이내에 청구하여야 한다(헌법재판소법 제69조 제1항). 다른 법률에 의한 구제절차를 거친 경우에는 그 최종결정의 통지를 받은 날부터 30일 이내에 청구하여야 한다.

다. 청구절차

헌법재판소법 제68조 제1항에 의한 헌법소원심판을 청구함에는 청구인, 침해된 권리, 침해의 원인이 되는 공권력의 행사 또는 불행사, 청구의 이유, 기타 필요한 사항을 기재한 청구서를 헌법재판소에 제출하여야 한다.

② 헌법재판소법 제68조 제2항에 의한 헌법소원

가. 의의

법률이 헌법에 위반되는지 여부가 소송사건에서 재판의 전제가 되어 당사자가 법원에 그 법률의 위헌심판제청을 신청하였으나 그 신청이 기각된 때에는 헌법재판소에 헌법소원심판을 청구할 수 있다. 이 경우 그 당사자는 당해사건의 소송절차에서 동일한 사유를 이유로 다시 위헌여부심판의 제청을 신청할 수 없다.

나. 청구기간

위헌법률심판의 제청신청이 기각된 날부터 30일 이내에 하여야 한다(헌법재판소법 제69조 제2항).

다. 청구절차

헌법재판소법 제68조 제2항에 의한 헌법소원심판을 청구함에는 청구인 등, 전제가 되는 소송사건 및 당사자, 위헌이라고 해석되는 법률 또는 법률의 조항, 위헌이라고 해석되는 이유, 기타 필요한 사항을 기재한 청구서를 헌법재판소에 제출하여야 한다.

라. 심판의 내용

헌법소원심판의 종국결정에는 심판청구가 부적법한 경우에 하는 각하결정, 심판청구가 이유없는 경우에 하는 기각결정, 심판청구가 이유있는 경우에 하는 인용결정의 세 가지가 있다.

헌법재판소법 제68조 제1항에 의한 헌법소원심판에 있어서 심판청구가 이유있는 때에는 헌법재판소는 침해된 기본권과 침해의 원인이 된 공권력의 행사 또는 불행사를 특정하고, 그 공권력의 행사를 취소하거나 그 불행사가 위헌임을 확인하는 결정을 선고한다. 이 경우에 헌법재판소는 그 공권력의 행사 또는 불행사가 위헌인 법률 또는 법률조항에 기인한 것이라고 인정될 때에는 당해 법률 또는 법률조항이 위헌임을 선언할 수 있다.

헌법재판소법 第68조 제2항에 의한 헌법소원에 있어서 심판청구가 이유있는 때에는 헌법재판소는 심판의 대상이 된 법률 또는 법률조항이 위헌임을 선언하는 결정을 선고한다. 다만, 법률조항의 위헌결정으로 인하여 당해 법률전부를 시행할 수 없다고 인정하는 때에는 그 법률전부에 대하여 위헌결정을 할 수 있다.

마. 심판의 효력

헌법재판소법 第68조 제1항에 의한 헌법소원심판에 있어서 헌법재판소의 인용결정은 모든 국가기관과 지방자치단체를 기속한다. 특히 공권력의 불행사에 대하여 헌법재판소가 헌법소원을 인용하는 결정을 한 때에는 피청구인은 그 결정의 취지에 따라 새로운 처분을 하여야 한다.

헌법재판소법 第68조 제2항에 의한 헌법소원심판에 있어서 헌법재판소의 인용결정은 법원을 포함한 모든 국가기관과 지방자치단체를 기속한다.

위헌으로 결정된 법률 또는 법률조항은 그 결정이 있는 날부터 효력을 상실한다. 다만, 형벌에 관한 법률 또는 법률조항은 소급하여 그 효력을 상실한다. 헌법재판소법 第68조 제2항에 의한 헌법소원이 인용된 경우에 그 헌법소원과 관련된 소송사건이 이미 확정된 때에는 당사자는 민사・형사・행정 등 사건의 종류를 불문하고 재심을 청구할 수 있다.

또한 형벌법규에 대한 위헌결정은 소급효[1]가 있으므로 그 헌법소원과 관련이 없는 형사사건일지라도 위헌으로 결정된 법률 또는 법률조항에 근거한 유죄의 확정판결에 대하여는 재심을 청구할 수 있다.

1) 소급효란 법률행위 및 그밖의 법률요건의 효력이 그 성립이전으로 거슬러 올라가서 형성되는 것을 말한다(법률용어사전, 이병태, 2011. 1. 15, 법문북스).

(2) 위헌법률심판

1) 의 의

위헌법률심판이란 법률이 헌법에 합치하는가의 여부를 심판하여 위반된다고 판단되는 경우에 그 효력을 상실케하는 제도로 입법부의 자의적 입법에 대한 헌법보장기능으로서 헌법재판의 핵심이다.

2) 제청사유

법률이 헌법에 위반되는 여부가 재판의 전제가 된 때에는 당해 사건을 담당하는 법원은 직권 또는 당사자의 신청에 의한 결정으로 헌법재판소에 위헌법률심판을 제청한다.

심판대상이 되는 법률은 국회가 제정한 형식적 의미의 법률 외에도 법률과 동일한 효력을 가지는 대통령긴급명령, 조약과 일반적으로 승인된 국제법규를 포함한다고 해석된다.

3) 제청절차

위헌법률심판의 제청은 각급법원이 독립적으로 할 수 있으나 대법원을 거쳐야 한다. 당사자의 위헌심판제청신청은 사건 및 당사자, 위헌이라고 해석되는 법률 또는 법률의 조항, 위헌이라고 해석되는 이유, 기타 필요한 사항을 기재한 신청서를 법원에 제출하여야 한다.

법원의 제청결정이나 제청신청기각결정에 대하여는 어느 당사자도 항고할 수 없다. 법원이 심판제청을 함에는 제청법원의 표시, 사건 및 당사자의 표시, 위헌이라고 해석되는 법률 또는 법률의 조항, 위헌이라고 해석되는 이유, 기타 필요한 사항을 기재한 제청결정서를 헌법재판소에 제출하여야 한다.

① 재판의 정지 등

법원이 위헌법률심판을 헌법재판소에 제청한 때에는 당해 소송사건의 재판은 헌법재판소의 종국결정이 있을 때까지 정지된다. 다만, 법원이 긴급하다고 인정하는 경우에는 종국재판 외의 소송절차를 진행할 수 있다.

② 의견서의 제출

당해 소송사건의 당사자 및 법무부장관은 헌법재판소에 법률의 위헌여부에 관한 의견서를 제출할 수 있다. 재판장의 명에 의하여 또는 재판장의 허가를 받아 필요한 진술도 할 수 있다.

③ 위헌결정과 효력

위헌심판제청이 이유있을 때에는 헌법재판소는 심판의 대상이 된 법률 또는 법률조항이 위헌임을 선언하는 결정을 선고한다. 다만, 법률조항의 위헌결정으로 인하여 당해 법률전부를 시행할 수 없다고 인정될 때에는 그 전부에 대하여 위헌결정을 할 수 있다.

법률의 내용에 따라서는 단순위헌결정 외에 헌법불합치, 한정위헌, 한정합헌 등의 결정도 할 수 있다.

헌법재판소는 결정일부터 14일 이내에 결정서 정본을 제청법원에 송달하여야 한다. 위헌으로 결정된 법률 또는 법률의 조항은 그 결정이 있는 날부터 효력을 상실한다. 다만, 형벌에 관한 법률 또는 법률의 조항은 소급하여 효력을 상실한다.

위헌으로 결정된 법률 또는 법률의 조항에 의하여 유죄의 확정판결을 받은 자는 재심을 청구할 수 있다. 헌법재판소의 법률에 대한 위헌결정은 법원 기타 국가기관 및 지방자치단체를 기속한다.

(3) 탄핵심판

1) 의 의

탄핵제도는 일반적인 절차에 따라 징계하기 곤란한 고위공무원, 즉 대통령, 국무총리, 국무위원, 행정각부의 장(쉽게말해 장관), 헌법재판소 재판관, 법관, 중앙선거관리위원회 위원, 감사원장, 감사위원 기타 법률이 정한 공무원을 의회가 소추하여 파면하는 절차이다.

일반적으로 탄핵소추는 국회가 하고 탄핵심판은 양원제 국가에서는 상원이 하며, 기타 국가에서는 탄핵심판소를 별도로 가지는 경우가 있으나 우리나라는 헌법재판소에 탄핵심판권을 부여하였다.

국무총리와 장관을 포함한 국무위원은 해임건의의 대상도 되고 탄핵의 대상도 되는데, 이 두 가지는 구별된다. 해임건의는 절차가 간단한 반면 강제성이 없으나, 탄핵은 절차가 복잡한 반면 강제성을 지닌다.

반면 국회의원은 탄핵의 대상이 아니다. 그러나 국회에서 재적의원 3분의 2 이상의 찬성으로 제명할 수 있고, 이와 같은 국회의 징계처분은 법원에 제소할 수 없도록 국회법에 규정되어 있다.

2) 소추의결과 소추절차

대통령, 국무총리, 국무위원, 행정각부의 장, 헌법재판소 재판관, 법관, 중앙선거관리위원회 위원, 감사원장, 감사위원 기타 법률이 규정하는 공무원이 직무를 수행함에 있어서 헌법이나 법률을 위반하면 국회는 탄핵의 소추를 의결할 수 있고, 탄핵소추의 의결이 있는 때에는 국회의장은 지체없이 소추의결서 정본을 소추위원인 국회법제사법위원장에게 송달하고, 소추위원은 그 정본을 헌법재판소에 제출하여 심판을 청구한다. 탄핵소추의 의결을 받은 자는 헌법재판소의 심판이 있을 때까지 그 권한행사가 정지된다.

3) 심판절차

탄핵심판은 변론을 열어 심리하는 당사자 심리주의로 당사자가 변론기일에 출석하지 아니한 때에는 다시 기일을 정해야 하고, 다시 정한 기일에도 당사자가 출석하지 않으면 그제서야 당사자의 출석없이 심리할 수 있다.

4) 결정의 내용과 효력

탄핵심판청구가 이유있는 때에는 헌법재판소는 당해 공직에서 파면하는 결정을 선고한다. 그러나 탄핵결정이 민사상 또는 형사상의 책임을 면해주는 것은 아니므로 따로 민사상 또는 형사상 탄핵결정으로 파면된 자는 결정선고일부터 5년간 공무원이 될 수 없다.

(4) 정당해산심판

1) 의 의

정당은 국민의 정치적 의사형성에 커다란 영향을 주기 때문에 그 목적·조직과 활동이 민주적이어야 하며, 헌법의 기본질서를 파괴하는 위헌정당은 해산되어야 한다. 정당해산심판권한을 헌법재판소에 부여한 것은 헌법재판소가 헌법보장기능을 수행한다는 의미가 있는 한편, 정부의 자의적 판단으로부터 정당을 보호한다는 의미도 있다.

2) 심판청구절차

정당의 목적이나 활동이 민주적 기본질서에 위배될 때에는 정부는 국무회의의 심의를 거쳐 헌법재판소에 정당해산심판을 청구할 수 있고, 해산을 요구하는 정당의 표시와 청구의 이유를 기재한 청구서를 헌법재판소에 제출하여야 한다. 헌법재판소가 정당해산심판의 청구를 받은 때에는 그 사실을 국회와 중앙선거관리위원회에 통지하고 그 청구서의 등본을 피청구인에게 송달하여야 한다.

3) 결정의 효력

정당해산심판청구가 이유있는 때에는 헌법재판소는 정당의 해산을 명하는 결정을 선고한다. 정당의 해산을 명하는 결정이 선고된 때에는 그 정당은 해산된다. 헌법재판소의 정당해산결정은 단순한 확인적 효력이 아니라 형성적 효력을 갖는다. 정당의 해산심판에 관한 결정을 선고한 때에는 어느 경우에나 그 결정서 정본을 당사자에게, 그 등본을 국회와 중앙선거관리위원회에 각 송달하여야 하고, 정당의 해산을 명하는 헌법재판소의 결정은 중앙선거관리위원회가 정당법에 따라 집행한다. 중앙선거관리위원회는 그 정당의 등록을 말소하고 지체없이 그뜻을 공고하여야 한다.

해산된 정당의 재산은 국고에 귀속하며, 그 정당의 강령 또는 기본정책과 동일 또는 유사한 대체정당을 새로 만들지 못함은 물론, 다른 어느 정당도 해산된 정당과 같은 명칭을 사용하지 못하도록 규정하고 있다.

(5) 권한쟁의심판

1) 의 의

국가기관 상호 간이나 지방자치단체 상호간 또는 국가기관과 지방자치단체 사이에 권한이 누구에게 있는지 또는 권한이 어디까지 미치는지에 관한 다툼을 해결하기 위하여 어떤 권한이 누구에게 있고 어디까지 미치는지를 명백히 밝힘으로써 국가의 기능이 원활하게 수행되도록 하는 재판으로 지방자치단체는 헌법 또는 법률에 의하여 부여받은 권한이 침해되거나 침해될 우려가 있는때에 한하여 권한쟁의심판청구가 가능하며(헌법재판소법 제61조 제2항) 부여되지 않은 권한의 경우 청구는 적법하지 않다.

우리 헌법은 헌법재판소에 기관 간의 권한쟁의심판권을 부여하여 헌법보장적 기능의 일부로서 국가기관 및 지방자치단체 상호 간의 권한의 존부 또는 범위에 관한 다툼을 해결토록 하고 있다.

2) 권한쟁의심판의 종류

① 국가기관 상호 간의 권한쟁의심판

- 국회, 정부, 법원 및 중앙선거관리위원회 상호 간의 권한쟁의

② 국가기관과 지방자치단체 간의 권한쟁의심판

- 정부와 특별시 · 광역시 또는 도 간의 권한쟁의
- 정부와 시 · 군 또는 지방자치단체인 구(이하 “자치구”라 한다)간의 권한쟁의

③ 지방자치단체 상호 간의 권한쟁의심판

- 특별시 · 광역시 또는 도 상호 간의 권한쟁의
- 시 · 군 또는 자치구 상호 간의 권한쟁의
- 특별시 · 광역시 또는 도와 시 · 군 또는 자치구 간의 권한쟁의

국가기관 상호 간의 권한쟁의 심판의 한 예로, 한국정부가 쌀협상과정에서 쌀에 대한 관세화 유예기간을 연장하는 대가로 각 나라들의 요구사항을 일부 수용하는 내용의 각 합의문을 작성하고 대통령은 국회의 동의없이 이를 체결 비준한 것에 대하여, 야당 국회의원은 대통령이 이 사건 합의문을 국회의 동의 없이 체결, 비준한 행위로 인해 국회의 조약체결, 비준동의권 및 청구인들의 조약안 심의, 표결권이 침해되었다고 주장하며 권한쟁의심판을 청구하였지만 헌법재판소는 국회의 동의권이 침해되었다고 하여 동시에 국회의원의 심의, 표결권이 침해된다고 할 수 없고, 또 국회의원의 심의, 표결권은 국회의 대내적인 관계에게 행사되고 침해될 수 있을 뿐 다른 국가기관과의 대외적인 관계에서는 침해될 수 없는 것이므로, 국회의원들 상호간 또는 국회의원과 국회의장 사이와 같이 국회 내부적으로만 직접적인 법적 연관성을 발생시킬 수 있을 뿐이고 대통령 등 국회 이외의 국가기관과의 사이에서는 권한침해의 직접적인 법적효과를 발생시키지 아니한다(2005헌라4)고 판단하여 야당 국회의원들의 권한쟁의심판청구를 각하하였다.

3) 청구요건 및 절차

권한의 존부 또는 범위에 관하여 다툼이 있는 피청구인의 처분 또는 부작위가 헌법 또는 법률에 의하여 부여받은 청구인의 권한을 침해하였거나 침해할 현저한 위험이 있는 때에 한하여 청구할 수 있고, 권한쟁의심판의 청구서에는 청구인, 피청구인, 심판대상이 되는 피청구기관의 처분 또는 부작위, 청구의 이유, 기타 필요한 사항을 기재하여야 한다. 심판청구는 사유가 있음을 안 날로부터 60일 이내에, 사유가 발생한 날로부터 180일 이내에 하여야 한다.

4) 결정의 내용과 효력

결정의 내용은 심판대상인 관계기관의 권한의 존부 또는 범위에 관한 것이며, 결정 선고시 권한침해의 원인이 된 피청구인의 처분을 취소하거나 그 무효를 확인할 수 있고, 헌법재판소가 부작위에 대한 심판청구를 인용하는 결정을 한 때에는 피청구인은 결정취지에 따른 처분을 하여야 한다.

헌법재판소의 권한쟁의심판의 결정은 모든 국가기관과 지방자치단체를 기속한다. 그러나 국가기관 또는 지방자치단체의 처분을 취소하는 결정은 그 처분의 상대방에 대하여 이미 생긴 효력에는 영향을 미치지 아니한다. 처분의 취소로 인한 법적혼란을 방지하려는 취지이다.

3 헌법소송증거법

(1) 총 설

헌법재판에 있어서 일반 민·형사·행정소송과 다르게 심리는 재판의 종류에 따라 다음과 같은 절차의 특징을 가지고 있다.

헌법재판소에 대한 심판청구는 심판사항별로 정하여진 심판청구서를 헌법재판소에 제출함으로써 한다. 다만, 위헌법률심판에 있어서는 법원의 제청결정서, 탄핵심판에 있어서는 국회의 소추의결서의 정본으로 이에 갈음한다. 심판청구서에는 필요한 증거서류 또는 참고자료를 첨부할 수 있다.

탄핵심판, 정당해산심판 및 권한쟁의심판은 구두변론에 의하고, 위헌법률심판과 헌법소원심판은 서면심리에 의하되 재판부가 필요하다고 인정하는 경우에는 변론을 열 수 있으며, 헌법재판에서 재판부는 당사자의 신청 또는 직권에 의하여 당사자 본인 또는 증인에 대한 신문, 증거자료의 제출요구 및 영치, 감정 또는 검증 등의 증거조사를 할 수 있고, 또한 재판부는 결정으로 다른 국가기관 또는 공공단체에 대하여 심판에 필요한 사실을 조회하거나, 기록의 송부나 자료의 제출을 요구할 수 있다. 다만, 재판·소추 또는 범죄수사가 진행중인 사건에 대하여는 기록의 송부를 요구할 수 없다.

따라서 헌법재판의 경우 당사자주의인 민사소송과 비교하여 보다 직권주의적인 성격이 강하여 재판부의 판단과 결정에 따라 증거조사가 이루어진다.

증거조사가 끝나면 헌법재판소는 사건을 접수한 날부터 180일 이내에 종국결정의 선고를 하여야 하며, 재판관의 궐위로 7인의 출석이 불가능한 때에는 그 궐위기간은 심판기간에 산입하지 아니한다. 위 심판기간은 훈시적 성격을 가지는 것으로 재판부를 구속하지는 않는다.

(2) 일반 민, 형사 및 행정소송과의 차이점

예를 들어 대여금 관계로 인한 법률분쟁이 있는 경우, 즉 어떤 사람이 다른 사람에게 돈을 빌려주었는데 돈을 빌린 사람이 제때 돈을 갚지않거나 갚은 금액에 다툼이 있는 경우에 민사소송에서는 당사자 간에 돈을 빌려 준 사실이 정말있는지, 돈을 빌려 준 사실이 있다면 아직 갚지않은 금액과 제때 갚지않음으로써 발생한 손해에 대하여 지연이자를 정하고 있는 법률규정을 적용하여 배상할 금액을 확정하게 된다. 그러나 이때에 지연이자에 대한 법률규정에 문제가 있다고 하더라도 민사소송과정에서는 그 법률규정의 잘못을 주장하여 적용을 회피할 수 없다. 이때 그 민사소송에서 적용되는 법률규정의 문제점을 다투어서 그 적용을 벗어나기 위하여는 그 법률규정이 헌법에 위반된다는 판단이 필요하며 바로 이와 같이 일반소송에서 적용되는 근거 법률규정의 문제점을 다툴 수 있는 것이 헌법재판의 하나인 위헌법률심판절차이다.

이러한 과정은 형사재판이나 행정재판도 기본적으로 동일하다. 즉 헌법재판이란 일반소송과정에서는 당연히 적용하게 되는 법률조항 자체에 대하여 그 위헌여부까지를 판단하게 되므로 일반소송으로는 해결할 수 없는 문제점을 근본적으로 해결하게 되는 것이다.

또한 일반민사나 형사, 행정소송에서는 재판의 결과가 원칙적으로 그 소송의 당사자에게만 미치지만, 헌법재판에서는 그 법률이 위헌이라고 선고되는 즉시 그 법률조항의 효력이 상실되어 그 법률조항의 적용을 받고있던 사람들은 그 소송의 당사자가 아니어도 재판결과의 적용을 받게되므로, 판결의 효력은 법률조항에 대한 문제를 제기한 당사자뿐만 아니라 그 법률조항의 적용을 받고있는 모든 국민에게 적용되게 된다.

그러나 헌법재판은 일반소송과 달리 국가기관이 그 재판의 결과에 따르지 아니하여도 이를 강제적으로 따르게 할 수 없는 한계가 있다. 예를 들면, 대여금지급소송에서 돈을 빌려 준 사람이 이기는 경우 돈을 빌린 사람이 계속해서 돈을 갚지 않을 때에는 돈을 빌려 준 사람은 법원의 도움을 얻어 돈을 빌린 사람이 가지고 있는 재산을 강제로 팔아 빌린 돈을 받을 수 있게 하는 등 간접강제의 수단이 존재하여 법원이 그것을 강제하게 하는 반면, 헌법재판의 경우에는 예컨대 어떠한 법률조항에 대하여 헌법에 합치하지 아니하다며 입법자에게 개선입법을 촉구하여도 입법부가 이를 따르지 않을 경우 헌법재판소가 입법부로 하여금 강제로 지키게 할 수 있는 수단이 따로 없다.

Part 02

포렌식분석방법

Chapter 05 디지털 포렌식 개념과 유형

학습목표

디지털 포렌식에는 어떤 유형들이 있고 디지털 포렌식이 수사에 활용된 사례에는 어떤 사례들이 있는지 알아본다.

1. 디지털 포렌식의 유형을 알아본다.
2. 디지털 포렌식의 절차와 사례를 알아본다.

1 디지털 포렌식이란?

디지털 포렌식은 "전자적으로 처리되어 보관·전송되는 디지털데이터를 적법한 절차와 과학적 기법을 사용해 수집·분석해서 증거로 제출하는 제반행위"로 정의되고 있다. 과거에 얻을 수 없었던 증거나 단서들을 제공해 준다는 점에서 획기적인 방법이다. 포렌식은 사이버 해킹공격, 사이버범죄 시 범죄자들이 컴퓨터, 이메일, IT기기, 스마트폰 등의 운영체제, 애플리케이션, 메모리 등에 다양한 전자적 증거를 남기게 되면서, 사이버 범죄자 추적 및 조사에 핵심적인 요소가 되고 있다. [출처: http://ko.wikipedia.org/wiki/컴퓨터 포렌식]

그림 1-2 디지털 포렌식

출처: http://boanin.tistory.com/190

그림 1-3 디지털 포렌식을 하는 이유

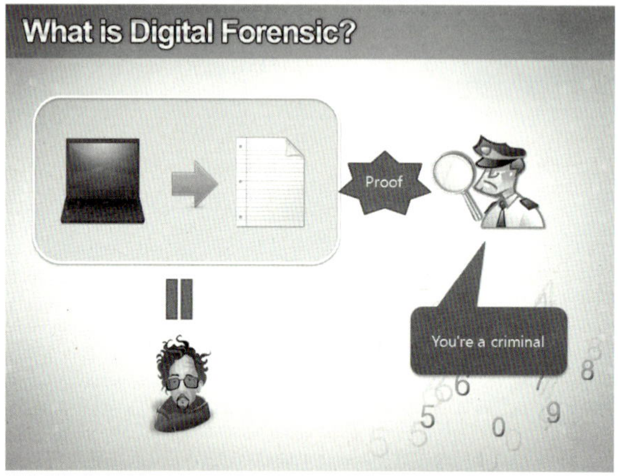

출처: http://boanin.tistory.com/190

디지털 포렌식은 크게 두 가지 과정을 거친다. 첫 번째는 원본이 수록된 전자장치에서 디지털증거를 법적 절차에 따라 채득하는 단계이고, 두 번째는 그러한 디지털증거를 법적 절차에 따라 분석하여 법적으로 의미있는 증거로 추출하는 단계이다. 모든 과정에서 법적인 절차를 따르는 것이 요구된다. 곧, 디지털 포렌식의 제1원칙은 디지털증거를 법적 절차에 따라 올바르게 수집하여 증거로서 가치를 갖게 하는데 있다.

2 디지털 포렌식 유형

(1) 디스크 포렌식

디스크 포렌식은 디스크(주 기억장치, 보조기억장치 등)의 비 휘발성 저장매체에 저장된 데이터 중에서 어떤 행위에 대한 증거자료를 찾는 과정을 의미한다. 디스크 포렌식의 관건은 라이브(LIVE)로 디스크 이미징을 얻을 수 있느

냐 없느냐에 따라서 분석하는 방식이 달라진다.

디스크 이미지를 얻는 건 매우 중요하다. 매번 PC 또는 저장매체를 ON/OFF할 경우 데이터의 손실 및 변조가 발생할 수 있으므로 증거자료로 채택되기 어렵다. 그러므로, 안정된 상태(무결성 유지)에서의 디스크 이미지를 얻고 얻어낸 자료를 기반으로 분석을 해야하는 것이 디스크 포렌식이다.

※ **디스크 이미징(Disk imaging)**: 디지털 포렌식 조사를 위해 조사대상 저장매체의 사본(Image)을 생성하는 것을 의미한다. 그리고 이렇게 생성된 사본을 이미지(Image)파일이라 한다.

그림 1-4 디스크 포렌식

(2) 네트워크 포렌식

네트워크 포렌식은 네트워크를 통해 전송되는 Data(Packet), 암호 등을 특정도구를 이용하여 가로채거나 서버에 로그형태로 저장된 것을 분석하여 단서를 찾는 방식을 의미한다. 네트워크의 패킷은 개인정보가 포함되는 경우가 많으므로 통신비밀보호법 침해위험성이 매우 높다. 따라서, 사전에 수색영장의 발부가 필요하다.

그림 1-5 DPI(Deep Packet Inspection) 분석 과정

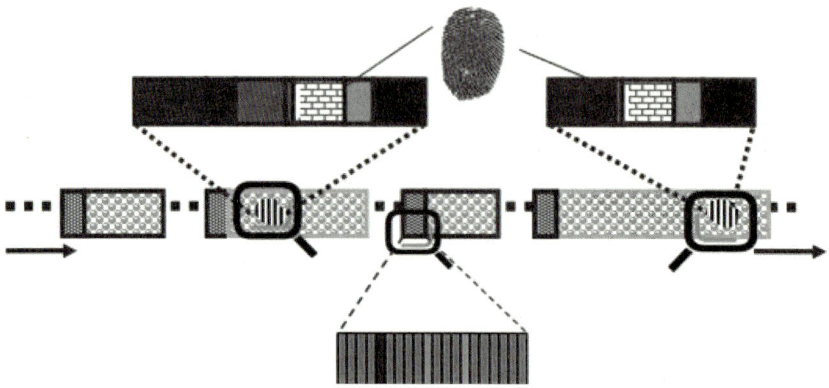

출처: K-Shield 네트워크 포렌식 – 정관진

DPI(Deep Packet Inspection): 패킷의 출발지와 목적지 정보뿐 아니라 패킷의 내용까지 검사하는 방식. 애플리케이션 레벨(L7 레이어)의 데이터를 기반으로 패킷을 식별, 분류하여 특정 데이터를 분석하는 기술. 이를 통해 웜, 해킹 등의 공격여부를 식별, 분석할 수 있다.

출처: [네이버 지식백과] DPI[Deep Packet Inspection]

(3) 인터넷 포렌식

인터넷 포렌식은 인터넷으로 서비스되는 WWW, FTP 등 인터넷 응용 프로토콜을 사용하는 분야에서 증거를 수집하는 포렌식 분야이다. 인터넷이라는 환경에서 게시판에 불법정보를 업로드하거나 명예훼손과 관련된 글을 올린 용의자 추적, 전자메일 발신자추적, 인터넷서핑 내역추적 등을 위하여 웹 서버나 메일서버, WAS 등의 서버를 분석하는 방법을 의미한다.

그림 1-6 인터넷 브라우저

(4) 모바일 포렌식

스마트 폰, PDA, 전자수첩 등에서 필요한 정보를 입수하여 분석하는 과정을 의미한다. 모바일의 특성상 배터리가 방전 될 위험요소를 차단한 상태에서 안전한 장소로 보관하는 것이 중요하다.

그림 1-7 아이폰 암호화 분석과정

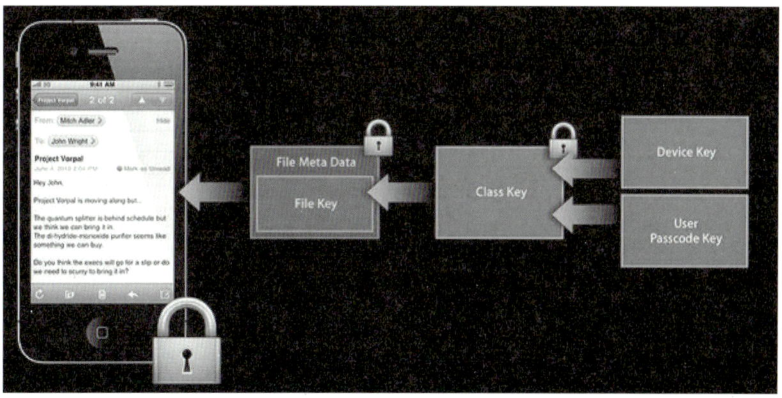

출처: WWDC 2010 – Securing Application Data

3 디지털 포렌식 절차

디지털 포렌식은 법과 연결되어 있기 때문에 법에서 인정하는 절차를 반드시 따라야 한다. 디지털의 특성상 누구나 쉽게 증거인멸과 변조가 가능하므로 법으로 정해진 절차대로 진행되지 않을 경우 증거변조가 발생할 수 있으므로 법정에서 채택될 수 없다. 디지털 포렌식이 이뤄지는지 절차는 다음과 같다.

그림 1-8 디지털 포렌식 절차

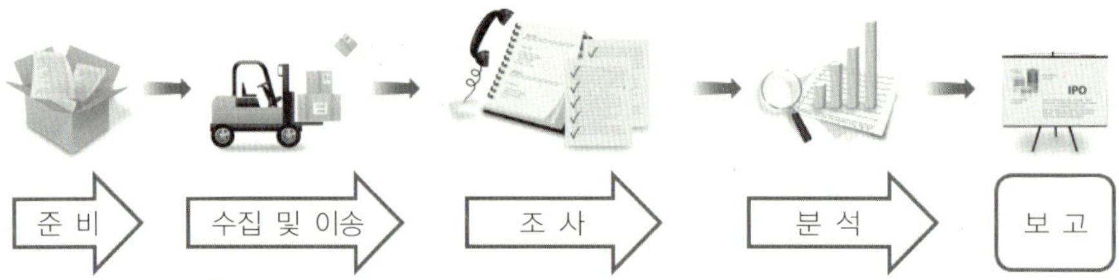

출처: http://www.igloosec.co.kr/p/window_05

4 디지털 포렌식을 이용한 검거사례

디지털 포렌식이 적용되는 범죄유형은 신원도용(개인정보도용), 이메일폭탄/스팸, 해킹, 지적재산권도용, 컴퓨터 바이러스, 서비스 거부공격 등 사이버 범죄뿐만 아니라 국가보안법 위반사례에 대한 증거자료 수집도 포함된다. 다음의 사례는 디지털 포렌식이 활용된 사건이다.

사례 1

1996년 9월-영남위원회 사건

- 수사기관은 피고인들의 컴퓨터 기록을 압수 및 분석, 목표, 노선, 체계, 강령, 조직 등의 증거확인
- 국가보안법상 이적단체에 해당한다고 주장
- 피고인들은 적법절차에 의해 수집되지 않았기 때문에 위법이고, 압수된 이후 조작되었다고 주장
- 법원은 디지털증거를 전문증거(hearsay evidence)로 취급해야 하므로 원 진술자가 진술에 의해 인정해야 한다고 판시
- 결과적으로, 법원은 디지털증거의 증거능력을 부정하는 판결
- 디지털증거의 증거능력에 대한 국내 최초판례이며, 이후 디지털증거관련 판결에 영향

사례 2

2006년 10월-일심회 사건(진보신당 창당의 계기)

수사기관은 USB, PC, 플로피 등의 저장매체 12종을 압수하여 조사

피의자 5명 전원을 국가보안법 상의 간첩, 특수잠입, 이적단체구성, 회합·통신죄 등으로 구속기소

1심 재판-디지털 증거의 증거능력 여부가 쟁점

- 디지털증거가 법원의 검증절차를 통해 증거능력이 인정될 수 있는 조건을 제시
- 디지털증거에 대해 법적 증거능력 인정
- 항소심-디지털증거의 증거능력에 대해 항소
- 증거수집 및 분석절차의 신뢰성 및 원본성에 대해서는 원심을 지지
- 작성자의 진정성을 인정한 53개의 문건 이외의 모든 증거의 증거능력을 인정하지 않음
- "디지털증거에 대해 작성자 또는 진술자의 진술에 의해 진정성이 증명될 때에 한해 증거로 인정"

[출처: 디지털 포렌식 강의 자료-김진국]
(http://forensic-proof.com/wp-content/uploads/2010/12/FP_Digital_Forensic_Law.pdf)

사례 3

필로폰 투약혐의로 구속된 A씨는 후배 B씨가 자신이 필로폰 투약을 위해 맥주에 타 놓은 것을 A씨가 모르고 마셨다고 진술해 A씨는 풀려남. 하지만 수사가 계속되자 검찰은 B씨의 자백동기가 불명확하고 석연치 않은 점들이 있다는 걸 발견함. 검찰은 사건연루자 3명의 휴대전화를 압수해 분석했더니 놀라운 결과가 나타남. A씨에게 6,000만 원의 채무가 있던 B씨는 채무를 면하는 조건으로 허위자백을 한 것임. 이와 같은 행위는 범인 도피죄에 해당하는 것으로 검찰은 모바일 포렌식 기술로 복구한 휴대전화 메시지를 증거물로 제출했고, 결국 A씨는 다시 구속 기소되고 A씨를 도운 주변인물들도 불구속 기소됨.

사례 4

2008년 3월 일산에서 초등학생 납치 미수사건으로, 아파트단지에 설치된 CCTV 화면과 교통카드 내역조회를 통해서 범인의 행동경로를 입증하여 범인을 검거. 범인은 당시 아파트단지를 오랜 시간 배회하였고, A양이 아닌 다른 여자 아이도 따라가는 모습을 보임. 이를 통해 범죄의 우발적이지 않았음을 입증할 수 있었음. 또한, 국립과학수사연구소는 이날 CCTV 감식결과 범행당시 이씨가 사용한 흉기도 밝혀낼 수 있었음.

[출처: http://blog.lgcns.com/653]

Chapter 06

디지털 포렌식의 원칙과 절차

학습목표

디지털 포렌식을 하기 위한 원칙들이 어떤 것이 있으며, 왜 원칙을 지켜야 하는지를 알아보자.

1. 디지털 포렌식의 일반원칙이 무엇인지 알아본다.
2. 디지털 포렌식은 어떤 절차로 진행되고 각 과정별 역할을 알아본다.

1 디지털 포렌식의 일반원칙

디지털 포렌식은 아래와 같은 5대 원칙을 준수해야 한다. 각 원칙별 의미하는 바는 다음과 같다.

그림 2-1 디지털 포렌식의 5대 원칙

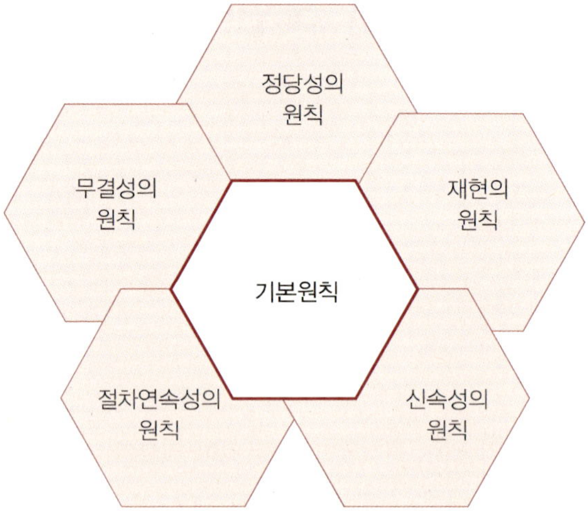

출처: 디지털 포렌식 개요 및 절차 - 김진국

(1) 정당성의 원칙(적법절차의 준수)

디지털 포렌식 조사는 적법한 표준방법에 의하지 아니한 증거수집은 위법이다. 따라서, 적법한 절차를 반드시 따라야 한다. 대부분의 자료들은 개인의 사생활과 밀접하게 관련이 있으므로 조사자가 이를 열람할 수 있는 권한을 확보하지 않은 상태에서 조사할 경우 추후문제가 발생할 수 있다.

열람할 수 있는 권한은 수사기관인 경우 압수/수색권한 혹은 영장이 한정하는 영역내에서만 조사를 진행해야 한다. 민간기관인 경우 조사를 수행할 때 발생할 수 있는 책임여부를 사전에 상호 확인하고 의뢰인이 위임한 부분에 대해서만 조사를 진행해야 한다.

(2) 재현의 원칙

동일한 실험조건이 주어진다면, 오차범위 내에서 항상 동일한 결과가 나올 수 있도록 재현할 수 있어야 한다. 반복적으로 증거를 수집할 경우 변경이 될 경우 법적인 증거자료로 활용될 수 없다.

(3) 신속성의 원칙

외부요인의 개입을 최소화하기 위해 신속히 처리해야 한다. 신속한 처리를 하지 않을 경우 위발성 데이터의 손상, 변조가 발생할 수 있으므로 최대한 빨리 증거수집과 분석이 이뤄져야 한다.

(4) 절차연속성의 원칙

디지털 증거수집/분석을 비롯한 모든 과정을 기록함으로써 사후 검증할 수 있는 수단을 제공해야 한다. 절차 연속성은 수집이후부터 법정까지 진행된 증거처리에 관한 내용을 기록한 문서를 통해 입증이 가능하므로 반드시 해당 과정을 기록하여 보관해야 한다.

(5) 무결성의 원칙

수집된 모든 증거는 위조, 변조되지 않았음을 증명할 수 있어야 한다. 디지털 데이터는 쉽게 훼손될 수 있기 때문에 데이터를 안전하게 보존할 수 있는 수단을 강구해야 한다. 안전하게 보존하는 방법으로는 물리적 충격이나 전자기파에 의한 손상을 차단하기 위한 포장과 원본의 손상을 막기위한 사본복사, 사본이 원본과 동일하다는 것을 증명할 수 있는 절차 및 기술적 절차를 수반해야 한다.

2 디지털 포렌식의 절차

그림 2-2 디지털 포렌식 절차

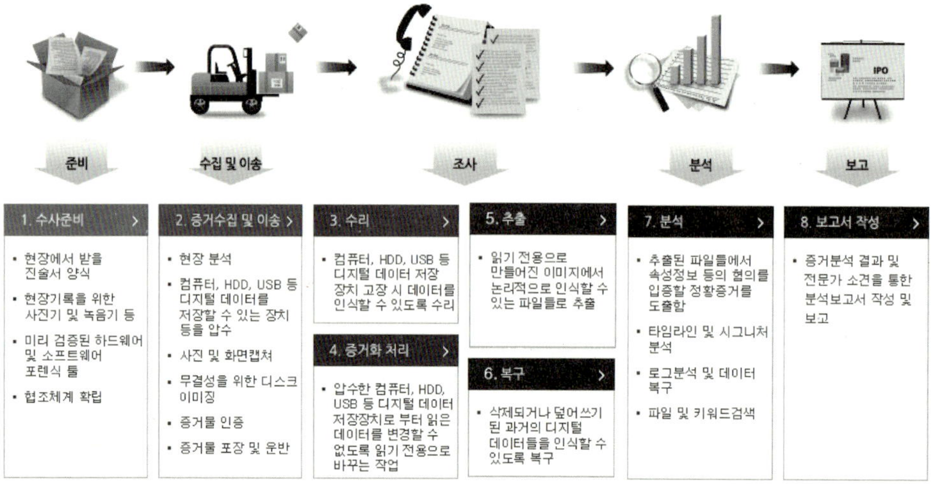

출처: http://www.igloosec.co.kr/p/window_05

(1) 준 비

준비과정은 수사에 들어가기 전 디지털 포렌식에 사용되는 도구연구 및 수집, 디지털 포렌식 대상 별(디스크, 네트워크, 모바일 등) 특징을 숙지하는 과정을 의미한다. 기술과 플렛폼의 발단로 다양한 플렛폼에 포렌식이 적용되고 있어 꾸준한 연구와 분석을 통해 사건/사고가 발생할 때 신속하게 대응 할 수 있다. 디지털 포렌식 매뉴얼이 존재하므로 아래 표를 참고하여 숙지하는 것이 좋다.

제 목	주 관
Internet Security Glossary (증거수집 및 보관에 관한 지침)	RFC2828
Evidence Collection and Archiving (디지털 증거수집 및 획득에 대한 가이드 라인)	RFC3227
컴퓨터 포렌식 가이드 라인	한국정보통신기술협회
휴대폰 포렌식 가이드 라인	한국정보통신기술협회
컴퓨터 포렌식을 위한 디지털 데이터 수집 도구 요구사항	한국정보통신기술협회

표에서 언급한 내용 이외에도 U.S. Department of Justice에서 발간한 "사이버 범죄수사: 초동수사를 위한 지침" 등 다양한 디지털 포렌식 가이드가 있다.

그림 2-3 준비 – 포렌식 방법연구

출처: http://egloos.zum.com/kmstudio/v/1506496

(2) 증거수집 및 이송

수사준비를 통해 만반의 준비가 되어있다면, 사건이 발생할 경우 증거를 수집하는 과정을 적법한 절차에 의거 진행해야 한다. 우선 현장을 분석해야 한다. 컴퓨터 중 일반 PC인지, 서버인지 구분을 해야하며, 모바일인지, USB인지,

패킷을 수집해야 하는지 우선 판단을 해야 한다. 그뒤 원본을 보존하면서 사본으로 생성해야 한다. 원본 데이터를 사용할 경우 자칫 변조가 발생할 수 있으므로 최대한 사본을 통한 분석을 진행해야 한다. 또한, 현장을 시간순으로 촬영하여 위조/변조가 없음을 증명해야 한다. 수집된 데이터는 증거물 포장(봉인)하여 수사권이 있는 장소로 이송한다.

그림 2-4 디지털 저장매체

출처: http://ciobiz.etnews.com/20110325120001

그림 2-5 봉인 테이프

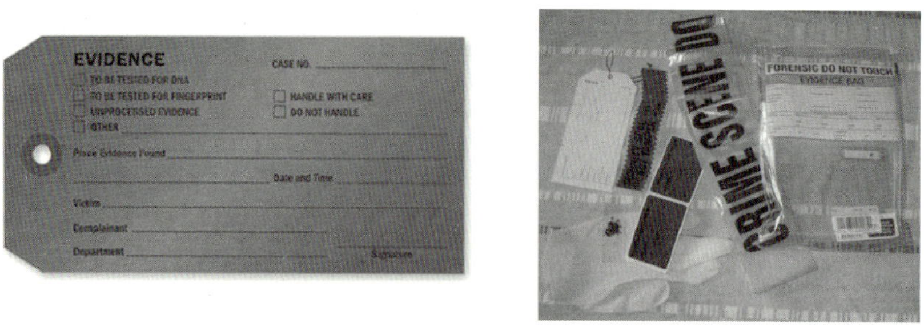

출처: 디지털 포렌식 개요 및 절차 - 김진국

(3) 조 사

증거수집 및 이송을 통해 얻어온 데이터를 기반으로 수리, 증거화처리, 복구, 추출과정을 거치게 된다.

① 수리

범죄자가 데이터 복원을 하지 못하도록 파손할 경우, 해당 데이터 매체에 대한 수리작업을 진행한다.

그림 2-6 디스크 수리

출처: http://wwwhttp://www.datarecovery.pe.kr/109

② 증거화처리

수집된 증거자료를 변조가 이뤄지지 않도록 읽기전용으로 변경하는 작업을 진행한다.

그림 2-7 쓰기권한을 제거하고 복사본을 만드는 로드마스터 장비

출처: http://www.ics-iq.com/The-RoadMASSter-3-X2-Forensics-Data-Acquisition-p/f.gr-7702-000a.htm

③ 추출

읽기권한으로 원본 디스크에 존재하는 데이터는 복사할 수 있는 장비를 이용하여 사본디스크를 생성한다.

그림 2-8 원본 디스크 손상없이 사본복사하는 포렌식 장비들

출처: 디지털 포렌식 수행절차 - 박종혁 교수

④ 복구

저장매체를 증거물로 압수하여 확인 할 경우 중요자료를 삭제하는 경우가 많다. 따라서, 해당 삭제된 자료를 복구하는 작업이 필요하다. 파일삭제된 내용을 복구하는 장비는 Encase, Final Data, FTK, USB LOCKPASS 등과 같은 소프트웨어들이 있다.

범죄에서의 증거수집을 위해서 사용되는 것뿐만 아니라 일상 업무중에서 삭제된 레포트를 복구, 업무파일복구 등 개인적으로 실수로 삭제된 파일을 복원할 때도 사용되므로 복구프로그램을 알아두는 것도 좋을 것이다.

그림 2-9 디스크 복구프로그램

(4) 분 석

수집된 증거자료 중 사본디스크를 이용하여, 어떤 데이터들이 존재하는지를 확인하게 된다. 확인하는 방법은 타임라인 및 시그니쳐 기반으로 분석이 이뤄져야 한다. 사건이 발생한 시간부터 종료시점까지의 데이터가 중요하므로 타임라인이 없는 상태에서의 분석은 인내심을 필요로 하는 작업이 되므로 사건발생시간이 존재할 경우에는 해당시간부터 파일을 분석하는 것이 좋다.

그림 2-10 EnCase 프로그램을 통한 데이터 분석

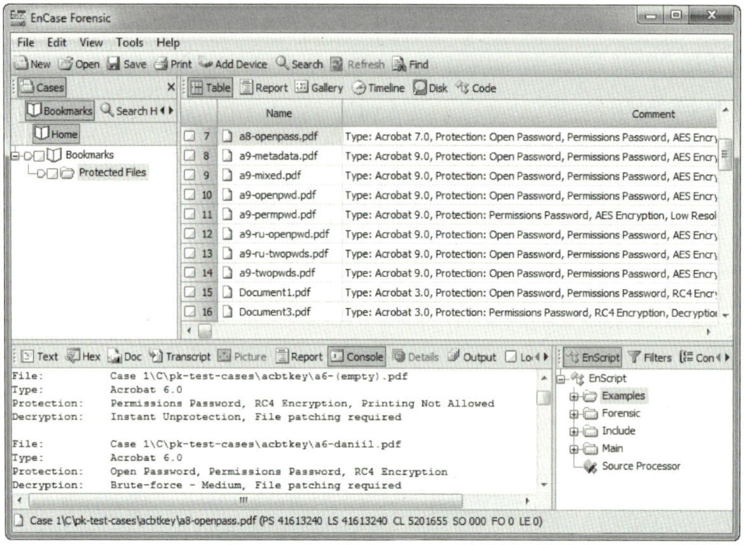

(5) 보 고

보고서는 증거물 획득, 보관, 이송, 분석 등의 과정을 6하 원칙에 따라 명백하고 객관성 있게 기술해야 한다. 예상치 못한 사고발생시, 관련내용 및 담당자 목록을 명확히 기재하고 범죄혐의의 입증에 무리가 없는지 논리적으로 설득할 수 있어야 증거로서 인정된다. 또한, 보고서의 대상이 되는 법관, 배심원, 변호사 등은 비전문가이므로 누구나 알기쉬운 형태로 작성하여 제출해야 하며, 법정에서 전문가 증언을 할 경우 사전에 비전문가를 대상으로 논리의 타당성이 있는지 연습을 한후 증언하는 것이 좋다.

그림 2-11 포렌식 보고서

FORENSIC REPORT
Orange County, Orlando, Florida
Preliminary Report

TO: Detective Yuri Melich, Orange County Sheriff's Dept, Orlando, Florida
Investigator Mike Vincent, Orange County Sheriff's Dept, Orlando, Florida

FROM: Arpad Vass, Ph.D., Research Scientist, Oak Ridge National Laboratory, Oak Ridge, TN.

SUBJECT: Odor analysis of trunk carpet sample

DATE: August 26, 2008

On July 24, 2008 Investigator Mike Vincent of the Orange County Sheriff's Department sent me a carpet sample from the trunk of a 1998 Pontiac Sunfire to determine if the odor present on the sample and in the trunk of the vehicle was indicative of a decompositional event. These samples were sent to me in reference to research we have been performing since 2002 in an attempt to identify the chemical composition of human decomposition odor. This research has resulted in the development of a Decompositional Odor Analysis database (References 1-2).

The carpet sample was enclosed in a sealed metal can. A preliminary analysis was performed by collecting a small (0.8 ml) sample of air from the can and injecting the air into a gas chromatograph/mass spectrometer. Several compounds were observed in this sample; however, it was deemed necessary to concentrate the sample in order improve the sensitivity for the lower abundance compounds.

The sample was removed from the metal can and placed in a Tedlar bag for several days at 35 degrees C and allowed to off-gas into the Tedlar bag. The analytes from several ml of gas from the Tedlar bag were concentrated by cryo-focusing them with liquid nitrogen at the head of a gas chromatograph/mass spectrometer. Preliminary results of this analysis are summarized in the attached Table. Compounds in the sample were tentatively identified by mass spectral library match. Standards of the tentatively identified compounds have not been run. It is important to note that gasoline was found in the vehicle trunk which presented a significant chromatographic signal and overlapped with many chemicals typically observed in decompositional events. Additionally, a decomposing pizza was also found in the trunk. It is not known what impact this had on the results of this preliminary study. Finally it is unknown what compounds, if any, the spraying of a luminol-type product (BluStar) in the trunk might have had on the detected compounds.

Of the 54 chemicals identified (many gasoline components detected are not listed in the Table), 43 (79.6%) are consistent with decompositional events. Only nineteen of these overlap with gasoline constituents. Common fluorinated compounds usually associated with human decomposition were not detected. It is possible, although this has not been

출처: hthttp://forensicsciencenewseek.blogspot.kr

Chapter 07

시스템 포렌식

학습목표

시스템 포렌식은 어떤 과정을 통해 분석이 되는지 알아보자.

1. 시스템 포렌식이 무엇인지 알아본다.
2. 시스템 포렌식은 어떤 과정을 거치는지 알아본다.
3. 시스템 포렌식에 필요한 도구 및 특징을 알아본다.

1 시스템 포렌식

포렌식은 기본적으로 적법절차에 의거 수집된 증거자료를 상황에 맞게 분석을 진행해야 한다. 시스템 포렌식의 경우 운영체제별 특징을 기반으로 분석하는 것을 의미한다.

각 운영체제는 사용하는 디스크 포맷도 다양하며, 로그를 저장하는 위치와 양식도 다르다 그렇기 때문에 각 운영체제의 특징을 잘 파악하고 각 운영체제에 맞는 분석방식을 선택하는 것이 중요하다.

운영체제

출처: https://friendlive.wordpress.com/2011/11/24/windows-mac-linux-advantages-and-disadvantages-of-the-3-operating-systems/

2 시스템 포렌식 과정

시스템 포렌식을 하기 위해서는 아래와 같은 과정을 걸치게 된다. 시스템이 On/Off 상태에 따라서 수집하는 방법이 상이하므로 아래의 과정을 숙지하고 현장에 나가길 바란다.

시스템 포렌식 증거수집과정

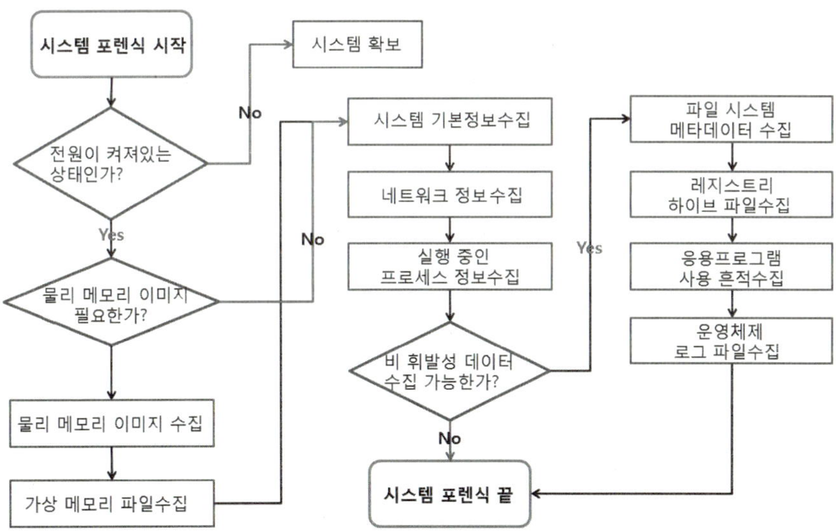

(1) 전원이 켜져있는 상태인가?

증거물품의 전원이 On/Off에 따라서, 증거물 수집을 바로 진행할 것인지 여부를 판단할 수 있다. 따라서, 전원이 On되어 있다고 하면 아래의 과정을 거쳐야 한다.

① 물리 메모리 이미지가 필요한가?

물리 메모리 이미지의 경우는 반드시 필요한 상황은 아니지만 가능하다면 수집하는 것이 중요하다. 하지만, 물리 메모리 이미지를 수집할 수 없다면 Live 상태(서비스 운영 중)에서 필요한 정보를 수집해야 한다.

② 물리 메모리 이미지 수집

물리 메모리 이미지의 경우는 복사장비를 통해 사본을 만드는 것이 중요하다.

③ 가상 메모리 파일수집

윈도우 가상 메모리에 남아있는 정보를 수집하여 이미지화 한다. 물리적 메모리의 경우는 고정적이나, 가상 메모리는 현재 메모리에 사용중인 내용들이므로 휘발성이 대다수 이다. 따라서, 순간의 메모리를 수집하지 않을 경우 향후 수집될 가능성이 낮으므로 현 상황에서 가상 메모리를 많이 수집하는 것이 중요하다.

④ 시스템 기본정보수집

운영체제정보, 램, 업데이트 정보 등 해당 시스템의 상세정보를 수집하여 보관한다.

프로세스 정보수집

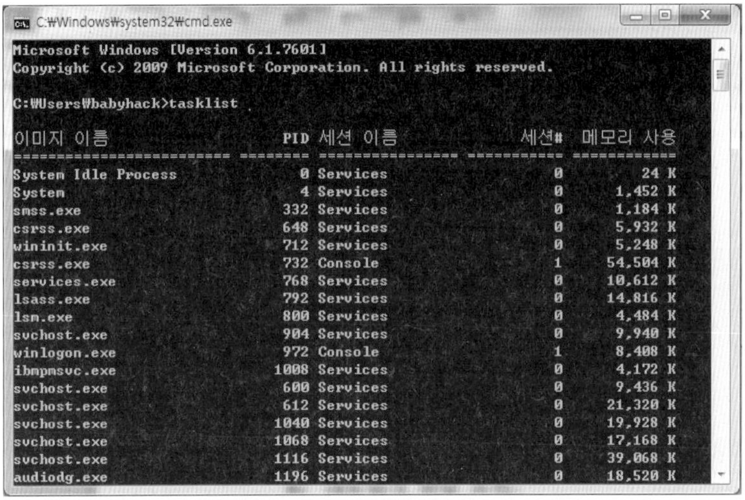

계정정보

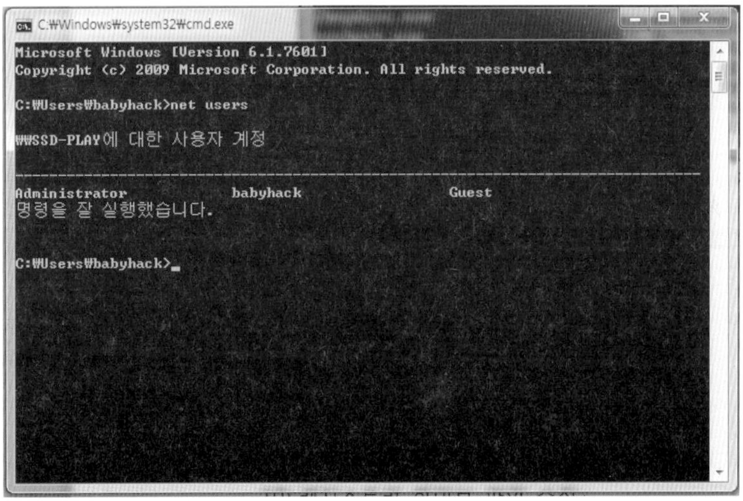

⑤ 네트워크 정보수집

현재 네트워크의 상태를 확인하고 그 내용을 수집해야 한다. 아래는 네트워크 상태를 확인하고 수집하는 과정이다.

시스템에 할당된 IP정보

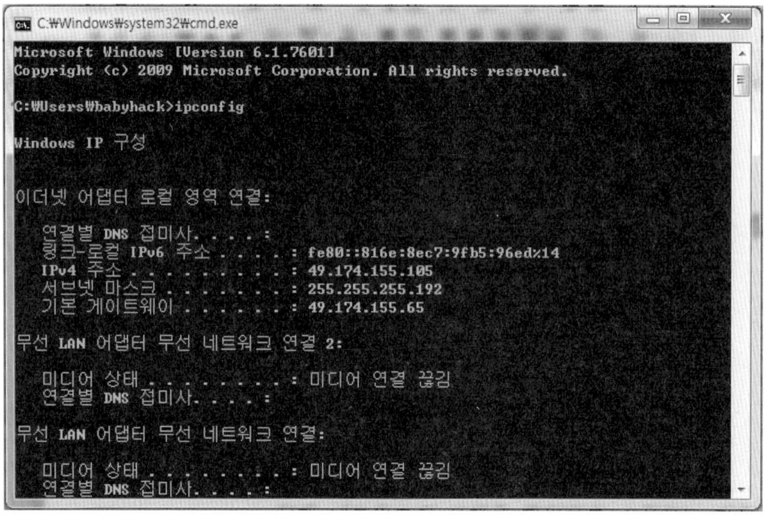

실행 중인 Process 별 네트워크 사용정보

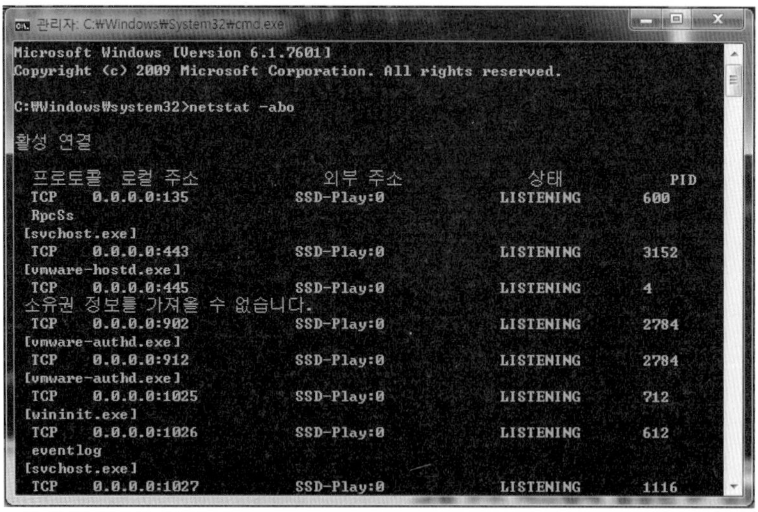

실행 중인 Process 별 네트워크 정보를 확인하기 위해서는 "관리자" 권한으로 실행을 시켜야 한다. 프로세스 정보와 같이 연동되기 때문에 "관리자" 권한이 없을 경우 원하는 결과를 얻지 못할 뿐만 아니라 프로그램이 실행되지 않는다.

⑥ 비휘발성 데이터 수집가능여부

비휘발성 데이터는 전원이 차단해도 사라지지 않는 데이터를 의미한다. 전원이 차단해도 사라지지 않은 데이터는 디스크 이미지 기반의 조사를 의미한다. 디스크 이미지 조사의 경우는 하드 디스크 정보전체를 보관 및 사본생성하는 과정이므로 중간에 위조/변조가 발생하지 않도록 특수한 장비를 이용해야 한다.

SOLO 이미징 장비

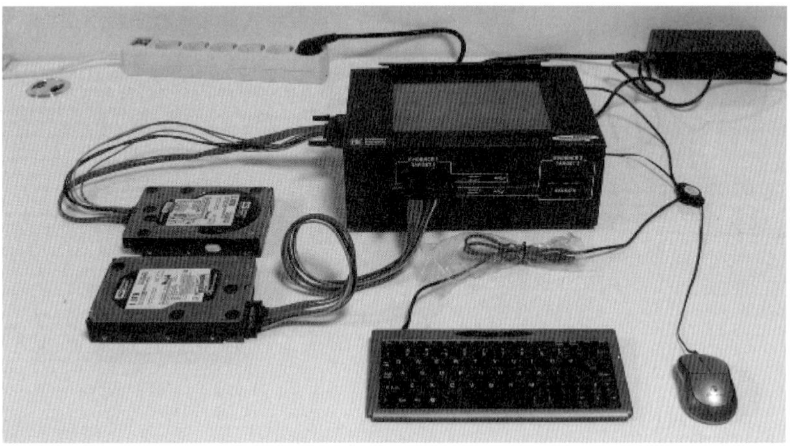

출처: http://forensic-proof.com/archives/3613

⑦ Mac OSX

맥의 경우는 Windows와 달리 명령어를 사용하여 조사를 하지 않고 파일 중심으로 수집을 하게 된다. 파일의 중심의 수집은 아래의 표를 참조로 사용하면 최소 정보수집이 가능하다.

종 류	경 로
자동 로그인/프로그램 자동실행	/Library/Prefernces/com.apple.loginwindow.plist
방화벽 설정	/Library/Preferences/com.apple.alf.plist
데스크탑 서비스	〈anyware〉/.DS_Store
콘솔 명령어 히스토리	~/.bash_history
프린터 스풀	/private/var/spool/cups
트위터 / 페이스북	~/Library/Twitter, ~/Library/Facebook
이메일	~/Library/Mail

이외에도 많은 정보들이 있는데 해당 내용은 이후 Chapter 6. 시스템에서 다루도록 하겠다.

⑧ Linux

리눅스도 맥과 같이 파일단위로 실행하기 때문에 폴더내에 존재하는 파일을 분석해야 한다.

폴 더	설 명
/etc	시스템 환경설정
/home	시스템 계정 사용자의 홈 디렉토리
/proc	프로세스, 프로그램, 하드웨어 정보
/usr	프로그램 설치 디렉토리
/var	시스템 상에서 발생한 로그 파일 및 보안, 메일 임시저장 디렉토리

3 시스템 포렌식 도구 및 특징

시스템 포렌식을 하기 위해서는 첫째도 무결성, 둘째도 무결성이다. 그러므로 인증된 제품을 활용하여 증거수집을 진행해야 한다. 각각의 프로그램에 따라서 특화된 특징이 존재한다. 따라서 상황에 맞게 적용하여 분석하는 것이 중요하다.

Name	Interface	Platform	제조사	라이선스
EnCase Forensic	GUI	Windows	Guidance Software	유료
FTK(Forensic Toolkit)	GUI	Windows	AccessData	유료
Forensic Explorer	GUI	Windows	GetData	유료
X-Ways Forensics	GUI	Windows	X-Way Software Technology	유료
Mac Marshal Forensic	GUI	Mac	Architecture Technology	유료
BlackLight	GUI	Anywhere	BlackBag Technologies	유료
Autopsy	GUI	Anywhere	Brian Carrier	무료

출처: http://forensic-proof.com/tools

위 표에서 정리된 프로그램 중 대표적인 두 가지 프로그램의 특징을 정리해 보았다. 어떤 포렌식 프로그램을 이용할지는 아래의 내용을 참고하여 사용하면 좋을 것으로 판단된다.

① EnCase Forensic

가장 많이 사용되고 있는 포렌식 프로그램으로 정규과정과 자격증이 있을 정도로 국제적으로 인정받고 있는 프로그램이다. 수사기관에서 제일 우선적으로 사용되고 활용되고 있으므로, 무엇보다도 안정적인 면에서 보장받았다고 할 수 있다. EnCase Forensic의 기능은 다음과 같다.

세부기능

1) 증거채증(이미징)

- 포렌식적으로 무결성을 증명할 수 있는 방법으로 증거물을 채증할 수 있음
- EnCase v7부터 모든 이미징된 증거물들은 RAM이 아니라 디스크에 EnCase 증거파일 형식(E01, L01, Ex01, Lx01)으로 저장되기 때문에 조사관의 컴퓨터 용량을 거의 차지하지 않음
- 새로운 증거파일(Ex01, Lx01)을 직접 EnCase 안에서 암호화 할 수 있기 때문에 증거파일 형식의 보안성이 더욱 향상되었음. 별도의 프로세서 동글을 추가로 사용할 수 있어 프로세

싱 속도 극대화 가능

2) 채증가능영역
- 디스크, RAM, 문서, 이미지, 이메일, 웹메일, 인터넷 아티팩트, 웹 히스토리, 캐시, HTML, 페이지 재복원, 채팅세션, 압축파일, 백업파일, 암호화 파일, RAID, 워크스테이션, 서버
- EnCase V7부터 스마트폰, 태블릿 채증가능

** 지원되는 OS형식 **
[Apple's iOS] / [Google's Android OS] / [Rim's Blackberry OS] / [Nokia Symbian] / [Microsoft's Windows Mobile OS] / [Google Nexus 7] / [Acer Iconia Tab A500] / [Samsung Galaxy Tab 2] / [Kiindle fire HD]

3) 포렌식적 채증
- 원본 드라이브나 매체의 정확한 바이너리 복사본을 생성하여 관련 이미지 파일의 MD5 해쉬값을 생성하고 그 데이터에 CRC값을 할당하여 확인함
- 증거가 변조되었을 경우 이런 검사와 값이 다르며 모든 디지털 증거가 법정이나 내부조사에 사용가능하도록 포렌식적으로 채증이 가능
- 케이스의 증거용량이 날이 갈수록 증가함에 따라, 조사관들은 대용량의 증거를 좀더 빠르게 조사해야할 필요가 있음
- EnCase의 Evidence Processor를 통해 빠르고 신뢰할 수 있는 프로세싱이 가능함
- EnCase e-Discovery에서 사용되는 강력한 프로세싱/인덱싱 엔진 사용으로 성능 최적화
- Enscripts 기능을 프로세싱을 할 때 추가함으로써 Enscripts 작업시간 절약
- 조사관이 항상 수행하는 여러 작업들을 자동화함

** EnCase Evidence Processor로 프로세싱 동안 가능한 작업 **
[폴더복구] / [파일 시그너처 분석] / [암호걸린 파일분석] / [해쉬분석 (MD5, SHA-1)] / [복합파일압축풀기] / [이메일 검색(PST, NSF, DBX, EDB, AOL, MBOX)] / [인터넷 객체검색(IE, Firefox, Safari)] / [키워드 검색] / [인덱싱]

** EnCase Enscript Module로 프로세싱 가능한 작업 **
[System Info Parser] / [IM Parser(AOL, MSN, Yahoo)]/ File Carver] / [Personal Information (CC, Phone Numbers, Email, SSN)] / [Windows Event Log Parser] / [Windows Artifact Parser] / [Unix Login] / [Linux Syslog Parser]

4) 삭제된 데이타 복구
[파일 및 파티션 복구] / [이벤트 로그 파싱으로 삭제파일감지] / [파일 시그너처 검색] / [해시

분석(복합파일이나 비할당 디스크 공간도 가능)] 등의 기능으로 복합파일이나 비할당 디스크 영역에서도 삭제된 파일감지가능

5) 라이브 포렌식기능

- EnCase SAFE를 설치하지 않고도 IP네트워크상에서 라이브 조사 및 채증 가능
- 네트워크에 연결된 하나의 컴퓨터에 서블릿을 원격으로 설치하여 컴퓨터나 하드디스크를 읽고 채증, 모니터할 수 있음.
- 디스크를 따로 분리하지 않고도 실시간 포렌식 조사가능

6) EnCase Forensic Imager

- 새롭게 출시된 제품으로 포렌식적으로무결성을 검증할 수 있는 방법으로 EnCase 증거파일을 생성하거나 논리적 증거파일을 생성하기 위해서만 사용할 수 있음
- 프로세싱, 분석 등의 기능이 포함되지 않음
- 별다른 EnCase 교육이 필요없이 쉽게 사용할 수 있으며, 추가비용이 없이 무료로 다운받아 사용할 수 있음

7) 심층 포렌식 분석작업

** 고급검색 **

- 전체 케이스에서 사용이 쉽고 강력한 검색 인터페이스
- 인덱스, 키워드 검색, 태킹 등으로 검색가능

** 강력한 이메일 조사능력 **

- 실제 이메일과 동일한 인터페이스에서 쉽게 이메일 조사 및 분석
- 모든 관련 대화와 메시지를 보여주고 하나의 이메일과 관련된 모든 메시지의 상관관계를 보여줌

** 태킹 **

- 조사관이 원하는 데로 태깅을 만들어 해쉬값을 포함하여 파일에 추가한 후 다른 조사관들이 조사할 수 있도록 별도파일로 내보내기 가능

** EnCase V7에서 추가로 지원되는 파일시스템 및 파일타입 **

- EXT4, HSFX, Microsoft Office 2010
- iOS 물리적 이미지(iPad, iPhone, iPod)

8) Passware Kit Forensic제품과의 통합 사용가능

- Evidence Processor를 사용해서 인크립트 파일감지를 자동화시킴
- 파일의 암호가 Passware Kit Forensics을 사용하여 해독되면 추가적인 분석을 위해 다시

EnCase Forensics으로 돌아와 분석가능

9) 생산성 향샹

- 데이터가 채증되는 동안 결과값 미리보기 가능
- 일단 이미지 파일이 생성되면, 여러 개의 드라이브나 매체를 동시에 검색 및 분석가능

10) 자동화된de-NISTing 기능

- 국가표준 참조 데이터(National Software Reference Library(NSRL)가 EnCase 해시라이브러리 포맷으로 제공되어 증거셋에서 수천 개의 알려진 파일을 제거함으로써 분석하는 데 필요한 시간 및 데이터 양을 줄일 수 있음

11) 다양한 File Viewer지원

- 원래의 형식, 내장 레지스트리 뷰어, 통합 이미지 뷰어로 수백 개의 파일 포맷보기 및 타임라인/캘린더로 결과보기 가능

12) 자동화된 보고서 생성가능

- URL, 방문일자 및 시간 등에 대한 자세한 리스트와 함께 모든 파일 및 폴더 리스트를 포함하는 리포트 추출가능
- 하드 드라이브 정보, 채증관련 정보, 드라이브 구조, 폴더구조 등에 대한 자세한 정보제공

13) 유용한 데이터(Actionable Data)

- 법정 제출용, 또는 조사결과를 원하는 관련 당사자들에게 제공할 수 있는 통합적인 리포트를 생성할 수 있음

※ 채증: 채집된 증거

출처: EnCase 제품 설명서

② FTK(Forensic Toolkit)

EnCase에 비하여, 많은 기능을 제공하지는 않지만 메모리 분석에 특화된 프로그램이다. 따라서 이미징 이후 분석하는 도구로 사용하면 좋을 것으로 판단된다.

1) 분석시간 단축을 위한 분산처리 기능
- 클라우드 컴퓨팅 시대에 최적화된 분산처리지원
- 최대 4대의 PC까지 분산엔진 설치가능

2) 원격 데이터 포렌식 기능
- 네트워크를 통한 원격시스템의 메모리와 디스크에 대한 증거수집 및 분석기능 제공

3) 강력한 암호해독
- 암호해독 솔루션 PRTK를 제공
- Tacc1441 Hardware Accelerator와 결합하여 강력한 암호해독지원
- PORT의 Rainbow Table을 이용한 사전 계산된 Brute-force attack 지원
- 다국어의 패스워드 복구에 지원

4) 고급분석기능
- 메모리 덤프분석(RAM Dump Analysis) 및 비교분석기능
- 강력한 인덱스 검색(비할당영역지원), 정규 표현식(GREP) 검색지원
- OCR분석을 통한 이미지 파일 내 문자열 분석
- Fuzzy Hash 분석기능을 통한 파일유사도 검사지원
- Data 카빙을 통한 다양한 파일복구기능지원

Chapter 08

네트워크 포렌식

학습목표

네트워크 포렌식이 무엇이며, 어떤 과정을 통해 이뤄지는지를 알아본다.

1. 네트워크 포렌식의 정의를 알아본다.
2. 네트워크 포렌식 과정을 알아본다.
3. 네트워크 포렌식 장비를 알아본다.

네트워크 포렌식은 네트워크를 이용하는 장소, 시스템에서 사용된다. 또한, 네트워크 포렌식의 경우는 꼭 수사목적이 아니더라도 IT담당자, 개발자라면 한번쯤 사용해보았을 것이다. 네트워크 포렌식은 전반적으로 사용이 가능한 기술이므로 포렌식에 특화되어 생각하지 않길 바란다.(※ 분석과정에서는 사건이 발생한 환경이 일반 PC와 서비스 중인 서버환경 중에 일반 PC에서 발생한 사건이라는 가정하에 진행하도록 하겠다.)

1 네트워크 포렌식이란?

네트워크에서 오고 가는 패킷을 수집하여 저장, 분석하는 장비를 이용하여 법적 증거자료를 추출하는 과정을 의미한다. 네트워크 포렌식의 경우 패킷에 대한 기초정보를 기반으로 분석이 이뤄지므로 OSI 7 Layer 계층과 TCP Header, IPv4/IPv6 Header, UDP Header 등 관련 정보를 숙지하지 않을 경우 분석이 불가능하므로 반드시 숙지한 상태에서 분석에 임하길 바란다.

그림 4-1 OSI 7 계층

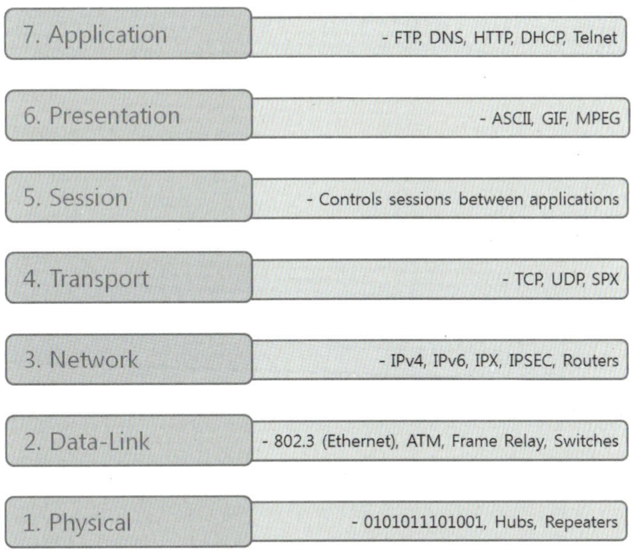

그림 4-2 TCP/IP Header

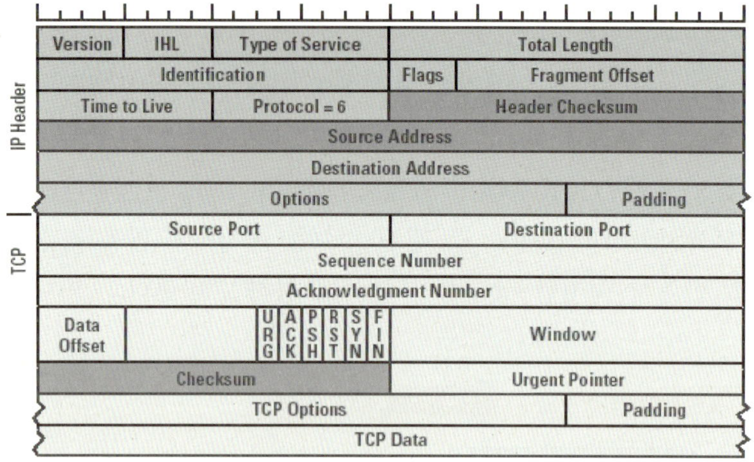

출처: http://www.cisco.com/web/about/ac123/ac147/archived_issues/ipj_7-3/anatomy.html

그림 4-3 UDP/IP Header

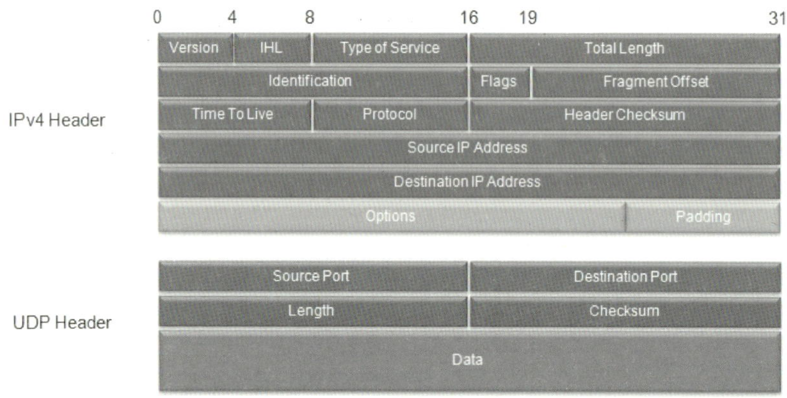

출처: http://www.sharetechnote.com/html/Handbook_LTE_ROHC.html

위에서 그림들과 같이 해당 패킷의 Size와 Format을 알게 될 경우 수집된 패킷을 분석하는데 용이하게 된다. 간단한 예로, TCP/IP 패킷에서 어느 곳에서 받았고 어느 곳으로 전송했는지와 어떤 Data를 전송하였는지도 확인이 가능하다.

2 네트워크 패킷수집방법

네트워크 포렌식을 하기 위해서는 패킷을 수집하는 과정이 반드시 필요하다. 어떤 방법들을 이용하여 패킷을 수집하는지 알아보자.

(1) Dummy HUB이용

Dummy Hub의 특징을 이용한 방식으로 통신이 이뤄질 때 모든 데이터가 연결된 랜을 통해 전달되는 방식으로 불필요한 패킷뿐만 아니라 누구나 같은 네트워크 상의 패킷을 수집할 수 있다.

그림 4-4 Dummy HUB를 이용한 Packet Dump

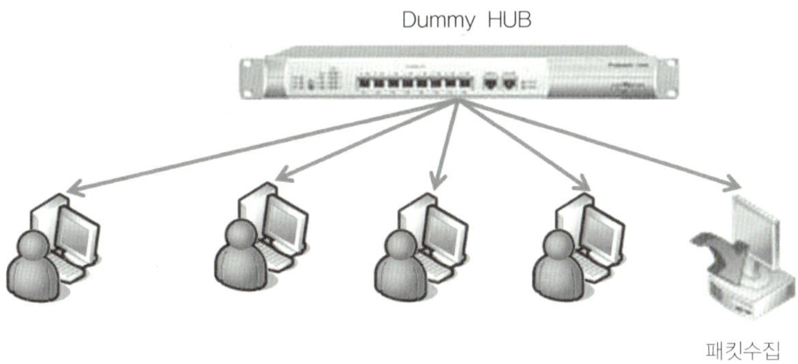

(2) Switch HUB-Mirroring

Switch HUB는 Dummy HUB와 달리 네트워크 분할이 가능하며, 분할을 통한 네트워크 제어가 가능한 장비이다. 따라서, 특정 IP에서 통신하는 패킷을 수집하기 위해서는 Dummy HUB보단 적은 패킷량으로 패킷수집이 가능하다.

그림 4-5 Switch HUB – Port Mirroring

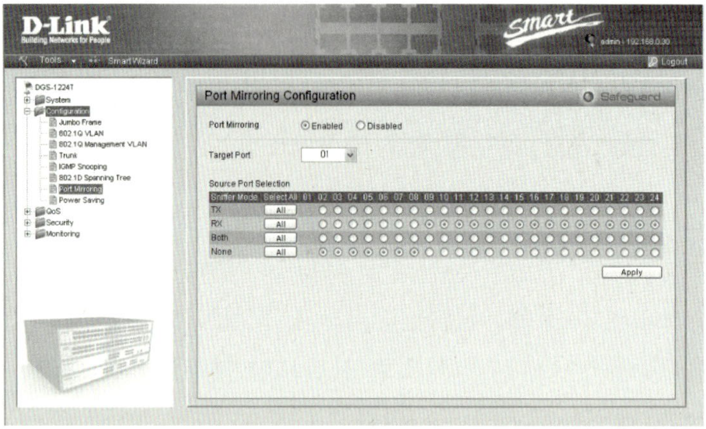

(3) SPAN(Switched Port Analyzer)/Tap Device

HUB에서 제공하는 기능이 아닌 패킷 미러링을 하는 장비를 이용하는 방식이다. 해당 장비는 패킷수집을 위한 전용 장비이므로 네트워크에 설치한 이후 간단한 설정만으로 동일 네트워크 환경에서 사용중인 모든 패킷을 수집할 수 있다.

언급한 패킷수집방식을 한 눈에 나타내면 아래와 같다.

그림 4-6 패킷수집방법

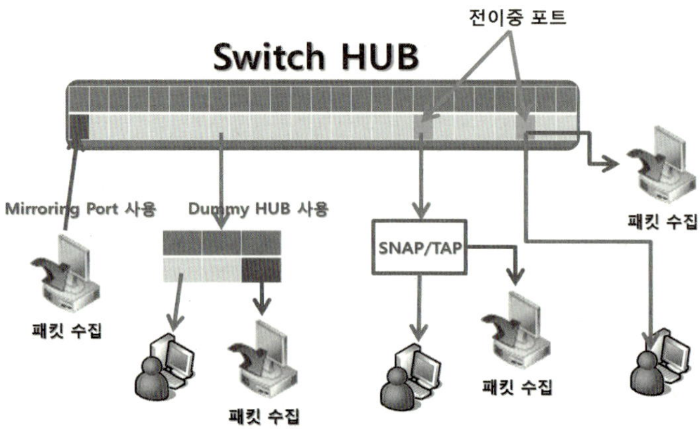

3 네트워크 포렌식 과정

네트워크 포렌식은 사건이 발생하고 있는 상황에서 패킷덤프를 통해 통신 중인 패킷을 수집한다. 이후, 수집된 패킷을 IP별 분류, Data별 분류를 통해 공격유형 및 공격발생지점을 확인할 수 있다.

(1) 패킷덤프

현재 PC에서 주고받은 패킷을 덤프하는데 짧은 시간을 덤프하는 것보다 충분한 시간을 덤프하는 것이 좋다. 시간은 하루에서 일주일 정도의 시간을 수집할 경우 공격 및 내부에 잠재된 데이터를 얻을 수 있으므로 충분히 진행해야 한다. 만약, 네트워크 공격프로그램을 분석해야 한다면 패킷덤프 시간을 오래 설정할 필요없이 공격프로그램을 동작시킨 이후 2~3시간의 패킷덤프 정도면 분석하는데 지장이 없을 것으로 보인다.

그림 4-7 Wireshark를 이용한 패킷덤프

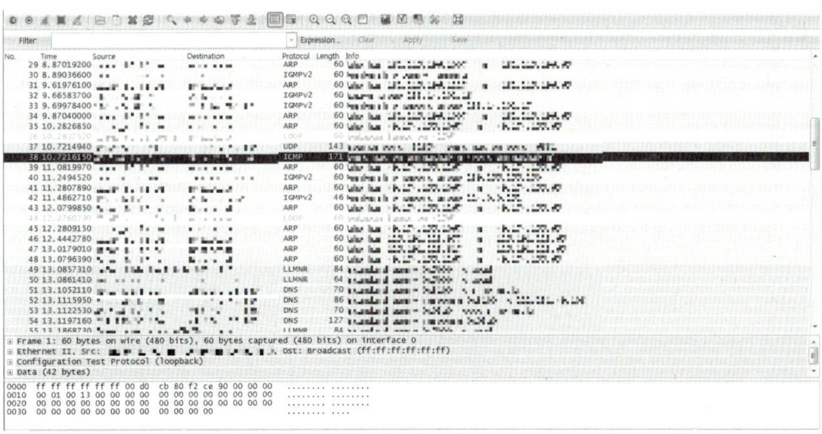

(2) 패킷분석

덤프한 패킷이 어떤 종류의 패킷이 있으며, 어디로 가는지를 확인하여 공격자의 위치와 공격대상을 확인한다.

그림 4-8 패킷분석 – 사용한 IP/Port/Protocol 유형

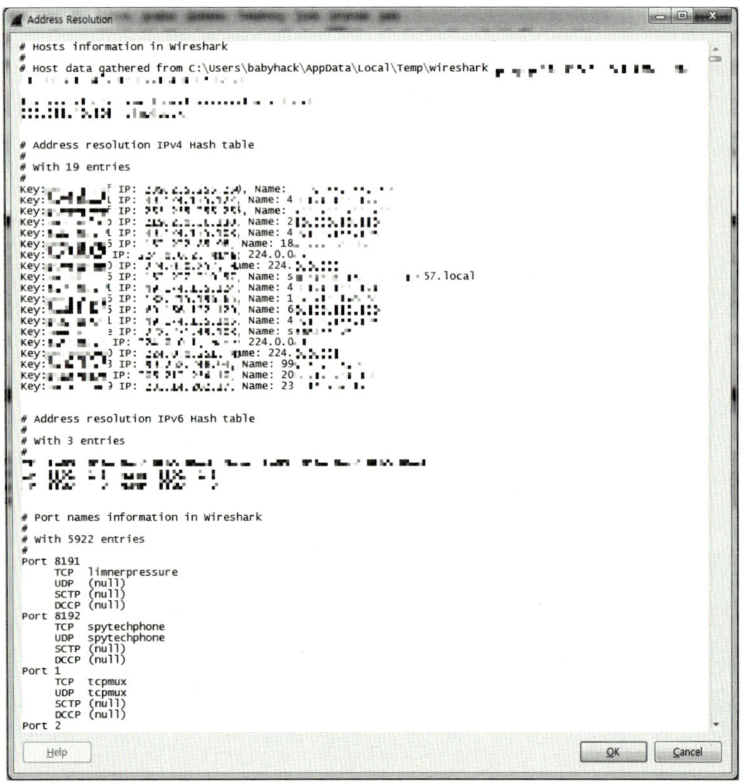

4 네트워크 포렌식 장비

네트워크 하드웨어 장비는 Tap장비 이외엔 거론하지 않겠다. 만약, 하드웨어적인 솔루션이 필요한 경우 구글에서 "네트워크 포렌식 솔루션"을 검색해보

길 바란다. 그 이외의 무료제품을 중심으로 네트워크 포렌식을 할 수 있는 툴은 다음과 같다.

프로그램명	라이선스	제공하는 플랫폼	제공하는 프로토콜
Wireshark	무료	Max, Linux, Unix, Windows	IPsec, ISAKMP, Kerberos, SNMPv3, SSL/TLS, WPA/WPA2 등
xplico	무료	Linux	ARP, PPP, VLAN, L2TP, IPv4, IPv6, TCP/UDP 등
Chaosreader	무료	Unix, Linux, Windows	FTP, HTTP, SMTP
DataEcho	무료	Windows	www, http
Argus	무료	Mac, Linux, Unix, Windows, AIX, IRX	L2 Addresses, Tunnel identifiers(MPLS, GRE, ESP 등), host flow, net flow

출처: http://www.forensicswiki.org/wiki/Network_forensics

추가적으로 세분해서 정리한 사이트도 있다. 위의 소프트웨어 이외의 특화된 프로그램을 원한다면 아래의 사이트를 방문하기 바란다.

그림 4-9 네트워크 포렌식 Tool 소개 사이트

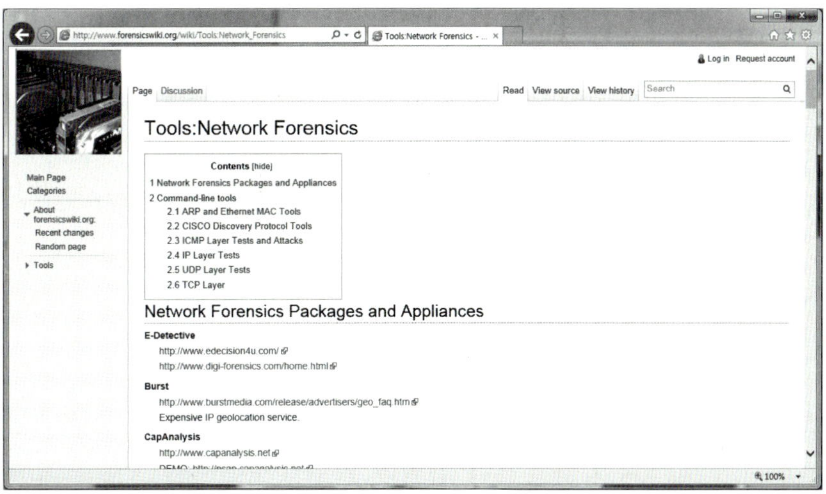

자료: http://www.forensicswiki.org/wiki/Tools:Network_Forensics

Chapter 09

모바일 포렌식

학습목표

모바일 포렌식은 스마트폰이 등장하면서 매우 중요한 부분으로 자리잡고 있다. 따라서, 모바일 포렌식 과정은 어떤 절차에 의해 이뤄지며 어떤 유의사항들이 있는지 알아보자.

1. 모바일 포렌식의 정의를 알아본다.
2. 모바일 포렌식 과정을 알아본다.
3. 모바일 포렌식 도구를 알아본다.

모바일 포렌식은 스마트폰이 등장하기 전에는 통신사와의 협의를 통해 대부분 이뤄졌다. 그러다가 스마트폰의 등장으로 PC를 사용하는 작업들이 스마트폰으로 가능하게 되면서 모바일 포렌식이 매우 중요한 증거자료가 되고 있다. 최근 사이버 범죄에서는 카카오 톡 메신저의 대화내용이 증거물로 채택되고 있다.

1 모바일 포렌식이란?

모바일은 「이동성이 있는」이란 의미의 형용사이다. 그러나 최근에 와서는 가정이나 회사 이외의 장소에서 휴대용 정보단말기를 가지고 다니면서 인터넷이나 전화회선을 통해 정보를 주고받는 것을 말하며, 휴대용 정보단말기 자체를 모바일이라고도 한다. [출처: 컴퓨터 인터넷 IT용어 대사전-모바일] 대부분의 모바일 포렌식은 핸드폰을 생각하지만, PDA, PMP, MP3, 전자북 리더기, 태블릿 PC 등이 이에 속한다.

그림 5-1 모바일 포렌식 대상들

출처: 스마트기기 포렌식 - 김진국

모바일 기기들은 인터넷, 게임, 웹 서핑, 동영상 등의 다양한 기능을 가지고 있다. 그에 따라서 다양한 증거로 사용되기도 한다. 최근에는 카카오 톡에서 나눈 대화가 증거자료로 채택되는 경우도 있다. 여기에서는 모바일기기 중 스마트폰을 중심으로 설명하도록 하겠다. 스마트폰은 크게 Android, iOS, Windows Mobile의 운영체제를 사용한다(그밖에도 다양한 운영체제가 존재하지만 대중적으로 사용하는 운영체제를 나열하였다). 운영체제에 따라서 포렌식 과정에 차이가 있다. 여기에서는 대표적인 모바일 운영체제인 Android와 iOS를 기반으로 포렌식 과정을 설명하도록 하겠다.

2 모바일 포렌식 과정

모바일 증거자료로는 통신기록, 사용자 및 시스템기록, 응용프로그램기록, 위치정보 등을 수집하게 된다. 각 운영체제별 수집과정은 다음과 같다.

(1) Android

Android는 임베디드 리눅스로, 리눅스 구조를 따른다. Android는 아래와 같은 구조를 가지고 있다.

그림 5-2 안드로이드 구조

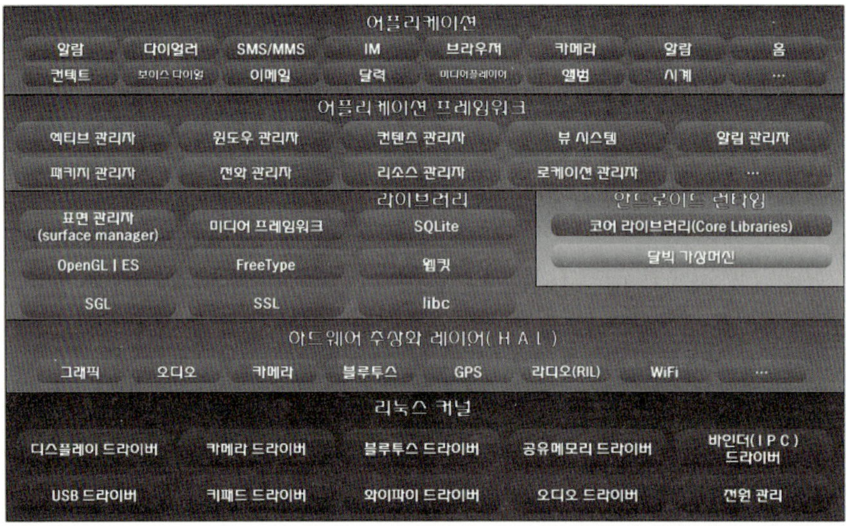

출처: http://jinhobak.tistory.com/415

따라서, 포렌식을 하기 위해서는 리눅스의 특징을 알고 있으면 도움이 된다.

안드로이드의 경우는 달빅이라는 가상머신에서 구동하게 시스템화 되어 있다. 달빅(Dalvik)은 JVM(Java Virtual Machine)으로 모든 앱은 달빅에서 동작된다.

안드로이드의 각 디렉토리별 특징은 다음과 같다.

디렉토리명	설 명
/boot	운영체제 커널과 램디스크가 설치되는 공간
/system	운영체제 필수 소프트웨어 설치 공간(쓰기방지로 설정)
/recovery	백업이나 업그레이드 등의 기능을 사용할 수 있는 복구영역
/data	실제 사용자 데이터가 저장되는 공간
/cache	임시파일이 설치되는 공간
/misc	CID(Carrier/Region ID), USB 구성, 특정 하드웨어 등의 설정 정보저장 공간
/sdcard	외부 SD카드 영역
/sd-ext	외부 SD카드의 확장영역

(2) iOS

그림 5-3 iOS 구조

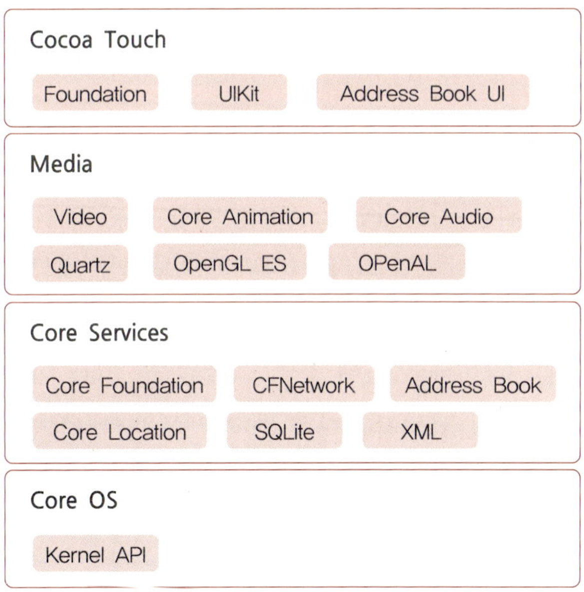

위 그림은 iOS 구조로서, 가장 로우레벨의 Core OS부터 가장 상위단계인 코코아 터치까지의 계층구조이다. 주로 하단은 API가 C로 제공되며 상위로 올

라 오면서 Objective-C로 제공된다. 많이 사용되는 로우레벨의 API들은 상위 단계에서 쉽고 편하게 사용할 수 있는 프레임워크로 제공된다. 간 계층의 간단한 설명은 아래와 같다.

1) Core OS

Core OS는 메모리/프로세서관리, 파일 시스템, 네트워크, 각종 하드웨어 드라이버 등, 운영체제 하단의 커널레벨에서 제공하는 커널 API이다. 흔히 이야기하는 시스템 프로그래밍에 관련된 C를 기반으로 한 라이브러리를 제공한다.

2) Core Services

Core Services는 Core Foundation, CFNetwork, SQLite, POSIX threads와 같은 파일입·출력, 저수준데이터 타입, 소켓 등에 관련된 서비스이다. Core OS 레벨에 비교적 쉽게 접근할 수 있는 API를 제공하며 대부분 C로된 프레임워크를 제공한다. 여기서 제공하는 많은 기능들은 상단 코코아터치의 Foundation Framework에서 Objective-C 프레임워크로 제공된다.

- Core Foundation: 배열, 스트링, 날짜, URL, 로우레벨 데이터등 아이폰 어플리케이션을 위한 기본적인 C API를 제공
- CFNetwork: BSD 소켓 및 HTTP, FTP 프로토콜등 네트워크에 쉽게 접근할 수 있는 API를 제공하는 프레임워크
- Core Location: GPS, 주변검색 등에 사용할 수 있는 사용자의 현재 위치(위도, 경도)정보와 관련된 API를 제공하는 프레임워크
- SQLite: 아이폰 어플리케이션에서 쉽게 사용할 수 있는 파일기반의 경량 데이터베이스
- XML: XML파싱을 위한 libXML2 라이브러리를 제공

이외에 보안, 주소록 등에 관련된 서비스를 제공한다.

3) Media

비디오, 오디오, 2D/3D 그래픽, 에니메이션을 구현할 수 있는 API를 제공한다. Objective-C 또는 C로된 API를 제공한다.

- Quartz : OS X의 벡터를 기반으로 한 그래픽 엔진이다. 선과 도형을 그리고 이미지, 비트맵, PDF를 출력하고 색상, 위치에 관련된 C로된 API를 Core Graphic 프레임워크를 통해 제공한다.
- Core Animation : 각종 에니메이션과 시각효과를 제공하는 Objective-C로된 프레임워크이다.
- OpenGL ES : 게임 등과 같은 고성능의 2D/3D 그래픽 출력을 위한 OpenGL ES 1.1에 기반한 C 프레임워크이다. OpenGL ES를 사용한 게임은 이를 지원하는 다양한 모바일 플랫폼에서의 포팅을 쉽게 할 수 있다.
- Core Audio : 마이크를 통해 녹음하고 음악파일을 출력하고 각종 음향효과를 제공하는 C로된 오디오관련 프레임워크이다.
- OpenAL : OpenGL ES와 유사한 개념의 크로스 플랫폼을 지원하는 게임 등을 위한 고성능 3D 오디오 라이브러리이다.
- 동영상 : mov, mp4, 3gp와 같은 각종 동영상 파일을 출력을 지원한다. 이는 Objective-C를 기반으로 한 Media Player framework를 이용하여 손쉽게 접근할 수 있다.

4) Cocoa Touch

iPhone개발의 기본이 되는 계층으로 Objective-C를 기반으로 한 핵심적인 두개의 프레임워크를 가지고 있다. 사용자 인터페이스, 이벤트처리 등과 함께 위에서 언급한 로우레벨의 기술들을 보다 쉽게 사용할 수 있는 프레임워크를 제공한다.

- Foundation Framework : 배열, 스트링, 날짜 로우레벨 데이터 등에 관련된 클래스를 제공하는 기본적인 프레임워크이다. 위의 Core Foundation

에서 제공하는 기본 API들의 Objective-C 레퍼 클래스를 제공한다.

- UIKit Framework : 각종 컨트롤, 윈도우등의 UI, 이벤트 처리등 iPhone 어플리케이션의 사용자 인터페이스와 관련된 API를 제공하는 프레임워크이다.

폴더구조

그림 5-4 iOS 폴더구조

Hangeru Team.

3 모바일 포렌식 도구

Tool Name	Interface	Platform	제조사	License
MD Series	GUI	Windows	㈜GMD System	Commercial
XRY 시리즈	GUI	Windows	MSAB	Commercial
MPE+	GUI	Windows	Access Data	Commercial
Lantern	GUI	MAC	Katana Forensics	Commercial
iPhone Backup Browser	GUI	Windows	rene.devich	Opensource

MD Series	http://www.gmdsystem.com/index.php?mm_code=700&sm_code=716
XRY 시리즈	https://www.msab.com/products/
MPE+	http://accessdata.com/solutions/digital-forensics/mpe/capabilities
Lantern	http://shop.osxforensics.com/product.sc?productId=32&categoryId=9
iPhone Backup Browser	https://code.google.com/p/iphonebackupbrowser/

Part 03

디지털 증거종류

Chapter 10

시스템(OS)

학습목표

시스템 포렌식을 하기위한 과정으로 어디를 집중적으로 분석해야 하는지 알아보도록 한다.

1. Windows의 특징을 알아본다.
2. Mac의 특징을 알아본다.
3. 각 OS별 포렌식 과정을 알아본다.

시스템(OS) 챕터에서는 윈도우, 리눅스, 매킨토시에 대한 분석과정을 알아보기로 한다. 윈도우의 경우는 국내 유저의 대부분을 차지할 정도로 매우 널리 사용하고 있는 운영체제이다. 그에 반해 리눅스, 매킨토시의 경우는 사용자 수가 소수에 불과하지만 사건이 발생할 수 있는 여지가 항상 있으므로 분석방식을 알고 있는 것이 좋다. 리눅스의 경우는 서버운영에 주로 사용되므로 일반 유저들의 사용은 극소수에 불과하다. 그러나, 매킨토시의 경우 점점 사용자가 증가하고 있으므로 윈도우와 비교하였을 경우 생소하여 분석하기 어려움이 있지만 본 챕터에서 제시한 내용을 기반으로 분석할 경우 기본분석이 가능하므로 참고하여 분석에 활용하도록 하자.

1 윈도우 포렌식

윈도우 포렌식은 Registry부터 시작해야 한다. 윈도우는 모든 설정내용들이 Registry에 저장되어 있으므로 Registry만 잘 분석한다면 어떤 용도로 누가, 사용했는지 확인이 가능하다. 따라서, 우선적으로 Registry를 분석하고 그 뒤에 USB, E-mail, 어플리케이션 사용여부 등 분석방법을 논하도록 하겠다. 윈도우 레지스트리를 분석하기 위해서는 Live 분석과 Off-Live 분석이 존재한다. Live 분석을 하는 경우 PC가 동작하는 상태에서 분석하는 방식으로 일반적으로 사용하는 Regedit.exe, Regedt32.exe를 이용하여 분석하는 것을 의미한다.

Regedit.exe 실행화면

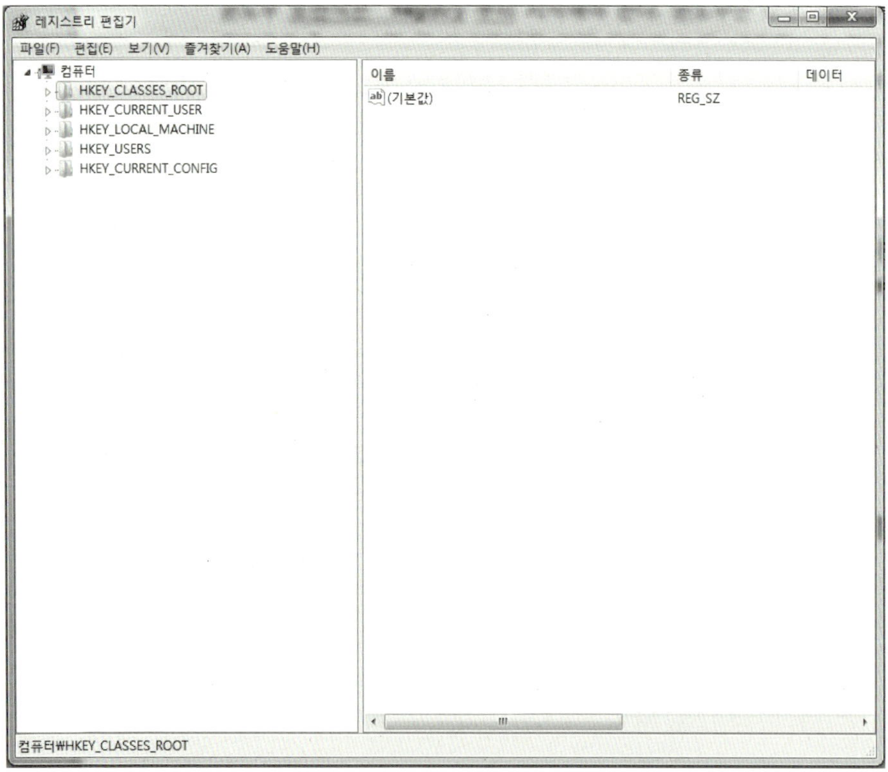

아래의 표와 같이 레지스트리는 키가 존재하는데 각 키의 의미는 다음과 같다.

레지스트리 키

루트키 종류	약 어	설 명
HKEY_LOCAL_MACHINE	HKLM	버스유형, 시스템 메모리, 장치 드라이버 및 시작 제어 데이터 같은 하드웨어 및 운영체제 데이터를 포함하여 로컬 컴퓨터 시스템에 대한 정보가 들어 있다.
HKEY_CLASSES_ROOT	HKCR	다양한 OLE기술 및 파일클래스 연결 데이터에서 사용하는 정보가 들어 있다. HKEY_LOCAL_MACHINE₩SOFTWARE₩ Classes 또는 HKEY_CURRENT_USER₩SOFTWARE₩Classes에 해당 키 또는 값이 있는 경우 특정 키 또는 값은 HKEY_CLASSES_ROOT에 있다. 키나 값이 양쪽 모두에 있으면 HKEY_CURR ENT_USER 버전은 HKEY_CLASSES_ROOT에 나타나는 버전이다.
HKEY_CURRENT_USER	HKCU	환경 변수, 바탕 화면 설정, 네트워크 연결, 프린터 및 프로그램 기본설정을 포함하여 현재 대화형으로 로그온한(원격 로그온과 대조) 사용자의 사용자 프로필이 들어 있다. 이 하위트리는 HKEY_USERS 하위 트리의 별칭이며 HKEY_USERS₩security ID of current user를 가리킨다.
HKEY_USERS	HKU	현재 로드된 사용자 프로필과 기본 프로필에 대한 정보가 들어 있다. 여기에는 HKEY_CURRENT_USER에도 나타나는 정보가 포함됩니다. 서버에 원격으로 액세스하는 사용자는 서버 상의 이 키에 프로파일을 가지지 않는다. 그러한 사용자들의 프로필은 자신의 컴퓨터에 있는 레지스트리로 로드된다.
HKEY_CURRENT_CONFIG	HKCC	시스템 시작 시 로컬 컴퓨터 시스템이 사용하는 하드웨어 프로필에 대한 내용이 들어 있다. 이 정보는 로드할 장치 드라이버와 사용할 디스플레이 해상도 같은 설정을 구성하는 데 사용된다. 이 하위 트리는 HKEY_LOCAL_MACHINE 하위 트리의 일부로HKEY_LOCAL_MACHINE₩SYSTEM₩CurrentControlSet₩Hardware Profiles₩Current를 가리킵니다.

출처: https://msdn.microsoft.com/ko-kr/library/cc776231(v=ws.10).aspx

Off-Live 분석방식은 Hive 파일을 분석하는 것으로 윈도우는 레지스트리 정보를 바로 반영하는 것이 아니라, Hive라는 파일로 임시 저장한 다음에 반영하는 방식으로 이뤄져 있다. 따라서, 윈도우 레지스트리를 분석할 경우에는 Hive파일도 같이 수집하여 분석하는 것이 좋다.

Hive 파일위치(%SystemRoot%₩System32₩Config)

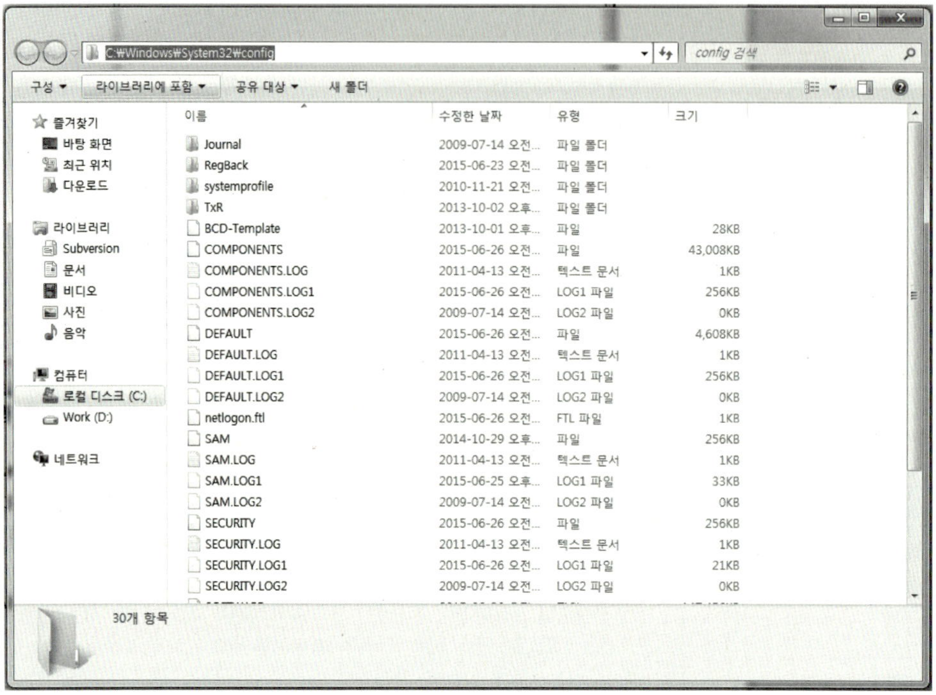

하이브 파일(.alt, .log, none, .sav)은 1개의 파일로 존재하는 것이 아니라 레지스트리의 키값 기준으로 분리되어 저장되고 있다.

Registry hive	Supporting files
HKEY_CURRENT_CONFIG	System, System.alt, System.log, System.sav
HKEY_CURRENT_USER	Ntuser.dat, Ntuser.dat.log
HKEY_LOCAL_MACHINE₩SAM	Sam, Sam.log, Sam.sav
HKEY_LOCAL_MACHINE₩Security	Security, Security.log, Security.sav
HKEY_LOCAL_MACHINE₩Software	Software, Software.log, Software.sav
HKEY_LOCAL_MACHINE₩System	System, System.alt, System.log, System.sav
HKEY_USERS₩.DEFAULT	Default, Default.log, Default.sav

출처: https://msdn.microsoft.com/ko-kr/library/windows/desktop/ms724877(v=vs.85).aspx

그럼 이제, 어떤 경로에 있는 레지스트리를 분석할지 정의를 해보도록 하자. 레지스트리에서 얻어야 하는 정보는 다양하지만 우선 아래의 정보를 중심으로 수집하도록 하겠다.

수집 정보	레지스트리 경로
PC 상세정보	HKLM₩SOFTWARE₩Microsoft₩Windows NT₩CurrentVersion
마지막 사용시간	HKLM₩SYSTEM₩ControlSet00X₩Control₩Windows
시간정보	HKLM₩SYSTEM₩ControlSet00X₩Control₩TimeZoneInformation
그림판 사용흔적	HKU₩{USER}₩SOFTWARE₩Microsoft₩Windows₩CurrentVersion₩Applets₩Paint₩Recent File List
워드패드 사용흔적	HKU₩{USER}₩SOFTWARE₩Microsoft₩Windows₩CurrentVersion₩Applets₩wordpad₩Recent File List
MS Office 사용흔적	–HKU₩{USER}₩SOFTWARE₩Microsoft₩Office₩{VERSION}₩{APP}₩Place MRU –HKU₩{USER}₩SOFTWARE₩Microsoft₩Office₩{VERSION}₩{APP}₩File MRU(Recent Files)
한글 사용 흔적	한글2005 - HKU₩{USER}₩SOFTWARE₩HNC₩Hwp₩6.5₩RecentFile한글2007 –HKU₩{USER}₩SOFTWARE₩HNC₩Hwp₩7.0₩HwpFrame₩RecentFile한글2010 - HKU₩{USER}₩SOFTWARE₩HNC₩Hwp₩8.0₩HwpFrame₩RecentFile
사용자 목록	–HKLM₩SAM₩SAM₩Domains₩Account₩Users₩{RID} –HKLM₩SOFTWARE₩Microsoft₩Windows NT₩CurrentVersion₩ProfileList₩{SID} –HKU₩{USER}₩SOFTWARE₩Microsoft₩Windows₩CurrentVersion₩Explorer₩Shell Folders
마지막 로그인 사용자	HKLM₩SOFTWARE₩Microsoft₩Windows NT₩CurrentVersion₩Winlogon
최근 열어본 파일	HKU₩{USER}₩SOFTWARE₩Microsoft₩Windows₩CurrentVersion₩Explorer₩RecentDocs
최근 실행한 명령	HKU₩{USER}₩SOFTWARE₩Microsoft₩Windows₩CurrentVersion₩Explorer₩RunMRU
최근 접근한 폴더	2000/XP - HKU₩{USER}₩SOFTWARE₩Microsoft₩Windows₩CurrentVersion₩Explorer₩ComDlg32₩LastVisitedMRUVista/7 HKU₩{USER}₩SOFTWARE₩Microsoft₩Windows₩CurrentVersion₩Explorer₩ComDlg32₩LastVisitedPidMRU
최근 읽거나 저장한 파일	2000/XP - HKU₩{USER}₩SOFTWARE₩Microsoft₩Windows₩CurrentVersion₩Explorer₩ComDlg32₩OpenSaveMRU Vista/7 - HKU₩{USER}₩SOFTWARE₩Microsoft₩Windows₩CurrentVersion₩Explorer₩ComDlg32₩OpenSavePidMRU

USB 사용흔적	-HKLM₩SYSTEM₩ControlSet00X₩Enum₩USBSTOR₩{DID, device class identifier} -HKLM₩SYSTEM₩ControlSet00X₩Control₩DeviceClasses₩{GUID} -HKLM₩SYSTEM₩ControlSet00X₩Enum₩USB -HKU₩{USER}₩Software₩Microsoft₩Windows₩CurrentVersion₩Explorer₩MountPoint2 -HKLM₩SYSTEM₩ControlSetXXX₩Enum₩USB₩VID_####&PID_####
연결된 저장장치	-HKLM₩SYSTEM₩MountedDevices
원격접속 흔적	-HKU₩{USER}₩SOFTWARE₩Microsoft₩Terminal Server Client₩Default
네트워크 드라이브	-HKU₩{USER}₩SOFTWARE₩Microsoft₩Windows₩CurrentVersion₩Explorer₩Map Network Drive MRU
감사정책	-HKLM₩SECURITY₩Policy₩PolAdtEv
이벤트 로그	-HKLM₩System₩ControlSet00X₩Services₩eventlog
공유폴더 목록	-HKLM₩SYSTEM₩ContolSet00X₩Services₩LanmanServer₩Shares
서비스/드라이버목록	-HKLM₩SYSTEM₩ContolSet00X₩Services₩{sub folder}
네트워크 카드 정보	-HKLM₩SOFTWARE₩Microsoft₩Windows NT₩CurrentVersion₩NetworkList
하드웨어 정보	-HKLM₩SYSTEM₩ControlSet00X₩Control₩Class -HKLM₩SYSTEM₩ControlSet00X₩Enum
IE 설정 정보	-HKU₩{USER}₩SOFTWARE₩Microsoft₩Internet Explorer₩Main -HKU₩{USER}₩SOFTWARE₩Microsoft₩Internet Explorer₩TypedURLs -HKU₩{USER}₩SOFTWARE₩Microsoft₩Internet Explorer
자동실행 목록	-HKLM₩Software₩Microsoft₩Windows₩CurrentVersion₩Runonce -HKLM₩Software₩Microsoft₩Windows₩CurrentVersion₩policies₩Explorer₩Run -HKLM₩Software₩Microsoft₩Windows₩CurrentVersion₩Run -HKCU₩Software₩Microsoft₩WindowsNT₩CurrentVersion₩Windows₩Run -HKCU₩Software₩Microsoft₩Windows₩CurrentVersion₩Run -HKCU₩Software₩Microsoft₩Windows₩CurrentVersion₩RunOnce -(ProfilePath)₩Start Menu₩Programs₩Startup
스케줄러	2000/XP -HKLM₩SOFTWARE₩Policies₩Microsoft₩Windows₩Task Scheduler5.0 Vista/7 -HKLM₩SOFTWARE₩Microsoft₩Windows NT₩CurrentVersion₩Schedule₩TaskCache₩Tasks

우선 위 표를 기반으로 포렌식을 하기 전에 레지스트리의 구조를 이해해야 한다. 레지스트리는 Key, Value, Data Type, Data로 구분이 된다.

레지스트리 구조

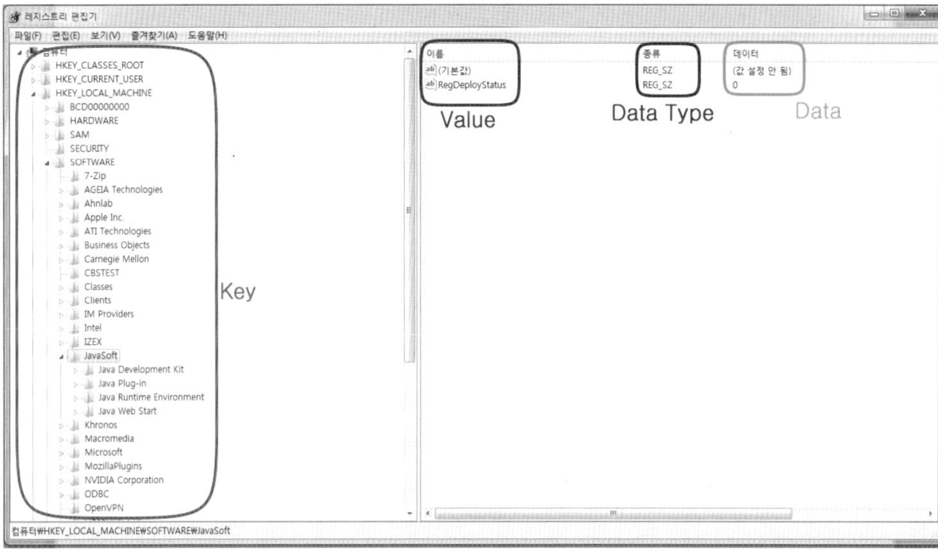

위에서 언급한 그림에서는 레지스트리의 Key와 Value가 포함되어 있다. 따라서, 분석을 진행할 경우 위 그림을 기반으로 분석하고 싶은 레지스트리를 찾아 가면 된다.

예로, USB 사용흔적을 찾아 보도록 하자.

USB 사용 흔적	-HKLM₩SYSTEM₩ControlSet00X₩Enum₩USBSTOR₩{DID, device class identifier} -HKLM₩SYSTEM₩ControlSet00X₩Control₩DeviceClasses₩{GUID} -HKLM₩SYSTEM₩ControlSet00X₩Enum₩USB -HKU₩{USER}₩Software₩Microsoft₩Windows₩CurrentVersion₩Explorer₩MountPoint2 -HKLM₩SYSTEM₩ControlSetXXX₩Enum₩USB₩VID_####&PID_####

USB사용 흔적의 첫 번째 HKLM\SYSTEM\ControlSet00X\Enum\USBSTOR\ {DID, device class identifier}를 따라가면 다음과 같다.

USB 흔적 포렌식

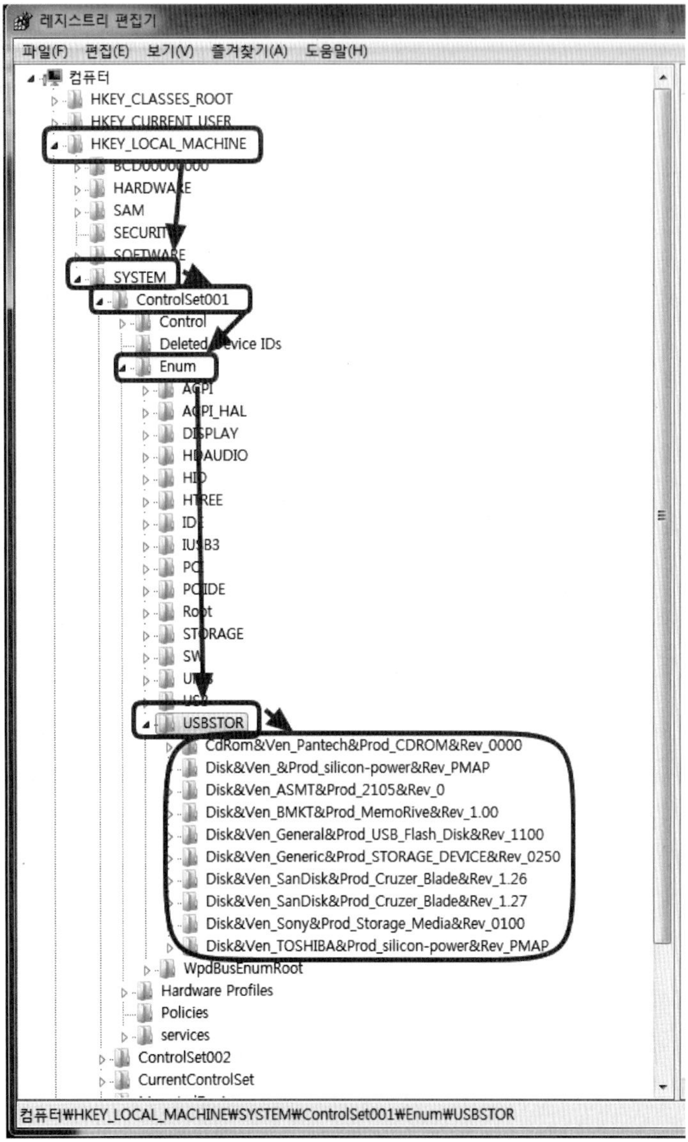

출처: HKEY_LOCAL_MACHINE₩SYSTEM₩ControlSet001₩Enum₩USBSTOR

위와 같이 표에 정리된 레지스트리를 찾아가서 윈도우 시스템분석을 진행하면 된다.

우선 많은 것을 하려고 하지말고 레지스트리의 어느 부분에 무엇이 있다 정보만 알고 향후 추가로 공부를 진행하는 것을 추천한다.

※ 레지스트리만 분석하는 것으로 한 권의 책으로 만들 수 있다. 따라서, 다 하려고 하지말고 하나씩 찾아가면서 배우는 방식으로 공부를 진행하길 바란다.

2 리눅스 포렌식

리눅스를 기반으로 개인업무를 하는 사람은 극히 드물다. 하지만, 서버를 운영하는데 있어서 리눅스는 안정적이고 적은 비용으로 운영할 수 있어 기업에서는 서버로 이용하고 있다. 그러나, 요즘은 비용이 많이 추가되더라도 리눅스보단 윈도우를 사용하고 있는 추세이다.

리눅스의 포렌식을 하기 전 몇 가지 리눅스 명령어를 알고 포렌식을 진행하면 수월할 것이다. 아래의 명령어는 최소한의 기초 명령어이므로 꼭 숙지하고 리눅스 포렌식을 진행하길 바란다.

명령어	설 명
ls-sla	DOS에서의 dir와 같은 명령어로 디렉토리, 파일목록, 권한, 생성자 등의 정보를 보여주는 명령어
lastlog	마지막 로그인 정보
grep [문자열]	파일내부의 [문자열] 검색해주는 명령어
find/-name[파일명] 2>/dev/null	파일명을 검색하는 명령어로 2>/dev/null을 할 경우 쓰레기 값을 검색과정을 제거하고 결과만 보이게 하는 옵션이다.
netstat-na	현재 사용하는 포트와 네트워크 상태, 동작하는 데몬을 나타내는 명령어
cat [피일명]	파일을 읽어 하면에 출력하는 명령어
more	화면단위로 끊어서 보여주는 명령어

위 명령어의 특정옵션을 사용할 경우 보다 효과적으로 사용할 수 있다. 따라서 아래의 그림과 같이 각 명령어의 특정옵션을 적용하여 확인해보자.

ls	ls -sla
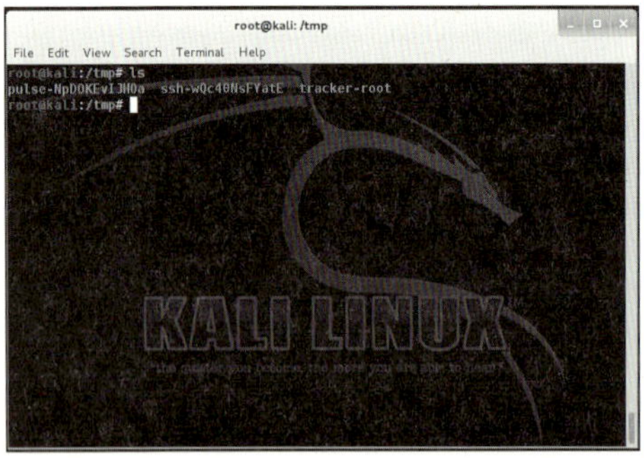	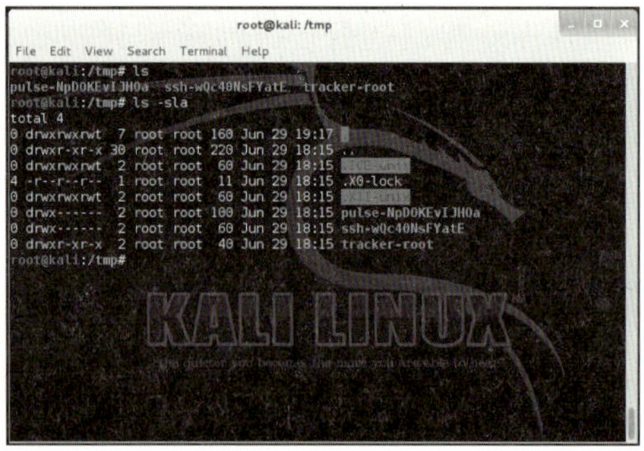

"ls -sla"를 할 경우 숨겨진 파일 및 권한, 사이즈, 생성된 일시를 확인할 수 있다. 파일의 이상 유무를 체크할 수 있는 명령어이다.

> ※ 파일의 이상 유무라 함은 nobody 권한으로만 생성되는 폴더에 root 권한으로 파일이 생성된 흔적을 발견한다던지, 특정 개인폴더에 root 권한으로 파일이 생성되었거나 다른 권한으로 생성된 파일이 있는지 유무를 판단하는데 도움이 된다.

이제 위에서 언급한 최소 리눅스 명령어를 기반으로 아래의 리눅스 포렌식 정보를 검색해보자. 리눅스도 윈도우와 같이 정해진 폴더에 파일을 분석하여 해당 서버상태를 확인할 수 있다.

수집 정보	경 로
시스템 정보	/etc/localtime /etc/issue /etc/inittab /etc/mtab, /etc/fstab
시스템 로그	/var/log/* /var/log/lastlog /var/log/wtmp /var/log/utmp
계정정보	/etc/passwd /etc/shadow /etc/group /etc/profile $HOME
Job Schedule	/etc/crontab /etc/cron.d /etc/cron.daily /etc/cron.hourly /etc/corn.monthly /etc/cron.weekly
Shared Network	/etc/samba/lmhosts /etc/samba/smb.conf /etc/smbusers /etc/mtab
History of Users	$HOME/.bash_history $HOME/.history $HOME/.sh_history
Web Browser History	$HOME/.mozilla/firefox/*.default/Cache, $HOME/.mozilla/firefox/*.default/thumbnails/ $HOME/.mozilla/firefox/*.default/cookies.* $HOME/.mozilla/firefox/*.default/downloads.splite $HOME/.mozilla/firefox/*.default/sessionstore.js $HOME/.mozilla/firefox/*.default/search.json
Evidence of Start Setup	/etc/inittab /etc/rc.d /etc/rc#.d /etc/init.d

3 매킨토시(Macintosh) 포렌식

매킨토시의 분석방식은 리눅스와 마찬가지로 실행 명령어를 알고 있어야 한다. 하지만, 리눅스와 같이 명령어를 지원하므로 리눅스 명령어만으로도 분석이 가능하니 이점 참고하여 매킨토시 포렌식을 진행하도록 하자.

매킨토시에서 분석할 내용은 아래 표와 같다. 쉽게 이해할 수 있도록 윈도우 포렌식에서 언급한 내용을 같이 비교하여 분석할 수 있도록 하였다.

Info	Mac
AutoRun	[user folder]/Library/Preferences/com.apple.loginitems.plist
Recently Items	user folder Library/ Preferences/ com.apple.recentitems.plist
Wireless	root/Library/Preferences/SystemConfiguration/com.apple.airport.preferences.plist root/Library/Preferences/SystemConfiguration/com.apple.network.indentification.plist
USB and Mounted Devices	[user folder]/ Library/Preferences/com.apple.finder.plist
Native Browser	[user folder]/Library/Caches/Safari
	[user folder]/Library/Safari/
Software	[user folder]/Library/Application Support

출처: Apple Property List: Comparing the Mac OS X Property List to the Windows Registry –http://www.macforensicslab.com/ProductsAndServices/index.php?main_page=document_general_info&cPath=11&products_id=271]

Chapter 11

디스크 이미지 분석

학습 목표

저장매체의 분석과정과 분석을 위해 사용하는 프로그램을 숙지하도록 하자

1. 저장매체의 종류를 알아본다.
2. 각 저장매체분석을 위한 프로그램의 종류를 알아본다.
3. 저장매체분석과정을 숙지한다.

이제 운영체제에서 사용한 흔적을 찾았으니, 디스크에서 지워진 흔적을 찾는 방법을 알아보자. 운영체제는 레지스트리 기반의 분석이고, 하드디스크와 같은 저장매체는 이미지 기반의 분석이다. 저장매체의 포렌식은 전원을 제공하는 순간 데이터 변형이 이뤄질 수 있다는 치명적인 단점이 있다. 따라서, 전원을 제공하더라도 데이터 변형이 이뤄지지 않도록 쓰기방지 장치를 이용하여 이미지를 저장매체를 복사를 하여, 사본으로 분석을 진행해야 한다.

사본을 이용하는 이유는 원본의 경우 변조가 일어날 경우 증거로 사용할 수 없으므로 분석중간에 변조를 미연에 방지하기 위하여 사본을 이용하여 분석을 진행한다. 그리고, 사본을 만들었을 때 원본과 해쉬값이 동일한지 유무를 반드시 체크해야 한다. 만약 해쉬값이 틀리다면 다시 사본을 만들어야 한다. 복사 중에 변조가 발생 한 것이므로 반드시 해쉬값이 변경되지 않은 상태의

그림 7-1 저장매체 복사 및 쓰기방지장치

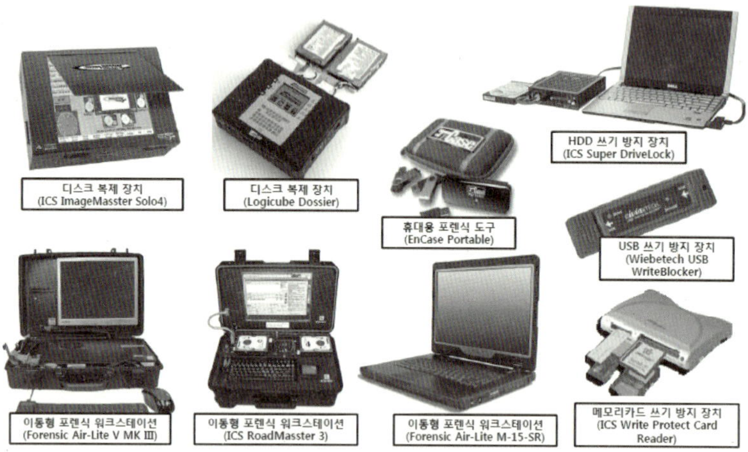

출처: 디지털 증거 수집 기술, UCS Lab 박종혁

사본 이미지를 이용하여 분석을 진행해야 한다.

저장매체에 대한 사본복사가 이뤄졌다면 이제는 복사 된 이미지를 분석해야 한다. 이미지를 분석하는 과정을 언급하기전에 우선 저장매체의 종류를 알아보자.

1 저장매체의 종류

저장매체는 크게 주기억 장치와 보조기억 장치로 나눌 수 있다. 주기억 장치는 PC내부에서 사용하는 장치로 PC에서의 연산처리를 담당하는 장치이다. 보조기억 장치의 경우는 하드디스크, USB, 광학디스크 등이 이에 속한다.

용 도	종 류
주기억 장치	RAM, ROM
보조기억 장치	하드디스크, USB, 광학디스크, DVD, CD, 자기 테이프 등

7장에서는 주기억 장치분석은 다루지 않고 보조기억 장치 중 하드디스크 분석을 중점적으로 다룰 예정이다. 하드디스크 분석은 포렌식에서 가장 많이 다뤄지고 있으며, 쉽게 접할 수 있기에 선택하였다.

2 하드디스크 이미지 분석

(1) 하드디스크 이미지 생성

증거로 획득한 하드디스크가 존재한다면 하드디스크 방지를 위하여 이미지를 만들어야 한다. 하드디스크 이미지를 생성하는 방법은 두 가지가 존재한다. 하나는 하드웨어를 이용한 이미지 생성과 소프트웨어를 이용한 이미지 생성이다. 하드웨어를 이용한 이미지 생성은 하드웨어적으로 파일입·출력을 차단하고 있으므로 위변조에 있어서 안정적으로 이미지 생성을 할 수 있고, 동시에 2개 이상의 사본을 생성할 수 있으며, 복사하는 과정에서도 다중의 업무를 처리할 수 있다는 장점을 가지고 있다. 단점으로는 원본보다 크거나, 동일한 사본 저장매체가 필요하다. 그로 인하여 사본 저장매체의 낭비가 발생하며, 사본 저장매체와 동일한 불량섹터도 같이 복사가 되므로 사본 저장매체의 이상이 발생할 수 있다. 최대의 단점으로는 사본 저장매체의 완전삭제(wiping)를 반드시 해야 한다. 분석과정에서 원본에 있는 내용인지 아니면 사본에서 사용했던 데이터인지 구분이 불가하기 때문에 반드시 완전삭제로 사본 저장매체를 완벽하게 지워야 한다.

그에 반해, 소프트웨어를 이용한 이미지 생성방식은 완전삭제가 필요없으며, 여러 개의 이미지를 생성할 수 있어 공유가 가능하다. 또한, 저장매체의 용량제약이 없어 사본 저장매체의 용량낭비를 최소화 할 수 있다. 단점으로는 이미지 생성하는 과정에서의 압축을 하지 않을 경우 원본 저장매체의 용량보다 생성된 이미지의 용량이 커질 수 있다. 이미지하는 과정에서는 다중의 작업을 할 경우 영향을 줄 수 있으므로 이미지 생성을 수행하는 장비에서는 멀티작업을 피해야 한다. 또한, 복사과정에서 설정을 실수로 원본 데이터의 손상이 발생할 수 있다. 즉, 읽기권한으로 원본 저장매체를 연결해야 하는데 그렇지 않을 경우 또는 쓰기방지장치를 연결하지 않고 이미리를 생성할 경우 원본 저장매체의 손상이 발생할 수도 있으므로 신중하게 이미지 소프트웨어를 사용해야 한다.

제품명	플랫폼	제조사	라이선스
FTK Imager	윈도우	AccessData	무료
Tableau Imager	윈도우	TABLEAU	무료
EnCase winacq	윈도우	Guidance Software	상용/무료
dd	리눅스/윈도우	OpenSource	무료
ProDiscovery	리눅스	Arcgroupny	상용

출처: http://forensicswiki.org/wiki/Category:Disk_Imaging

언급한 이미지도구 중 FTK Imager를 이용하여 하드디스크 이미지하는 방법을 알아보도록 하겠다.

1) 홈페이지 접속(http://accessdata.com/product-download)

그림 7-2 AccessData 홈페이지 접속 FTK Imager다운

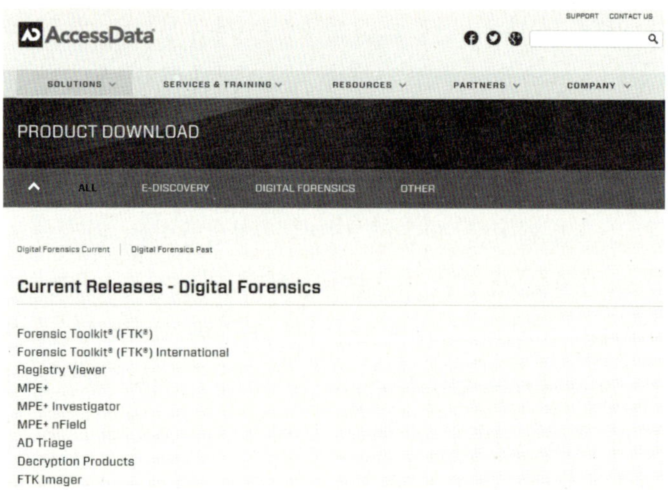

2) 설치완료 후 FTK Imager실행

그림 7-3 FTK Imager실행

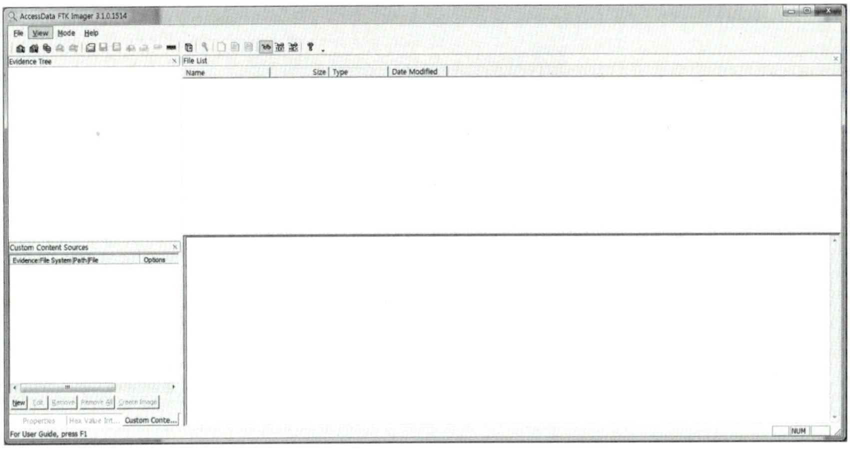

3) 물리적 디스크 선택

그림 7-4 물리디스크 선택

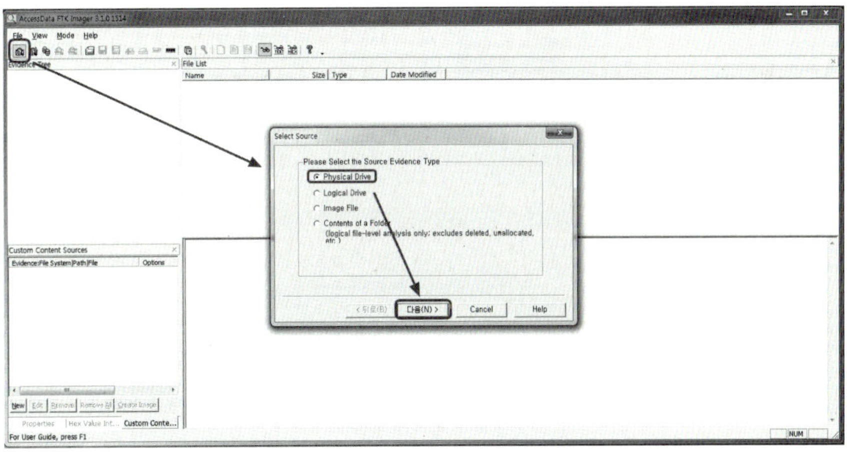

물리적 디스크를 선택할 경우 하드디스크에 대한 전체 이미지를 생성할 수 있고, 그렇지 않을 경우 드라이브 당 이미지도 가능하다. Logical Drive를 선택

할 경우 다음과 같이 C:\, D:\ 등을 선택하여 이미지할 수 있다.

그밖에도 생성된 이미지 파일을 읽는 방식인 Image File, Contents of a Folder 방식이 있으므로 상황에 맞게 선택하여 포렌식을 진행하길 바란다.

그림 7-5 논리디스크 선택

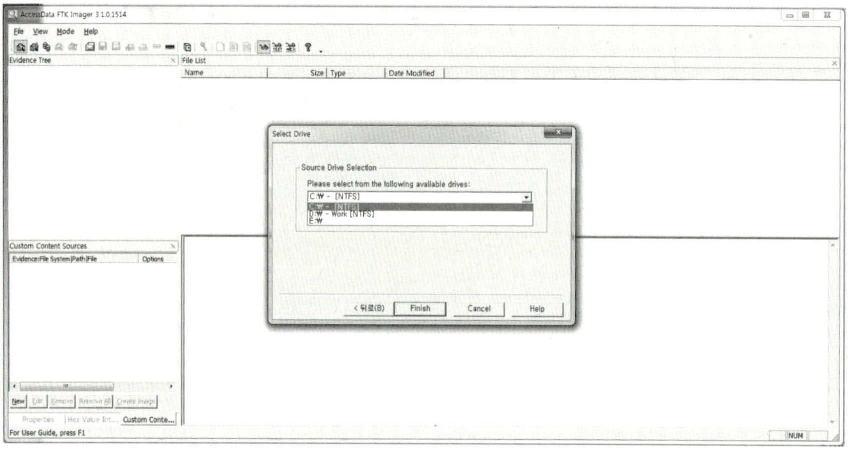

4) 물리디스크 선택이후 이미지

그림 7-6 물리디스크 선택

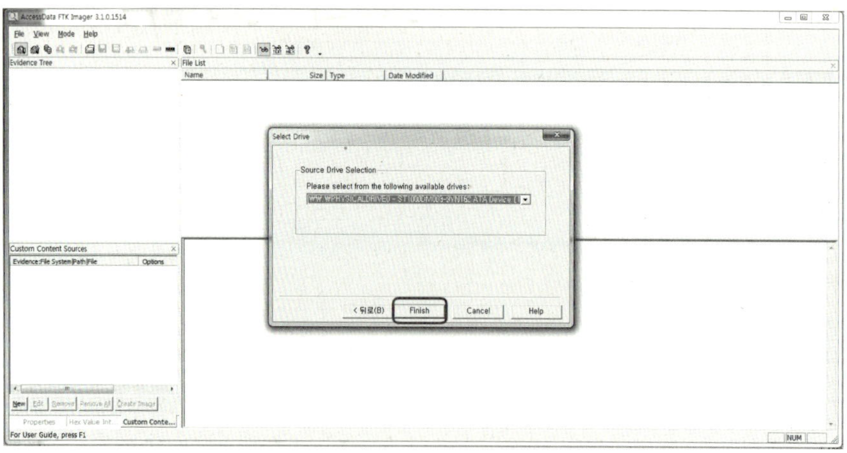

선택이 완료되면 왼쪽 Evidence Tree 화면에 물리디스크에 대한 정보들이 Tree로 만들어진다.

그림 7-7 물리디스크 정보로딩 완료된 화면

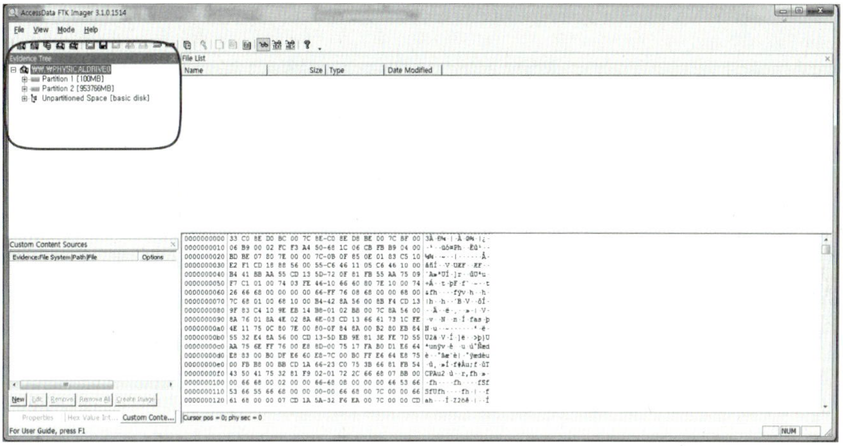

해당 화면에서 이미지를 생성하기 위해서는 이미지를 생성하고 싶은 물리디스크 정보에서 오른쪽 버튼을 눌러 이미지 생성을 선택한다.

그림 7-8 Export Disk Image선택

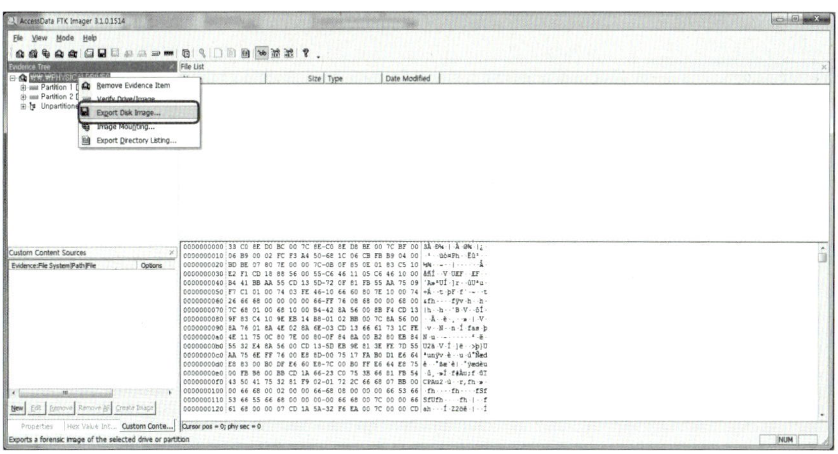

Export하고 싶은 디스크를 선택한 후 아래와 같이 Add를 선택한다.

그림 7-9 이미지 생성방식설정

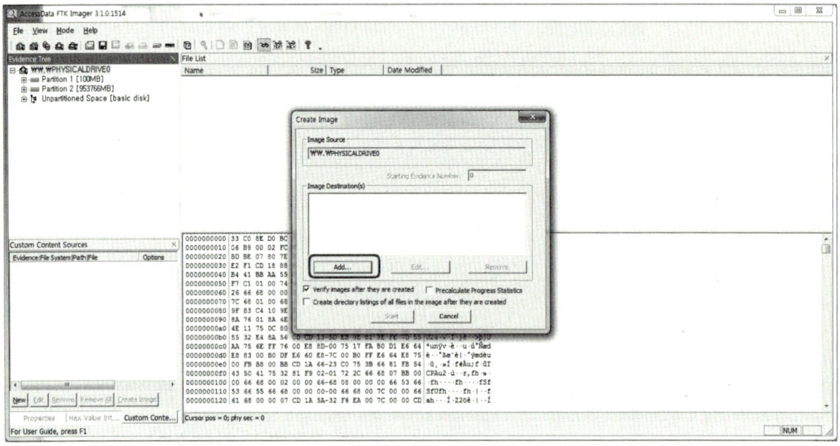

어떤 방식으로 이미지를 생성할 것인지를 선택하게 된다. 대체로 dd방식을 이용한다. 그 이유는 가장 많이 지원하는 이미지 포멧이기 때문에 dd방식을 선택하는 것을 추천한다.

그림 7-10 Raw(DD) 이미지 추출방식선택

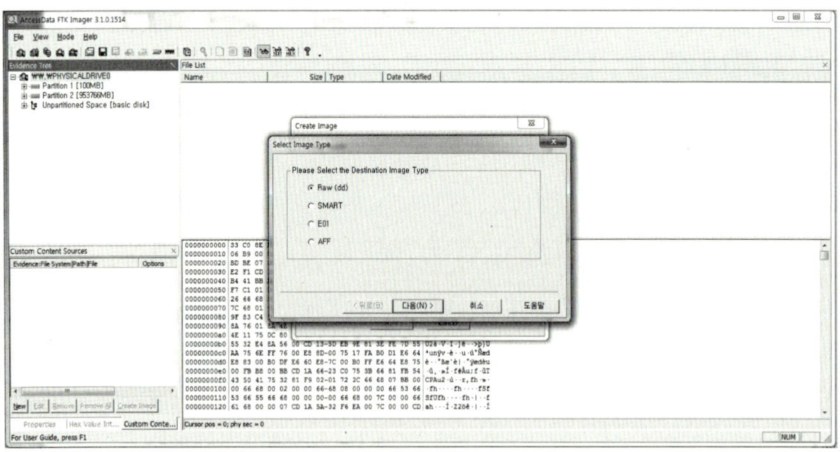

이젠 어떤 물리디스크의 이미지를 생성할 것이며, 어떤 방식으로 만들것인지에 대한 선택이 완료되었다. 이후엔 해당 이미지가 어떤 사건인지에 대한 설명을 기입하는 창을 볼 수 있다.

그림 7-11 사건정보기입

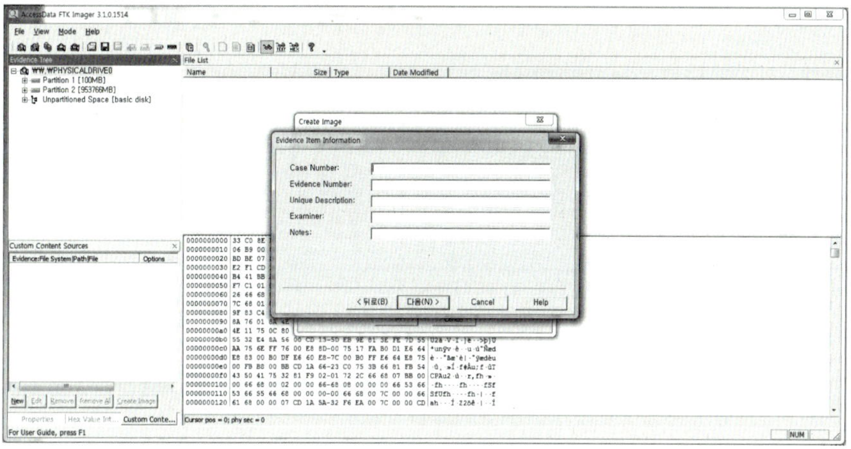

사건정보에 대한 부분은 임의로 생성하는 것이므로 본인이 생각하는 사건에 대한 정보를 기입하기 바란다.

그림 7-12 사건정보 기록 예시

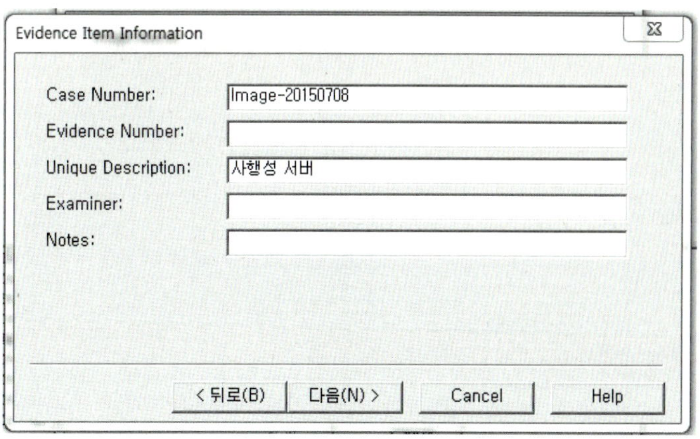

이후, 다음을 누르게 되면 어디에 이미지를 저장할 지를 선택하게 된다. 해당 폴더와 파일을 설정하게 되면 이미지생성 설정작업이 완료된다.

그림 7-13 Image 생성위치 및 파일명 지정

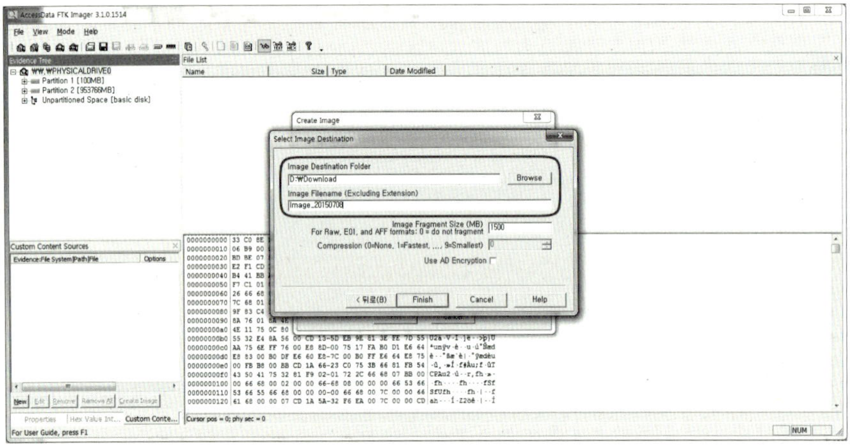

설정이 끝나면, [그림 7-9]에서 비활성화된 Start버튼이 활성화되게 된다. Start버튼을 클릭하게 되면 이미지를 생성하게 된다.

그림 7-14 이미지 설정완료

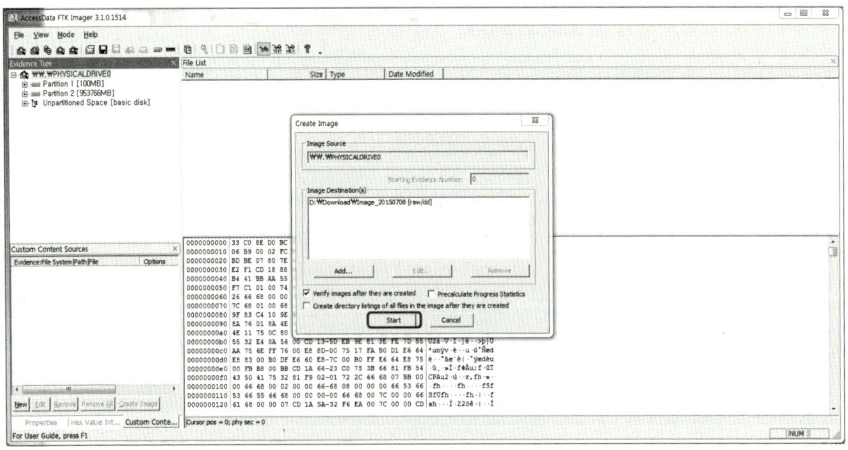

그림 7-15 이미지 생성시작

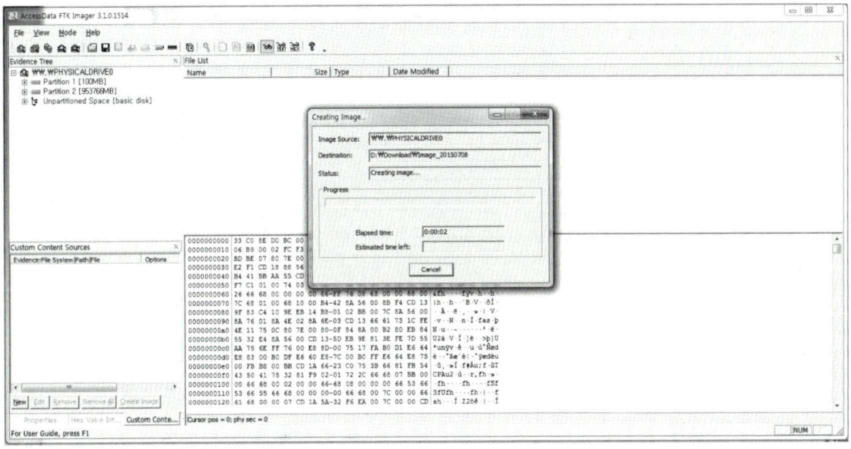

이미지 파일을 생성하는 용량이 충분하지 않을 경우 다음과 같은 메시지가 발생하므로 반드시 이미지 생성하는 용량보다 큰 저장공간을 확보하여 이미지를 생성하길 바란다.

그림 7-16 용량부족 알림창

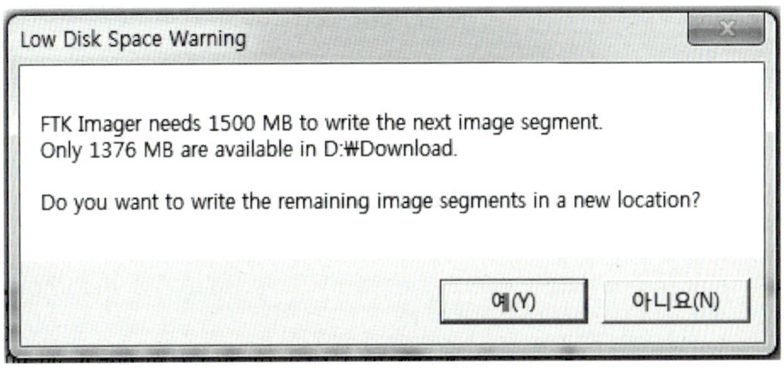

완료가 될 경우 지정된 폴더에 아래와 같은 파일이 생성된다.

그림 7-17 생성된 이미지 파일들

Image_20150708.001	2015-07-08 오후...	Ā	1,536,000...
Image_20150708.001.txt	2015-07-08 오후...	텍스트 문서	12KB
Image_20150708.002	2015-07-08 오후...	002 파일	1,536,000...
Image_20150708.003	2015-07-08 오후...	003 파일	1,536,000...
Image_20150708.004	2015-07-08 오후...	004 파일	1,536,000...
Image_20150708.005	2015-07-08 오후...	005 파일	1,536,000...
Image_20150708.006	2015-07-08 오후...	006 파일	1,536,000...
Image_20150708.007	2015-07-08 오후...	007 파일	1,536,000...
Image_20150708.008	2015-07-08 오후...	008 파일	1,536,000...
Image_20150708.009	2015-07-08 오후...	009 파일	1,536,000...
Image_20150708.010	2015-07-08 오후...	010 파일	1,536,000...
Image_20150708.011	2015-07-08 오후...	011 파일	1,536,000...
Image_20150708.012	2015-07-08 오후...	012 파일	1,536,000...
Image_20150708.013	2015-07-08 오후...	013 파일	1,536,000...
Image_20150708.014	2015-07-08 오후...	014 파일	1,536,000...
Image_20150708.015	2015-07-08 오후...	015 파일	1,536,000...
Image_20150708.016	2015-07-08 오후...	016 파일	1,536,000...
Image_20150708.017	2015-07-08 오후...	017 파일	1,536,000...
Image_20150708.018	2015-07-08 오후...	018 파일	1,536,000...
Image_20150708.019	2015-07-08 오후...	019 파일	1,536,000...
Image_20150708.020	2015-07-08 오후...	020 파일	1,536,000...
Image_20150708.021	2015-07-08 오후...	021 파일	1,536,000...

용량은 1.5G 단위로 생성하게 옵션으로 선택하였기 때문에 1.5G 단위로 이미지가 생성되었다. 또한, Image_20150708.001.txt파일은 FTK버전과 생성된 폴더경로 등이 기록되어 있다.

표 7-1 Image_20150708.001.txt 내용

```
NOTICE: The imaging operation was cancelled!  This image is incomplete!

Created By AccessData® FTK® Imager 3.1.0.1514

Case Information:
Acquired using: ADI3.1.0.1514
Case Number: Image-20150708
Evidence Number:
Unique description: 사행성 서버
Examiner:
Notes:

------------------------------------------------------------
```

```
Information for D:₩Download₩Image_20150708:

Physical Evidentiary Item (Source) Information:
[Drive Geometry]
 Cylinders: 121,601
 Tracks per Cylinder: 255
 Sectors per Track: 63
 Bytes per Sector: 512
 Sector Count: 1,953,525,168
[Physical Drive Information]
 Drive Model: ST1000DM003-9YN162 ATA Device
 Drive Serial Number:              Z1D10D65
 Drive Interface Type: IDE
 Source data size: 953869 MB
 Sector count:    1953525168
[Computed Hashes]
 MD5 checksum:    ac83f8674f5d2e39b2cc17a663e3c604
 SHA1 checksum:   451b6c7b14d27ce87e1613e449cdd3ff11fa99c4

Image Information:
 Acquisition started:   Wed Jul 08 14:28:05 2015
 Acquisition finished:  Wed Jul 08 17:14:06 2015
 Segment list:
  D:₩Download₩Image_20150708.001
  D:₩Download₩Image_20150708.002
  D:₩Download₩Image_20150708.003
  D:₩Download₩Image_20150708.004
  ......................................
```

(2) 하드디스크 이미지 읽기

① 논리드라이브 형태의 이미지 Mount

하드디스크의 이미지의 생성이 완료되었다면, 이젠 생성된 이미지를 읽어서, 분석하는 방법을 알아보도록 하자.

FTK를 실행시킨 이후, File → Imaging Mounting을 선택한다.

그림 7-18 Image Mounting…. 선택

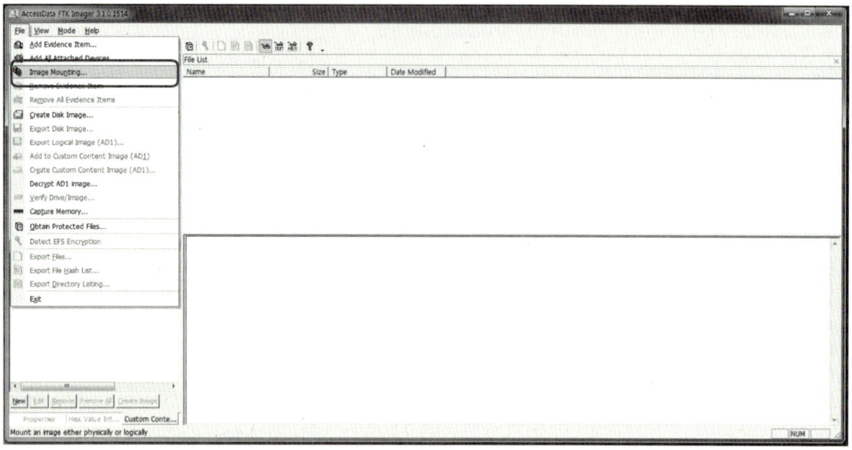

이후 생성된 이미지 파일을 선택한다. 이미지 파일은 첫 번째 파일을 선택하면 된다. 예시에서는 Image_20150708.001 파일을 선택하였다.

그림 7-19 Image Mount

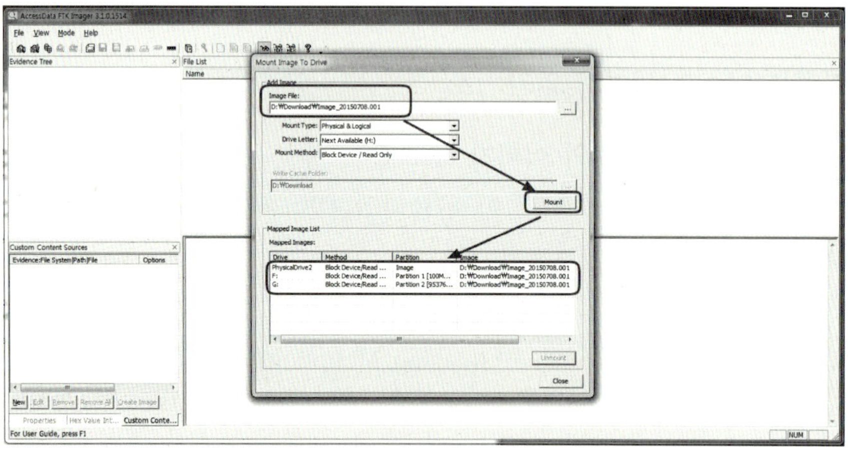

경로를 선택하고 Mount 버튼을 클릭하면 Mapped Image List에 추가된다. 추가된 리스트가 나오게 되면 윈도우 탐색기에서 해당 드라이브를 볼 수 있다.

그림 7-20 Image Mount 성공 시 논리드라이브 추가

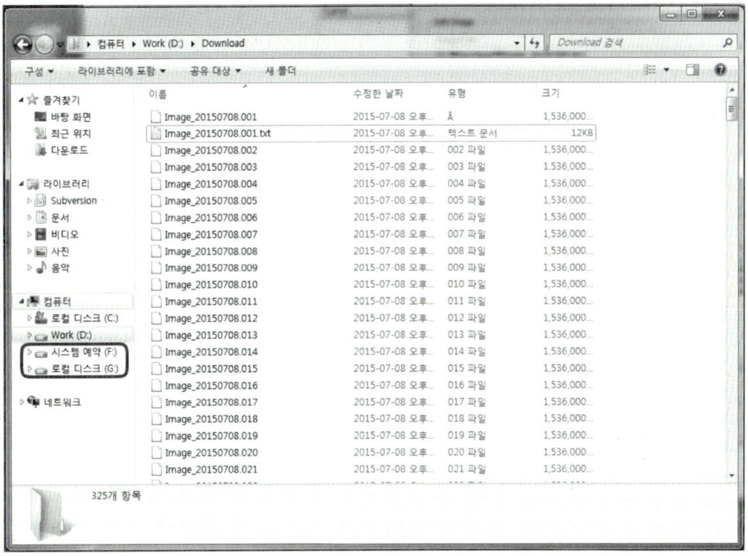

이제 분석을 진행하면 된다.

② **FTK에서 이미지 Mount**

위에서 확인한 방법은 Windows 탐색기를 활용하여 분석하는 경우 사용하는 방식이다. 만약, Windows 탐색기를 사용하지 않고 Image만 Load하고 싶다면 다음과 같이 진행하면 된다.

그림 7-21 Add Evidence Item… 이용한 Image Mount

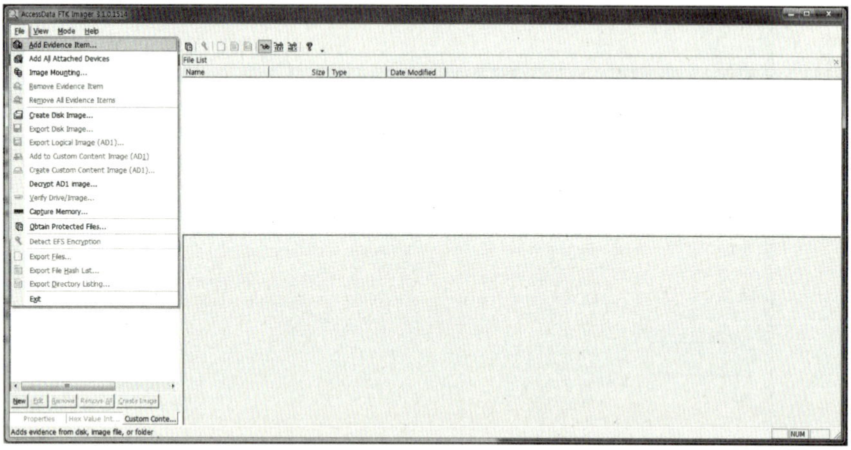

Add Evidence Item을 선택할 경우 Image를 생성할 때와 같은 창이 나타나게 된다. 이번에는 Image파일을 Load하는 것이므로 Image파일을 선택한다.

그림 7-22 Image File선택

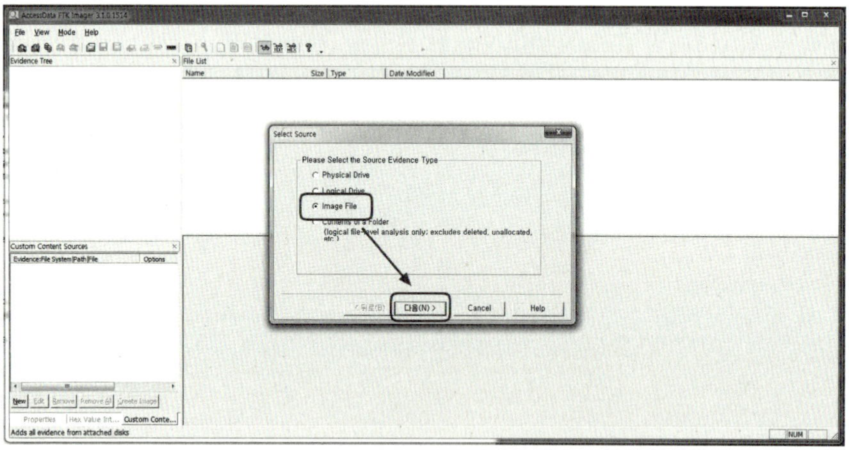

선택하였다면, Windows 탐색기를 이용한 방법과 마찬가지로 Image가 저장된 위치를 지정한다.

그림 7-23 Image Path 지정

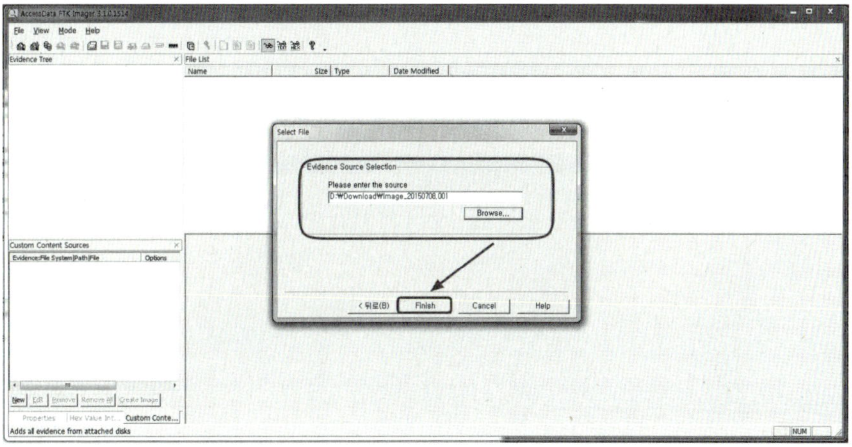

그럼 이미지가 Load가 완료된다. Windows 탐색기를 이용한 방법과 다르게 Image Load방식은 Evidence Tree에 추가된다.

그림 7-24 Image Load 완료

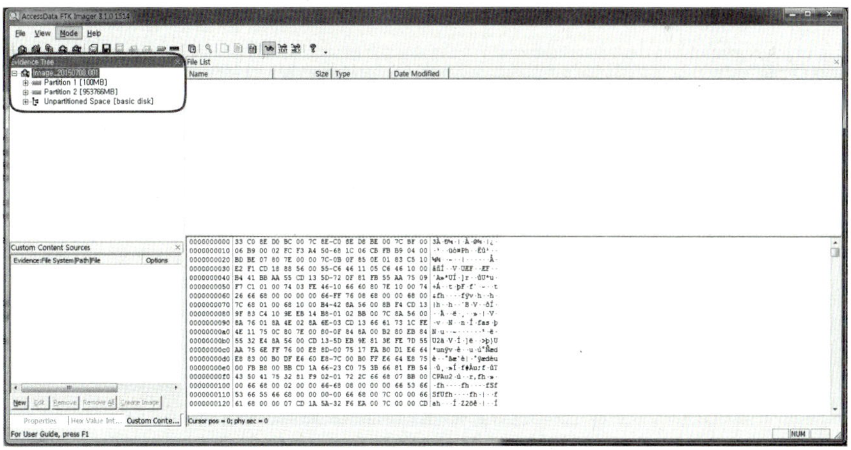

(3) 내부 파일분석 및 삭제된 파일분석

Image Load가 완료되면 해당 이미지는 파티션 별로 내용을 나타낸다. 예시로 사용된 이미지는 Windows 운영에 필요한 시스템예약 파티션과 C드라이브 2개의 논리드라이브를 갖는다(즉, 파티션이 2개로 나눠져 있다).

그림 7-25 이미지에 존재하는 파티션 정보

각 파티션 별로는 [root], [unallocated space], [orphan]이 보이게 된다.

폴 더	설 명
[root]	현재 사용중인 폴더 및 파일리스트
[unallocated space]	삭제되거나 임시파일의 목록
[orphan]	FTK에서 찾은 폴더 및 파일리스트

따라서, 현재 논리드라이브에 존재한 폴더 및 파일을 분석하기 위해서는 [root]폴더를 분석한다.

그림 7-26 [root] 폴더내부

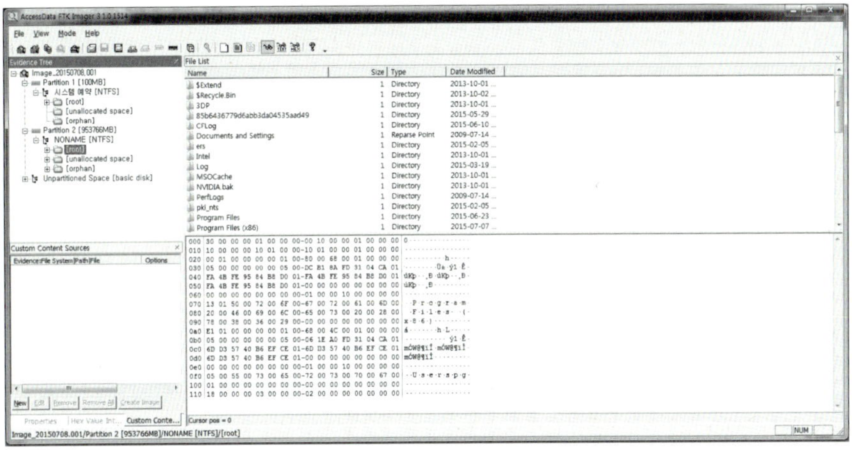

삭제된 폴더, 파일에 대한 내용을 분석하기 위해서는 [unallocated space]를 분석한다.

그림 7-27 [unallocated space] 폴더내부

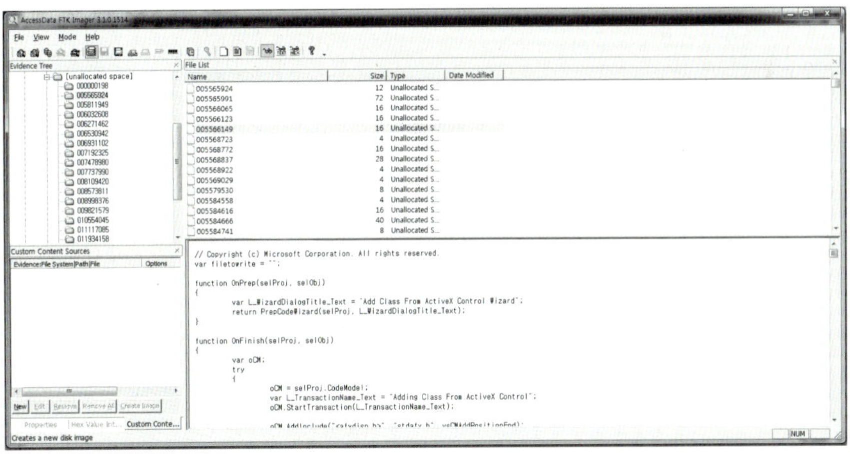

마지막으로, 발견되지 않은 정보가 있다고 하면 [orphan]을 통해서 분석을 진행하면 된다.

그림 7-28 [orphan] 폴더내부

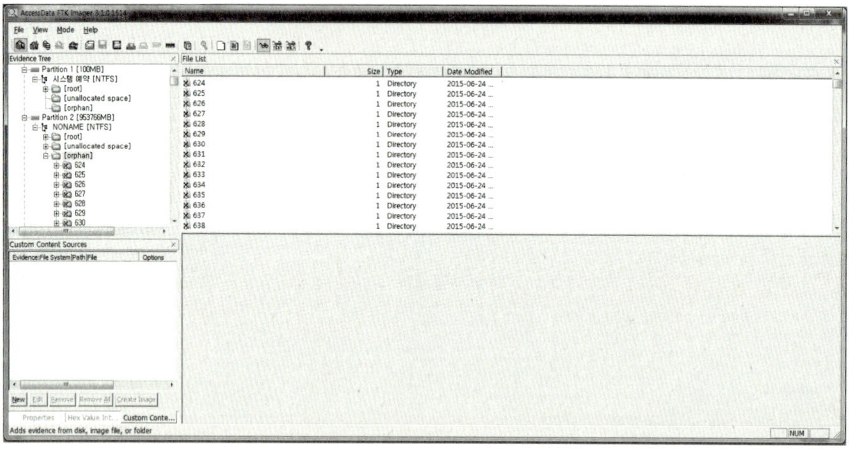

추가적으로, 현재 이미지에 포함된 모든 폴더를 추출하기 위해서는 아래와 같이 Export Directory Listing을 진행하면 된다.

그림 7-29 파티션 내 파일목록 추출

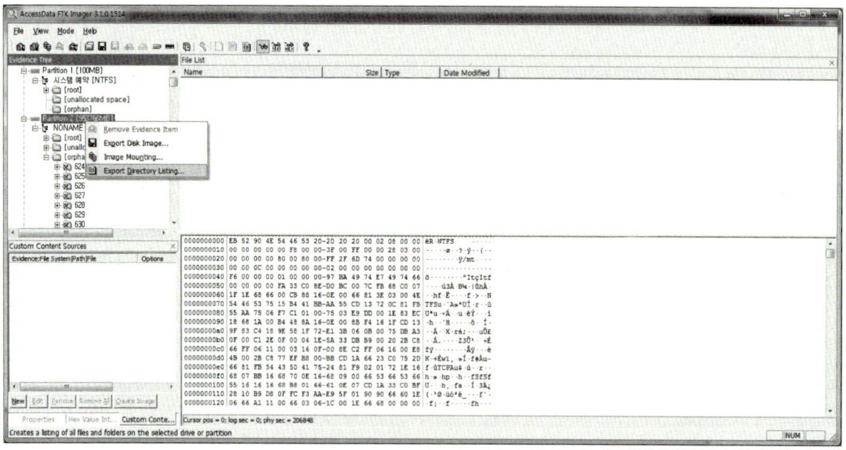

파일목록을 추출하고 싶은 파티션을 선택하고 오른쪽 버튼을 누르면, [그림 7-29]와 같이 메뉴가 나타난다. 추출하는데 시간이 다소 소요되긴 하나 모

든 폴더에 들어가서 어떤 파일이 있는지 체크하지 않아도 위 기능을 이용할 경우 확인이 가능하다.

그림 7-30 추출된 파일목록

	A	B	C	D	E	F	G
1	Filename	Full Path	Size (byte:	Created	Modified	Accessed	Is Deleted
2	[root]	NONAME	288	2009-Jul-1	2015-Jul-0	2015-Jul-0	no
3	[unallocated space]	NONAME	0				no
4	[orphan]	NONAME	0				no
5	file system slack	NONAME	3584				no
6	backup boot sector	NONAME	512				no
7	$I30	NONAME	12288	2009-Jul-1	2015-Jul-0	2015-Jul-0	no
8	$TXF_DATA	NONAME	56	2009-Jul-1	2015-Jul-0	2015-Jul-0	no
9	$AttrDef	NONAME	2560	2013-Oct-	2013-Oct-	2013-Oct-	no
10	$BadClus	NONAME	0	2013-Oct-	2013-Oct-	2013-Oct-	no
11	$Bitmap	NONAME	30520512	2013-Oct-	2013-Oct-	2013-Oct-	no
12	$Boot	NONAME	8192	2013-Oct-	2013-Oct-	2013-Oct-	no
13	$Extend	NONAME	552	2013-Oct-	2013-Oct-	2013-Oct-	no
14	$LogFile	NONAME	67108864	2013-Oct-	2013-Oct-	2013-Oct-	no
15	$MFT	NONAME	4.02E+08	2013-Oct-	2013-Oct-	2013-Oct-	no
16	$MFTMirr	NONAME	4096	2013-Oct-	2013-Oct-	2013-Oct-	no
17	$Recycle.Bin	NONAME	608	2009-Jul-1	2013-Oct-	2013-Oct-	no
18	$Secure	NONAME	56	2013-Oct-	2013-Oct-	2013-Oct-	no
19	$UpCase	NONAME	131072	2013-Oct-	2013-Oct-	2013-Oct-	no
20	$Volume	NONAME	0	2013-Oct-	2013-Oct-	2013-Oct-	no
21	3DP	NONAME	232	2013-Oct-	2013-Oct-	2013-Oct-	no
22	85b6436779d6abb3da04535aad49	NONAME	56	2015-May	2015-May	2015-May	no
23	CFLog	NONAME	192	2013-Oct-	2015-Jun-	2015-Jun-	no
24	Documents and Settings	NONAME	60	2009-Jul-1	2009-Jul-1	2009-Jul-1	no
25	ers	NONAME	48	2015-Feb-	2015-Feb-	2015-Feb-	no
26	Intel	NONAME	144	2013-Oct-	2013-Oct-	2013-Oct-	no
27	Log	NONAME	56	2014-Nov-	2015-Mar-	2015-Mar-	no
28	MSOCache	NONAME	256	2013-Oct-	2013-Oct-	2013-Oct-	no
29	NVIDIA.bak	NONAME	264	2013-Oct-	2013-Oct-	2013-Oct-	no
30	pagefile.sys	NONAME	8.54E+09	2013-Oct-	2015-Jul-0	2014-Jun-	no
31	PerfLogs	NONAME	144	2009-Jul-1	2009-Jul-1	2009-Jul-1	no
32	pki_nts	NONAME	152	2015-Feb-	2015-Feb-	2015-Feb-	no
33	Program Files	NONAME	328	2009-Jul-1	2015-Jun-	2015-Jun-	no
34	Program Files (x86)	NONAME	56	2009-Jul-1	2015-Jul-0	2015-Jul-0	no
35	ProgramData	NONAME	176	2009-Jul-1	2015-Jul-0	2015-Jul-0	no

3 이미지 포맷변경

이미지를 생성하고 이미지 포맷을 변경하고 싶다면, 다음과 같이 진행하면 된다.

FTK를 사용하지 않고 Encase를 사용하는 경우도 있기 때문에 이미지는 다양하게 포렌식 도구에 맞춰서 변환이 가능한 도구가 가장 효과적인 도구이다.

그림 7-31 Export Disk Image 선택

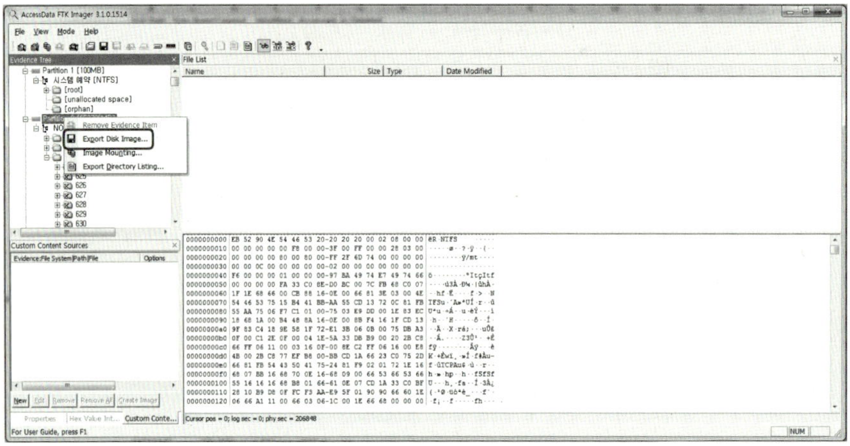

추출한 파티션을 선택하고 오른쪽 버튼을 누른 뒤에 Export Disk Image를 선택한다.

그림 7-32 Image 포맷추가

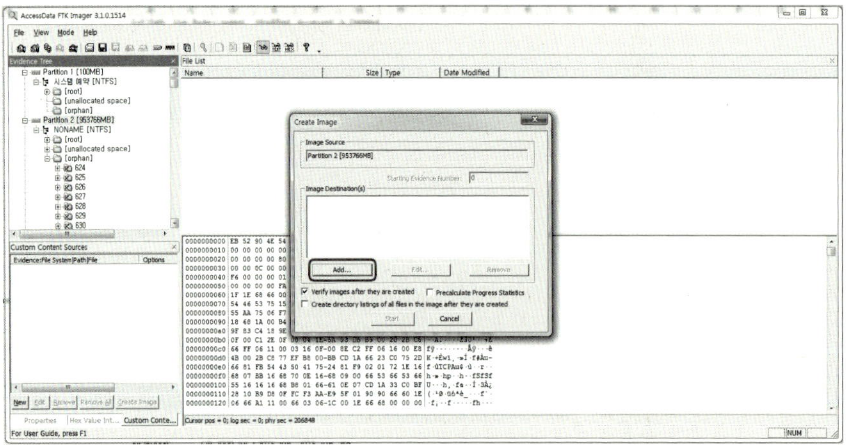

변환할 이미지는 Encase 형태의 이미지를 선택하도록 하겠다. Encase 이미지는 e01을 갖는다.

그림 7-33 Encase Image 포맷선택

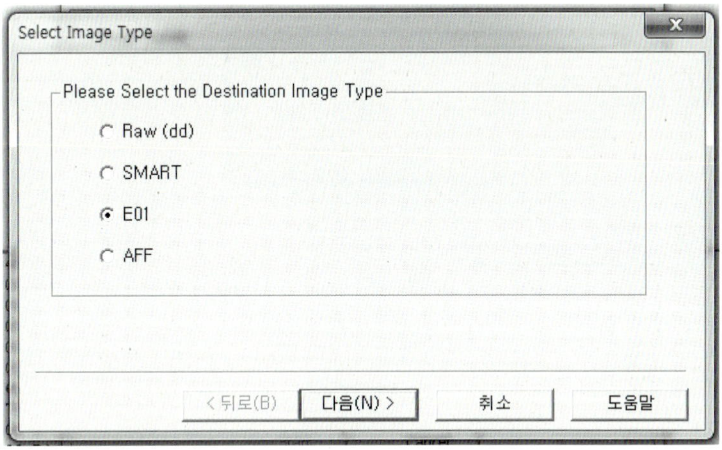

[그림 7-34]와 같이 기록하고, 이미지를 생성한다.

그림 7-34 이미지 정보기록

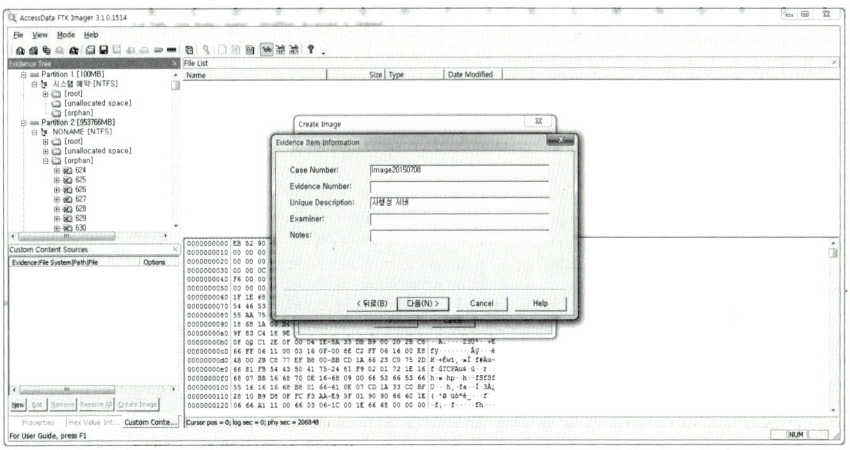

그림 7-35 이미지 포맷변경 진행

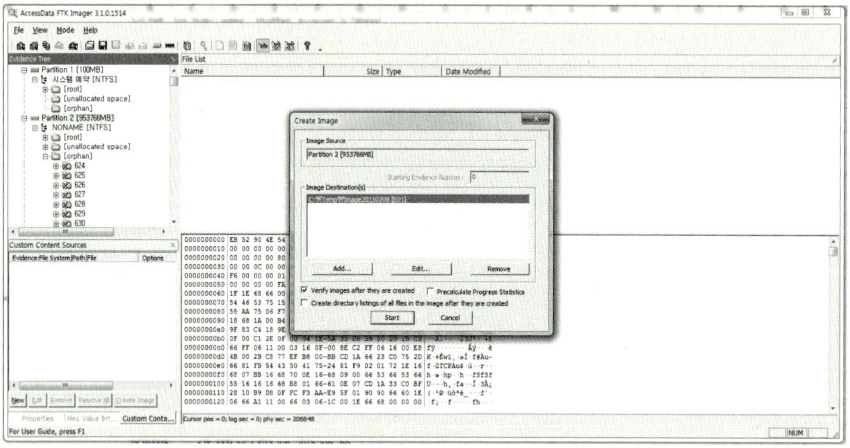

Chapter 12

응용프로그램

학습목표

응용프로그램의 종류와 응용프로그램을 분석하기 위한 과정을 알아본다.

1. 응용프로그램의 종류를 알아본다.
2. 각 응용프로그램의 특징과 분석과정을 숙지한다.

FTK를 통하여, 이미지를 생성하였다. 생성된 이미지를 통해 파일이 삭제된 것을 찾았으며, 분석을 진행할 수 있도록 환경이 구축되었다고 하자. 이젠 응용프로그램에서 흔적을 찾아보도록 하자.

이번 장에서 다룰 응용프로그램은 Internet Explorer, 한글Hwp, MS워드 & PPT, PDF 등이다.

1 Internet Explorer

IE의 경우 Windows에 기본설치된 browser로써, 현재 전 세계적으로 사용한 비율이 약 60%정도를 차지한다.

그림 8-1 전 세계에서 사용하는 Browser 통계

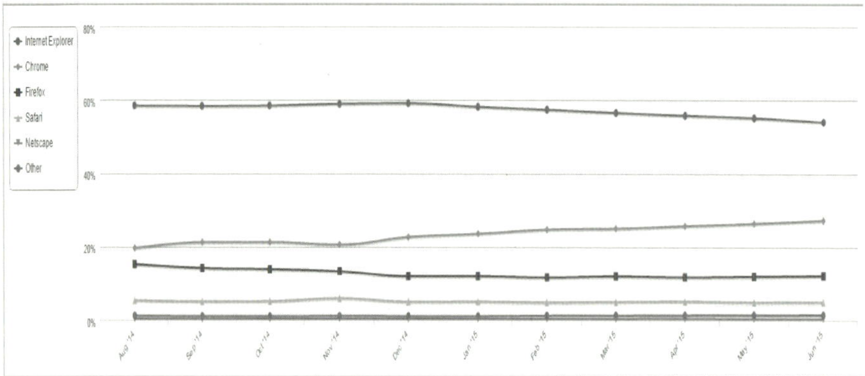

출처: http://marketshare.hitslink.com/

그러나, 국내에서는 87%라는 엄청난 수치로 사용하고 있다.

그림 8-2 국내이용 중인 Browser 통계

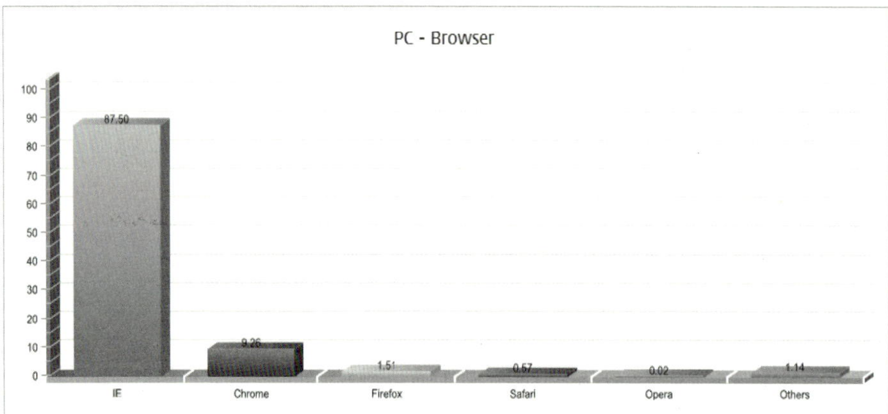

출처: koreahtml5.kr

Internet Explorer의 경우는 기본적으로 다음의 경로를 가지고 있다.

그림 8-3 Internet Explorer 임시파일 저장경로

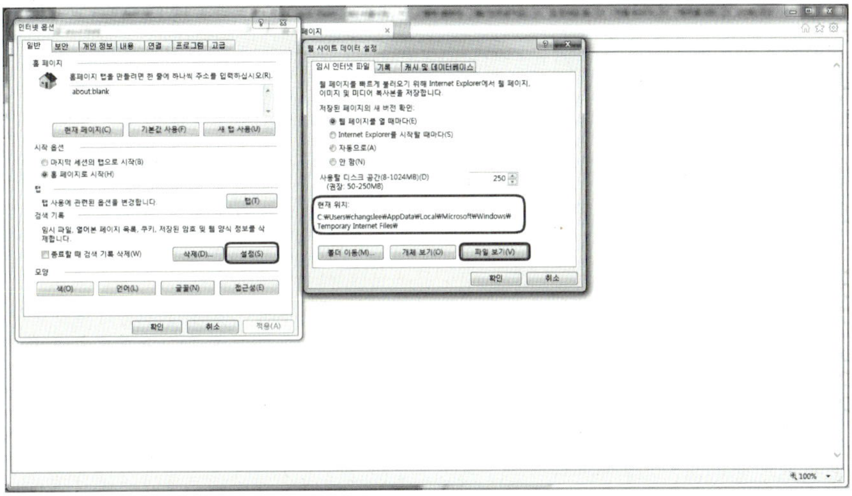

(IE 옵션 → 일반 → 설정 → 임시 인터넷 파일확인)

C:₩Users₩[Account ID]₩AppData₩Local₩Microsoft₩Windows₩Temporary Internet Files

그림 8-4 임시 인터넷 파일저장경로

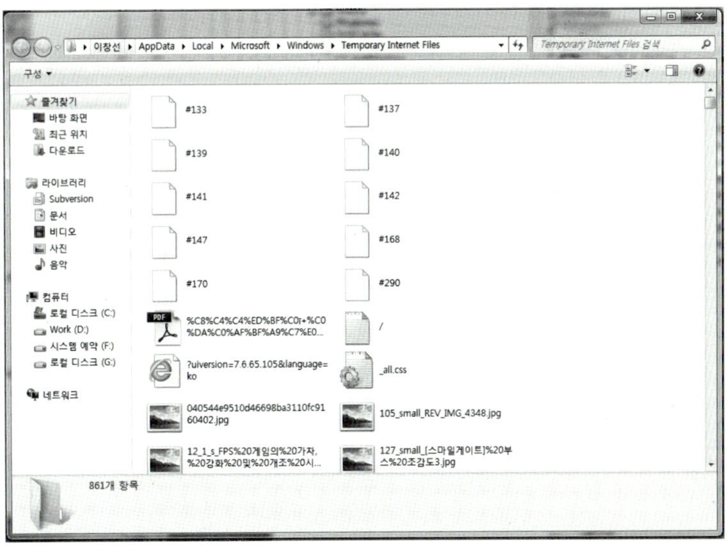

[그림 8-4]에서 확인한 것을 기반으로 생성된 이미지에서 동일한 경로를 확인할 경우 Internet Explorer 접속기록이 포함된 폴더를 확인할 수 있다.

그림 8-5 이미지 상에서의 임시 인터넷 파일저장경로

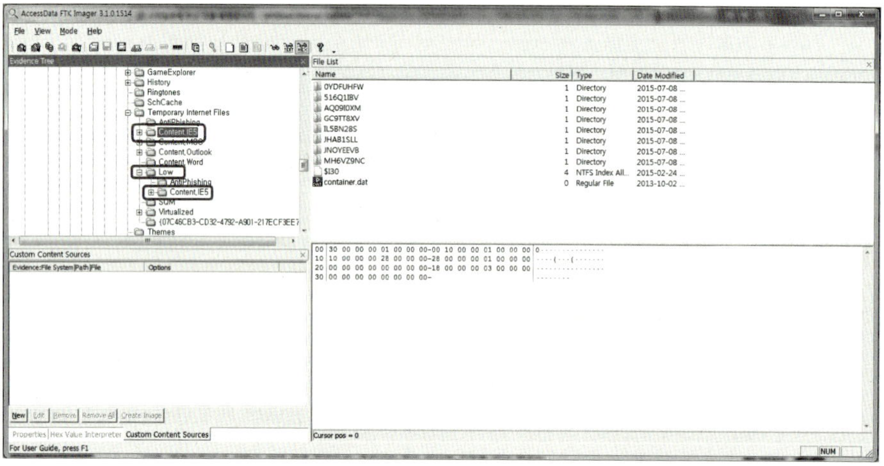

해당 경로로 이동할 경우 2개의 폴더를 확인할 필요가 있다. Content.IE5, Low\Content.IE5를 확인하면 Internet Explorer에서 접속한 사이트를 확인할 수 있다. Content.IE5와 Low\Content.IE5안에 포함되어 있는 랜덤한 폴더는 접속한 기록을 분류하기 위하여 윈도우에서 자동생성되어 보관하므로 해당 폴더의 파일을 확인하여 접속기록을 체크해야 한다.

그림 8-6 임시 저장폴더 및 URL Cache 파일경로

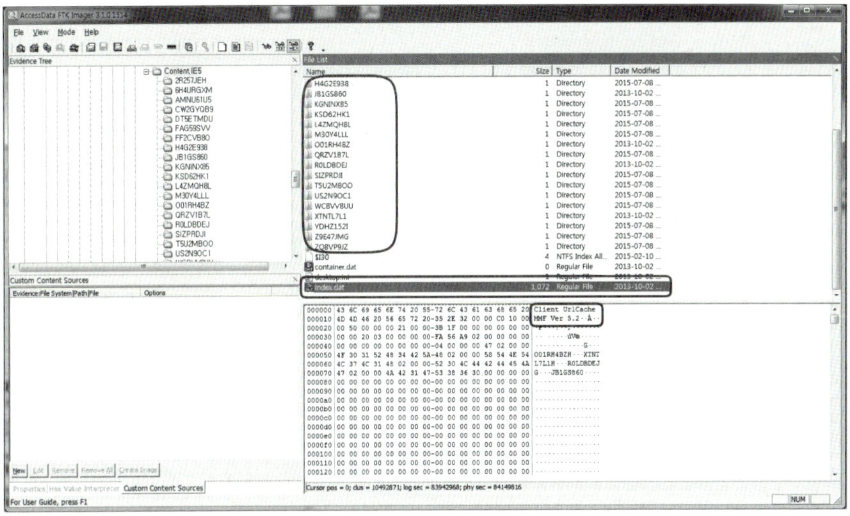

추가적으로 Index.dat 파일의 경우 윈도우에서 제공하는 Client UrlCache 파일이다. 해당 파일은 Internet Explorer를 통해 접속한 URL을 임시보관하는 파일로 최근 접속한 기록을 확인할 수 있어 사용자가 어느 곳을 접속하는지 Content.IE를 분석하지 않더라도 확인할 수 있으므로 브라우저를 분석할 경우 반드시 확인해야 하는 파일 중 하나이다.

마지막으로 분석을 하는데 최근에 접속한 기록이 아닌 일, 주, 월 단위로 분석을 하고 싶다면 다음 폴더를 참고하면 된다. IE접속기록 중 일, 주, 월 단위로 History 폴더에 저장하고 있기 때문에 해당 폴더를 통해 그동안 접속한 사이트를 확인할 수 있다.

그림 8-7 Internet Explorer History 폴더경로

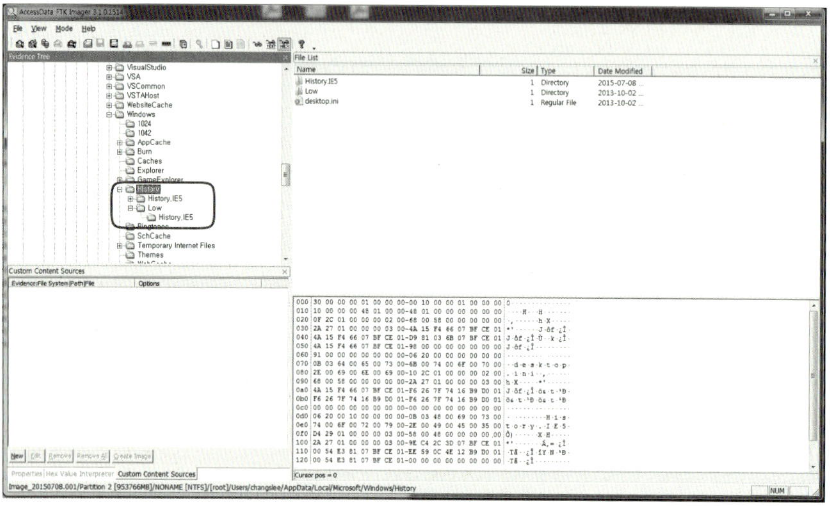

2 최근 열어본 문서파일

[root]/Users/[Account ID]/Recent 폴더를 확인하면 [그림 8-8]과 같은 화면이 나오게 된다.

그림 8-8 최근 열어본 파일목록을 기록한 폴더

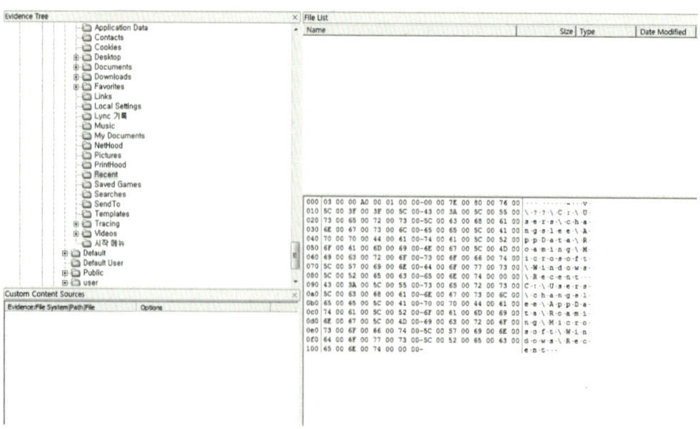

실제 최근에 열어본 파일의 .lnk파일이 생성된 경로는 C:\Users\[Account ID]\AppData\Romaing\Microsoft\Windows\Recent라는 것을 확인할 수 있다. 따라서, 해당 경로로 이동하게 되면 다음과 같이 현재까지 열어본 파일목록을 확인할 수 있다.

[root]/Users/[Account ID]/AppData/Roaming/Microsoft/Windows/Recent/

그림 8-9 최근 열어본 파일 리스트

또한, Outlook에서 첨부파일로 받은 파일을 열어본 흔적도 확인할 수 있다.

[root]/Users/[Account ID]/AppData/\AppData\Local\Microsoft\Windows\Temporary Internet Files\Content.Outlook\[랜덤문자]

그림 8-10 Outlook를 통해 열어본 파일목록

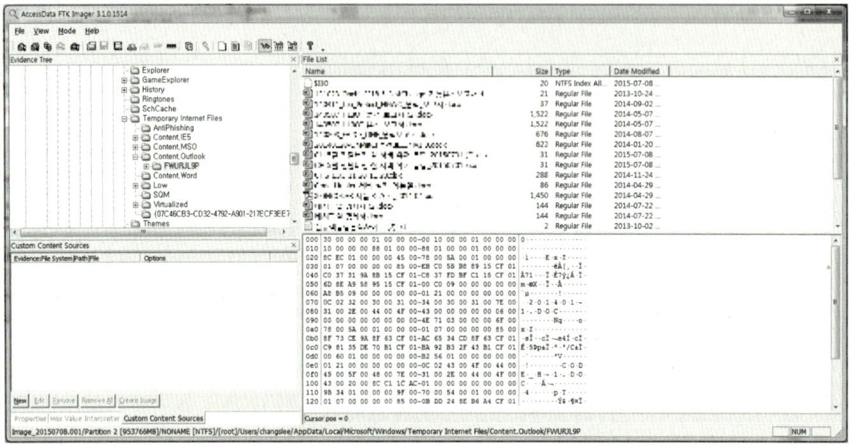

Chapter 13

네트워크(Packet)

학습목표

네트워크 포렌식 정의와 네트워크 포렌식을 하기위한 기본이론을 숙지하고 네트워크 포렌식 과정을 실습하도록 하자.

1. 네트워크 포렌식이란 무엇인지 알아본다.
2. 네트워크 포렌식을 하기위한 준비과정을 알아본다.
3. 실제 패킷을 기반으로 분석해 본다.

네트워크 포렌식의 기반은 패킷분석이다. 따라서, 패킷분석에 대한 기본개념과 분석하기 위한 과정을 숙지해야 한다. 그럼 패킷이 무엇인지부터 알아보도록 하자.

네트워크 포렌식은 네트워크를 통하여 전송되는 데이터나 패스워드 등 데이터 트래픽을 분석하거나 접근에러로그, 네트워크환경 등을 조사하여 수사단서를 찾아내는 분야이다.

1 네트워크 이론기본

(1) 패 킷

패킷(packet)은 사전적인 의미로는 '한 다발, 한 묶음'을 뜻하는 말로 통신, 네트워크에서는 한 번에 전송하는 정보의 단위를 일컫는다. 다시말해, 통신 등에서는 모든 데이터들을 이와 같은 패킷단위로 잘게 쪼개어서 전송한다. 매 패킷마다 받을 주소지와 데이터 그리고 에러체크 정보가 들어 있다. 패킷을 구분하여 전송하는 이유는 다음과 같다.

만약 100MByte의 크기의 데이터를 전송하고자 할 때 이를 한꺼번에 1초에 1MByte 전송할 수 있는 회선에 보낸다고 한다면 받는쪽에서는 대략 100초라는 시간이 소요된다. 이렇게 한꺼번에 보내는 경우 아무런 에러없이 한번에 도달했다면 훨씬 효율적이긴 하겠지만 만약에 중간에 회선이 끊기거나 에러체크에 의해 잘못된 데이터가 중간에 1개만 끼었다는 것을 검출하게되면 다시 처음부터 데이터를 받아야 하므로, 다시 100초라는 시간이 소요된다.

반면에 데이터를 패킷단위로 잘게 쪼개어 보내게 되면 예를 들어 1MByte씩 (실제로는 훨씬 적은 사이즈로 전송된다.) 쪼갤 경우 100번의 과정 즉, 1번 패킷전송－수신체크－2번 패킷전송－수신체크…－100번 패킷전송－수신체크－완료통보라는 과정을 거쳐 통신이 이루어지는데 중간에 에러가 나더라도 해당하는 그 번호의 패킷만 재전송하면 되므로 훨씬 효율적이다. 따라서, 대부분의 데이터 통신에서는 데이터를 패킷단위로 쪼개어 서로 주고받고 있다.

그림 9-1 TCP/IP 구조

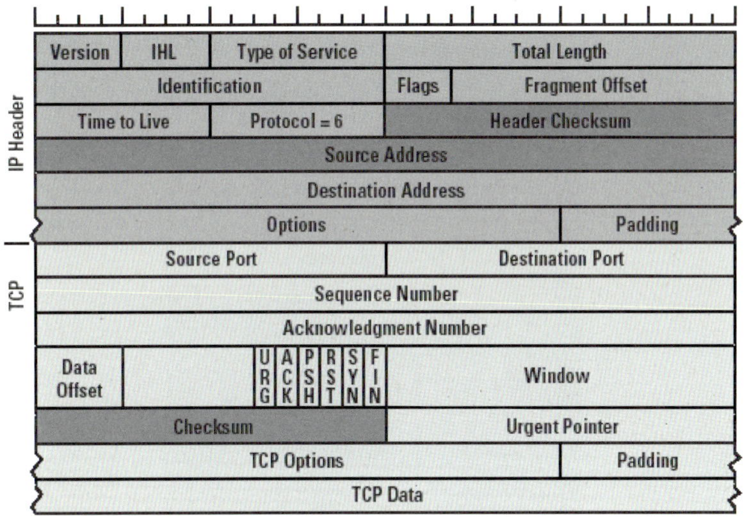

출처: TCP/IP Header Fields Altered by NATs – Erle Robotics Introduction to Networking in Linux

(2) OSI 7계층

OSI 7계층은 산업표준 OSI 참조모델에 기반을 두고 이들의 기능에 따라 구분한다. OSI 7계층은 7이라는 숫자와 같이 7 단계의 계층으로 구분되는데, 가장 상위의 응용계층은 네트워크 자원들이 접근하는데 사용되는 실질적인 프로그램을 나타낸다. 반대로 가장 하인물리계층은 네트워크 데이터 전송을 담당하는 역할을 한다.

그림 9-2 OSI 7계층

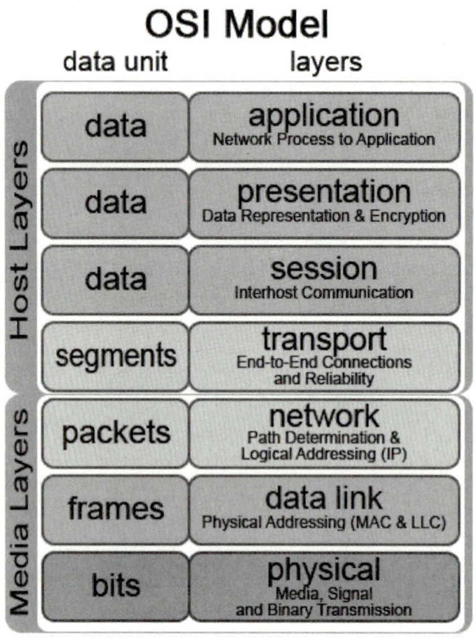

출처: https://id.wikipedia.org/wiki/Berkas:Osi-model-jb.png

[그림 9-2]를 기반으로 각 층에 대한 간략한 설명을 하도록 하겠다.

계 층	프로토콜
7계층 응용계층 (Application)	HTTP, DHCP, FTP, Telnet, DNS
6계층 표현계층 (Presentation)	ASCII, MPGE, JPEG
5계층 세션계층 (Session)	SSH, TLS, NetBIOS
4계층 전송계층 (Transport)	TCP, UDP, ARP, Firewall, Proxy
3계층 네트워크계층 (Network)	IP, ICMP, IGMP, Router
2계층 데이터 링크계층 (Data Link)	MAC, PPP, Switch, Brigde
1계층 물리계층 (Physical)	Ethernet, RS-232C

※ 응용계층(7계층)
OSI의 최상위에 있는 응용계층은 사용자에게 네트워크 자원에 대한 접근을 제공한다. 이 계층은 네트워크 활동들에 대한 모든 기본적인 인터페이스를 제공하며, 전형적으로 사용자에게 보이는 유일한 계층이다.

※ 표현계층(6계층)
응용계층에 의해 전달받은 데이터를 읽을 수 있는 형식으로 변환한다. 응용계층으로부터 전송받거나 전달되는 데이터의 인코딩, 디코딩은 이 계층에서 이뤄진다. 표현계층은 또한 안전하게 데이터를 사용하기 위해 몇 가지 암호화와 복호화 형식도 가지고 있다.

※ 세션계층(5계층)
두 대의 컴퓨터 사이의 세션이나 대화를 관리한다. 모든 통신장비를 연결하고 관리하며 종료한다. 세션계층은 또한 순간적으로 연결이 끊어지는 것을 막고 호스트 사이의 연결을 적절하게 종료시키기 위한 기능과 연결이 단방향인지 양방향인지에 대한 것을 담당한다.

※ 전송계층(4계층)
전송계층의 가장 중요한 목적은 아래 계층에 신뢰성 있는 데이터를 전송할 수 있게 하는 것이다. 형태는 흐름제어, 분할, 재 조립, 오류관리를 포함하지만 전송계층은 지점과 지점 간의 오류가 없음을 보장해준다. 안전하고 믿을 수 있는 데이터 전송이 복잡하고 불편할 수 있지만 OSI계층 중에서 가장 중요한 계층 중 하나다. 전송계층은 연결지향적인 프로토콜과 비연결지향적인 프로토콜을 제공하며, 방화벽과 프록시 서버가 이 계층에서 동작한다.

※ 네트워크계층(3계층)
가장 복잡한 OSI계층 중 하나로, 물리적인 네트워크 사이의 라우팅을 담당한다. 네트워크계층은 네트워크 호스트의 논리적인 주소(IP Address)를 관리하고 패킷을 분할해 프로토콜을 식별하는 기능, 오류탐지같은 몇 가지 경우를 담당한다. 라우터가 이 계층에서 동작한다.

※ 데이터 링크계층(2계층)
물리적인 네트워크 사이의 데이터 전송을 담당한다. 가장 중요한 목적은 물리적인 장비를 식별하는 데 사용되는 주소지정체계(Address Schema)와 데이터가 변조되지 않았음을 확증하기 위한 오류확인을 제공하는 것이다. 브리지와 스위치가 이 계층에서 동작하는 물리적 장비이다.

※ 물리계층(1계층)
OSI모델에서 가장 아래에 위치하는 물리계층은 네트워크 데이터가 전송될 때 사용되는 물리적 매개체다. 물리계층은 전압, 허브, 네트워크 어댑터, 리피터, 케이블 명세서를 포함해 모든 하드웨어의 물리적이고 전자적인 특성을 정의한다. 물리계층은 연결을 설정하고 종료하며, 공유된 통신자원을 제공하고 아날로그를 디지털로, 디지털을 아날로그로 바꾼다.

출처: Practical Packet Analysis, 2nd Edition - Chris Sanders

OSI 모델은 더 이상 표준으로 권고되지 않고 있지만 사용자는 포렌식을 해야하는 과정에서 어디에서 패킷덤프를 떠야하는지 알아야 하기 때문에 해당내용을 이해하고 숙지해야 한다.

2 네트워크 포렌식 도구 및 장비

네트워크는 많은 데이터를 분석해야 하므로 작업에 신중을 기해야 한다. 한 서비스의 패킷을 덤프하는데 사용되는 량은 30분에 10TB정도 수집된다. 따라서, 하루 또는 그 이상의 패킷을 수집하기 위해서는 엄청난 량의 저장공간이 필요하므로 한번 수집할 때 신중하고 정확하게 수집하는 것이 중요하다.

(1) 소프트웨어

① WireShark(http://www.wireshark.org)

패킷분석의 강자이며, 모든 패킷분석을 시작하는 초심자들에게 꼭 한번은 사용해 본 프로그램이다. 관련 책도 많으면 많은 기능을 제공하고 있으므로 패킷분석을 해보고 싶다면 당장 설치해서 테스트해보길 바라는 강력추천프로그램이다.

그림 9-3 Wireshark 홈페이지

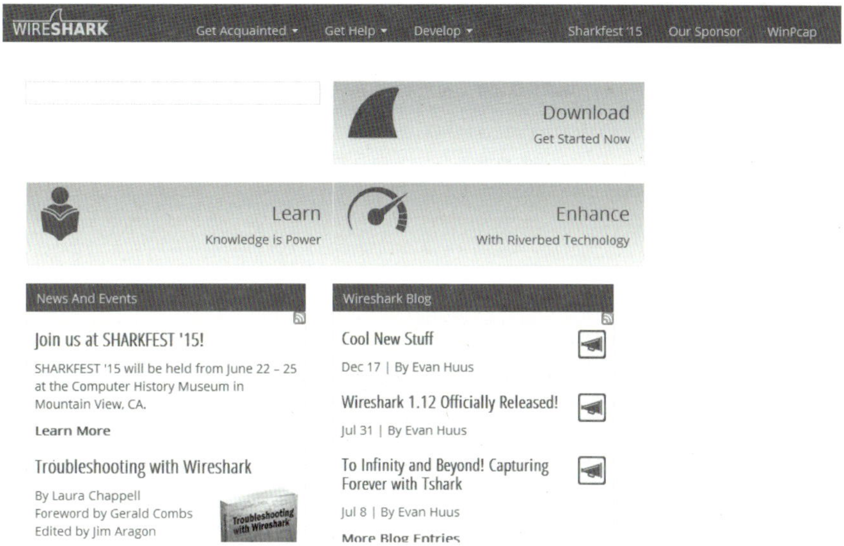

② TCP DUMP(http://www.tcpdump.org/)

Wireshark의 경우 GUI 기반을 중심으로 사용할 수 있는 편한 인터페이스를 제공하고 있다면, TCP DUMP는 리눅스 기반의 안정된 덤프모듈을 가지고 있다. 리눅스기반이라고 해서 리눅스만 제공하는 것이 아니라 Linux, Solaris, FreeBSD, NetBSD, OpenBSD, OS X, Android, 그밖의 *NIX systems, Windows도 제공한다. TCP DUMP의 특징은 Command Line으로만 제공된다는 것이다. 리눅스 기반이기 때문에 Android에서도 패킷수집이 가능하다.

그림 9-4 TCP DUMP 홈페이지

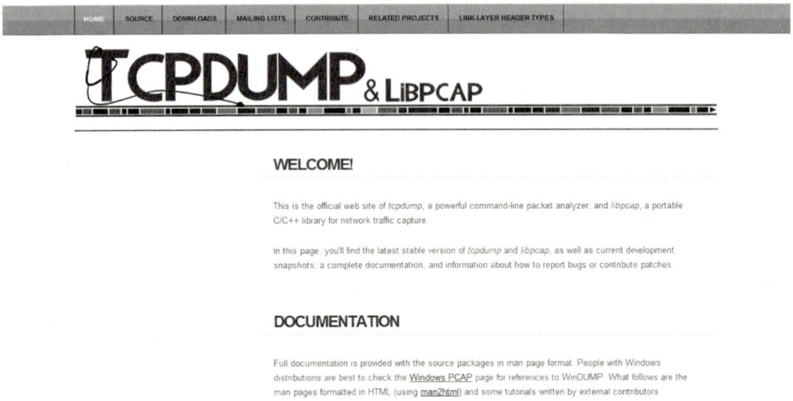

네트워크 포렌식의 경우 TCP Dump로 패킷을 수집하고 WireShark로 패킷을 분석하는 것이 일반적이다.

③ Packet Sniffer(http://blogs.technet.com/b/netmon/)

WireShark 보다 보기편한 결과값을 나타낸다. 무엇보다도 네트워크를 사용하는 프로그램 단위로 패킷을 DUMP하여 볼 수 있으므로 보다 편리하게 볼 수 있다.

그림 9-5 Network Monitor 홈페이지

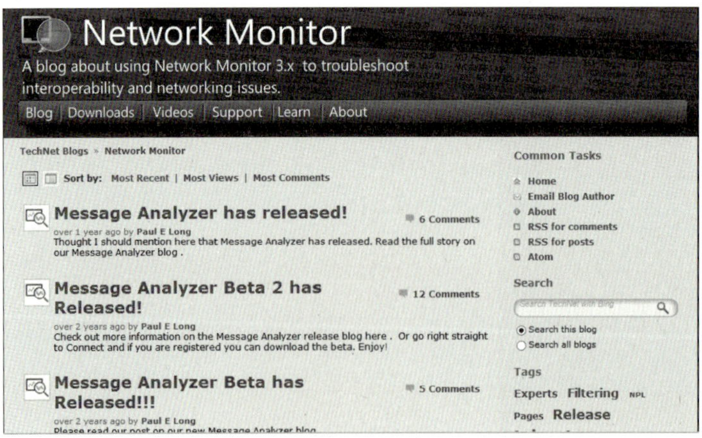

(2) 하드웨어

소프트웨어 도구들은 대체로 Open Source와 Open License 기반이다. 하지만 하드웨어 장비들은 고가의 장비들이 대부분이다. Freeware를 이용한 패킷 수집은 10G 대역폭에서는 불가능에 가깝다. 따라서, IDC와 대형서비스 중인 망에서는 전문업체의 하드웨어 장비를 이용해야 패킷수집이 가능하다. 패킷덤프장비를 생산하는 업체는 NetWitness, NetScout, FireEye 등이 있다. 구매뿐 아니라 대여도 가능하므로 패킷 포렌식을 해야할 경우 참고하여 활용하면 좋을 것이다.

그림 9-6 NetWitness Investigator 9 화면

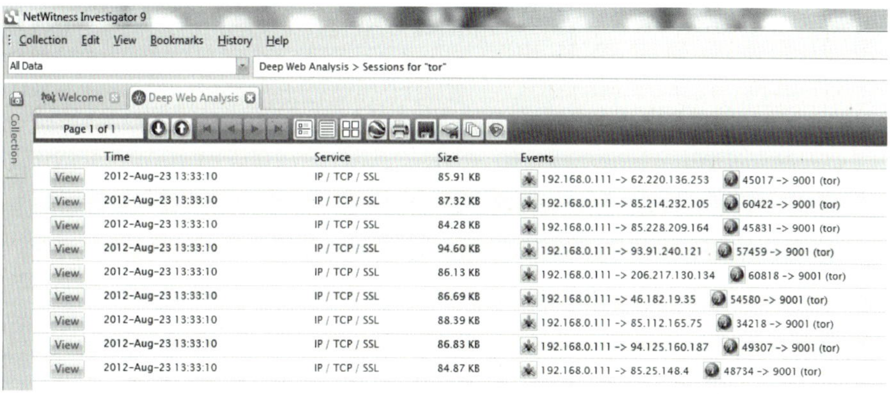

3 네트워크 포렌식 실습

네트워크 포렌식 실습은 Freeware인 WireShark를 통한 분석방법을 설명하겠다. 우선 WireShark의 Portable 버전을 사용해도 되고 Install버전을 사용해도 무관하므로 선택적으로 사용하길 바란다.

(1) WireShark 설치

WireShark 홈페이지에 접속 후 Download 페이지에서 [그림 9-7]과 같이 세 가지(64bit, 32bit, Portable) 방법 중 하나를 선택하여 설치한다.

그림 9-7 WireShark Install 버전종류

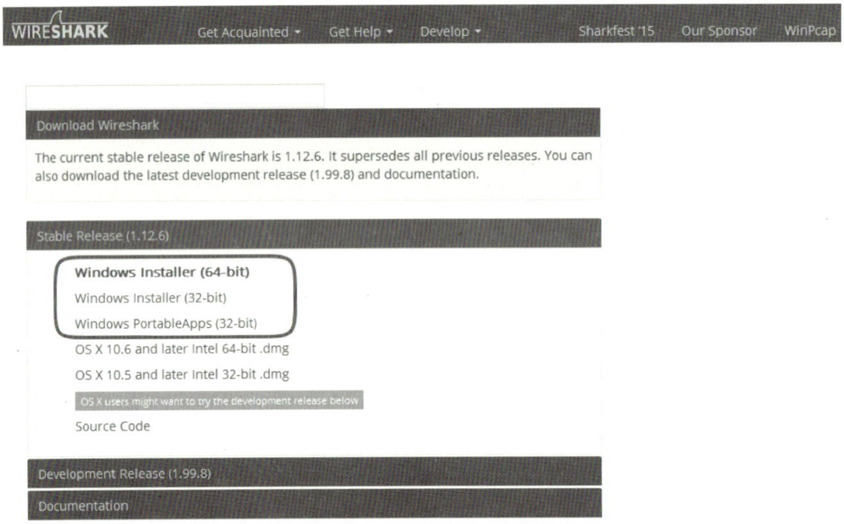

출처: https://www.wireshark.org/download.html

※ WireShark뿐만 아니라 네트워크를 수집하기 위해서는 WinPCAP이 꼭 필요하다. WinPCAP은 Packet Capture를 할 수 있게 도와주는 라이브러리로써, 윈도우에서는 WinPCAP, 리눅스에서는 LibPCAP을 사용한다. 이점 참고하여 WireShark 및 네트워크 수집프로그램을 설치할 경우 꼭 설치해야 정상동작하니 유념하기 바란다.

(2) WireShark를 이용한 패킷수집

기본 패킷수집은 개인PC에서 수집된 정보로 분석을 진행하겠다. 따라서 현재 수집하는 방식은 개인 PC에서 패킷을 어떻게 수집하는 것인지를 나타내는 것이므로 현장에서 동일한 방법으로 수집하면 된다. 또한, 패킷수집을 할 경우

Tap이라는 장비를 이용하는 경우가 많다. 네트워크 상 Inline방식으로 직접 라인에 설치되면 패킷수집하는 과정에서 패킷유실, 병목, 정지 등 다양한 현상이 발생할 수 있으므로 Tap장비를 통하여 네트워크 상에서 들어오는 전용선을 그대로 사용하는 것이 아니라 미러링을 통하여 패킷을 전달해 주는 방식으로 많이 이용된다.

※ Inline 방식이란

Inline 방식은 네트워크 구성에서 동일한 선상에서 네트워크 모니터링 장비를 구축하여 직접 패킷을 모니터링하는 방식을 의미한다. 단점으로는 패킷 모니터링 과정에서 모니터링 장비에 이상이 발생할 경우 서비스에 영향을 준다. 따라서, 가능하면 Tap장비를 이용하여 패킷모니터링을 해야 한다.

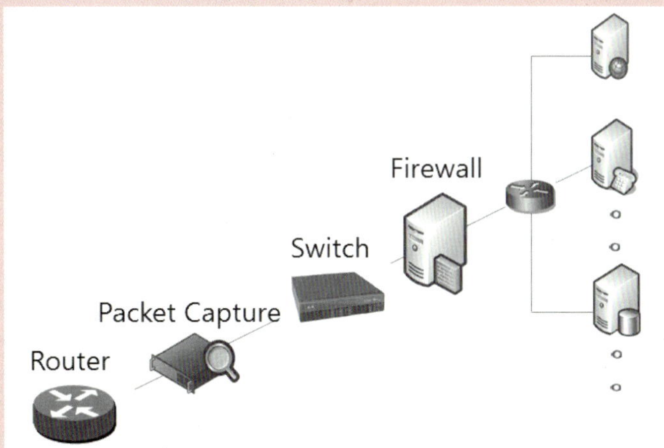

인라인 네트워크 장비 설치 예

※ 포트 미러링(Port Miorring)이란

포트 미러링(Port Mirroring)은 네트워크 스위치의 어떤 한 포트에서 보이는 모든 네트워크 패킷 혹은 전체 VLAN의 모든 패킷들을 다른 모니터링 포트로 복제하는데 사용된다. 포트 미러링은 주로 침입탐지시스템이나 패시브 프로브 또는 애플리케이션 성능관리(Application Performance Management, APM)에 필요한 실사용자 모니터링(Real User Monitoring, RUM) 기술과 같이 네트워크 트래픽을 모니터링해야 하는 네트워크 장비들에서 사용된다. 포트미러링은 시스코 스위치에선 일반적으로 스위치 포트분석기(Switched Port ANalyzer, SPAN) 혹은 원격스위치 포트분석기(Remote Switched Port ANalyzer, RSPAN)라 불린다. 다른 제조사들에서는 다른 이름으로 부르곤 하는데, 3Com의 경우 로빙분석포트(Roving Analysis Port, RAP)라 부른다.

출처: wiki - 포트 미러링

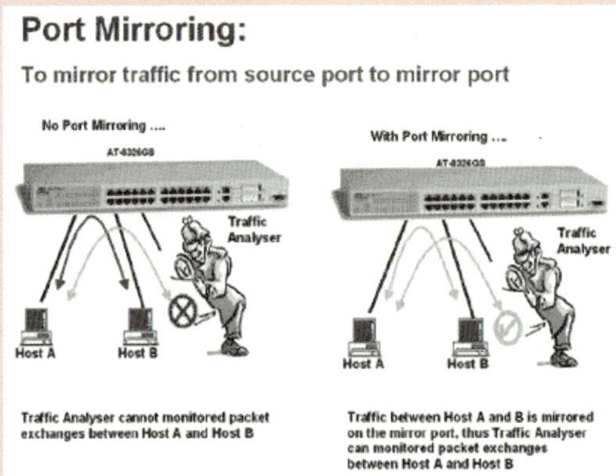

포트 미러링 사용 예

출처: mvt.co.th

※ Tap장비란

Tap장비는 Inline방식과 달리 동일한 라인 선상에서 적용하는 것이 아니라 옆으로 하나의 선을 가져와 패킷만 미러링하는 방식을 의미한다.

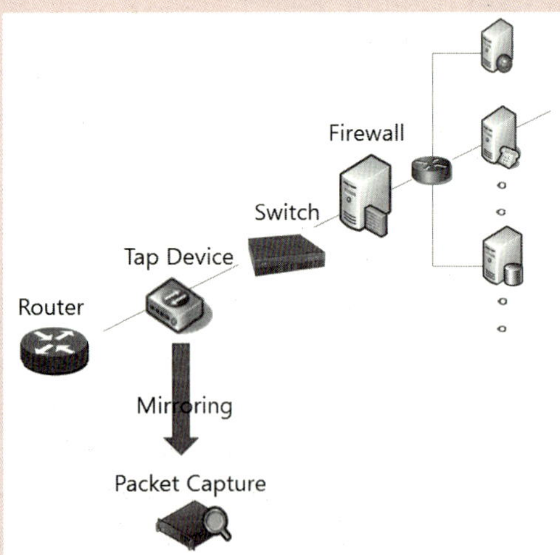

Tap 장비사용 예

그림 9-8 패킷수집 할 Ethernet Card선택

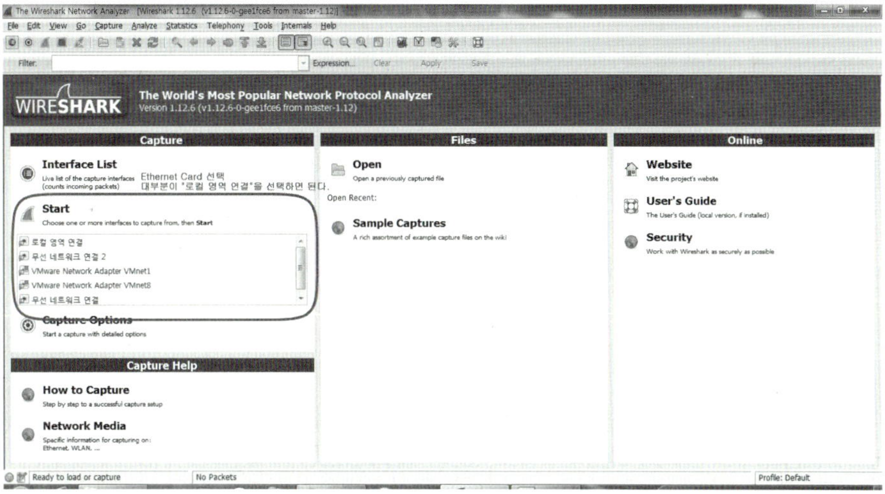

수집한 패킷을 더블클릭을 통해 선택하였다면 [그림 9-9]와 같은 창이 뜨는 것을 확인할 수 있을 것이다.

그림 9-9 세부설정 화면발전

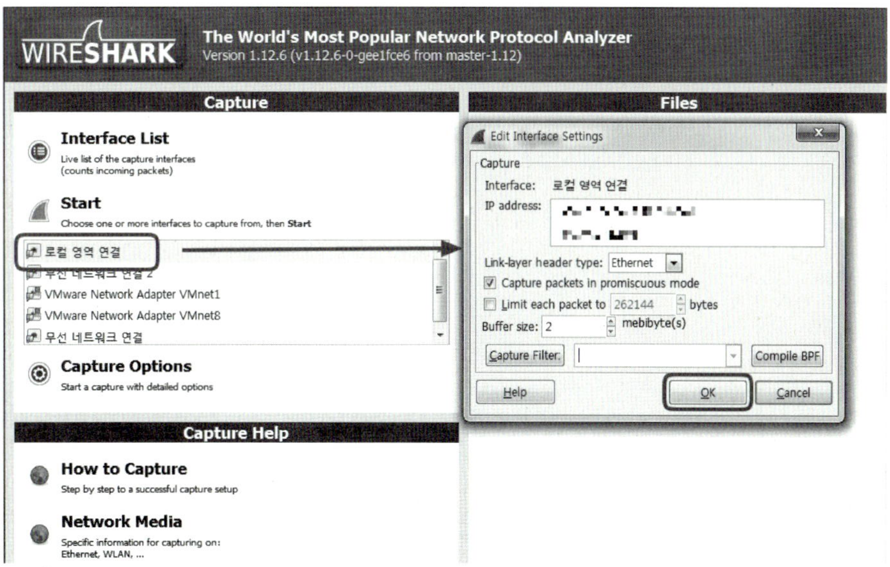

추가적으로 설정할 것없이 기본상태에서 패킷을 수집하도록 하겠다. 그러므로, OK를 선택하면 된다. 필자의 경우 무선망을 사용하기 때문에 "무선 네트워크연결"을 선택하여 테스트를 진행하였다.

설정이 완료되면, 상단에 있는 샤크표시를 선택하여 패킷을 수집하게 된다.

그림 9-10 패킷수집시작

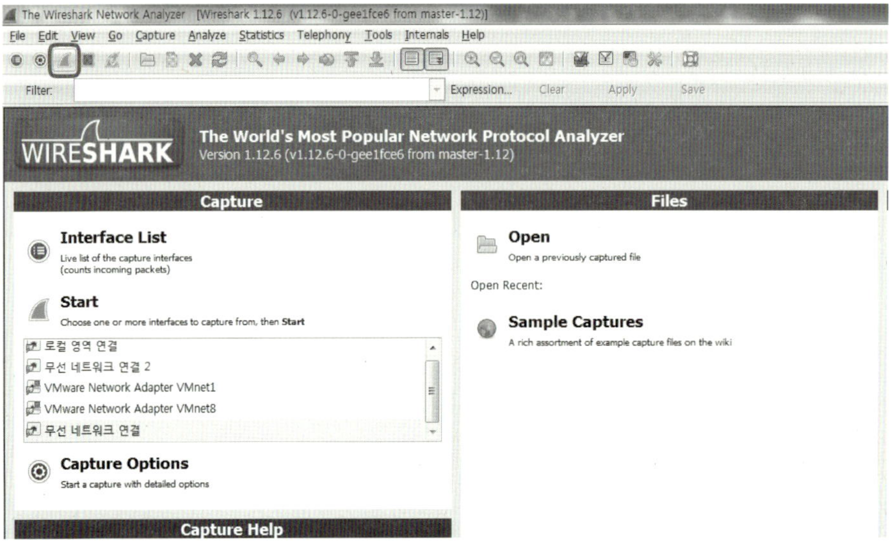

수집이 진행되면 화면구성이 변경되면서 다음의 화면을 확인할 수 있다. 만약 다음과 같은 화면이 보이지 않을 경우, 설정 및 패킷 수집상의 문제가 발생한 것이므로 Ethernet Card선택부터 다시하길 바란다.

그림 9-11 정상적인 패킷수집화면

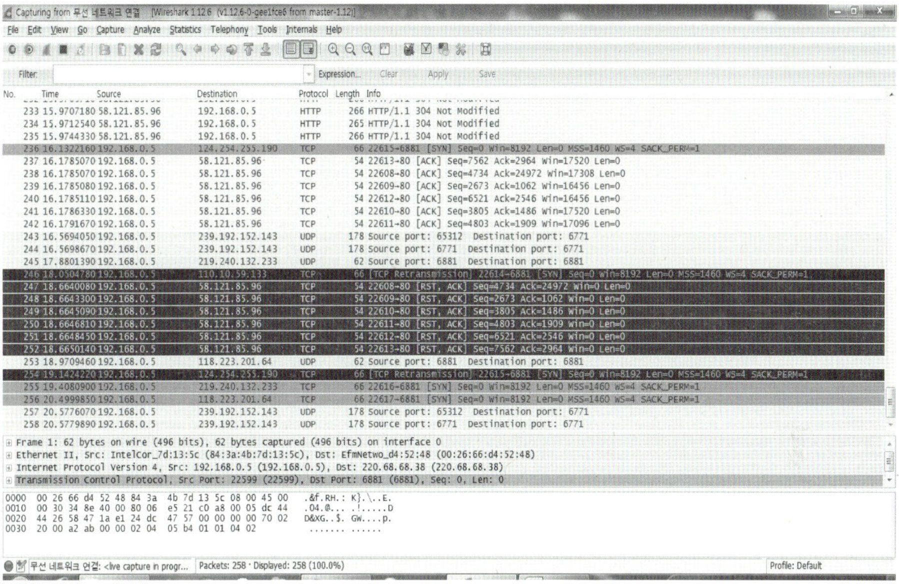

수집을 3~5분정도 진행하고, 여러 사이트에 접속하여 History를 쌓고 파일을 다운로드 몇 개를 다운받으면 패킷량이 적지않게 쌓일 것이다.

(필자의 경우는 무선으로 패킷수집을 하는 과정에서 Wireshare가 행이 걸리는 형상까지 발생하였다. 성능 좋은 랜카드를 갖추고 PC에서 수집하길 바라며, 행이 걸렸다고 해서 종료하지 말고 랜선을 뽑거나 랜선을 off-line 모드로 전환하면 약 1~2분 후에 패킷수집이 완료되니 참고 기다리길 바란다.)

수집된 패킷을 파일로 저장해야 하는데 파일저장방식을 "*.pcap" 형태로 저장해야 호환성도 좋고 분석하기도 용이하다.

그림 9-12 수집된 파일저장방식 – pcap 방식채택 후 파일생성

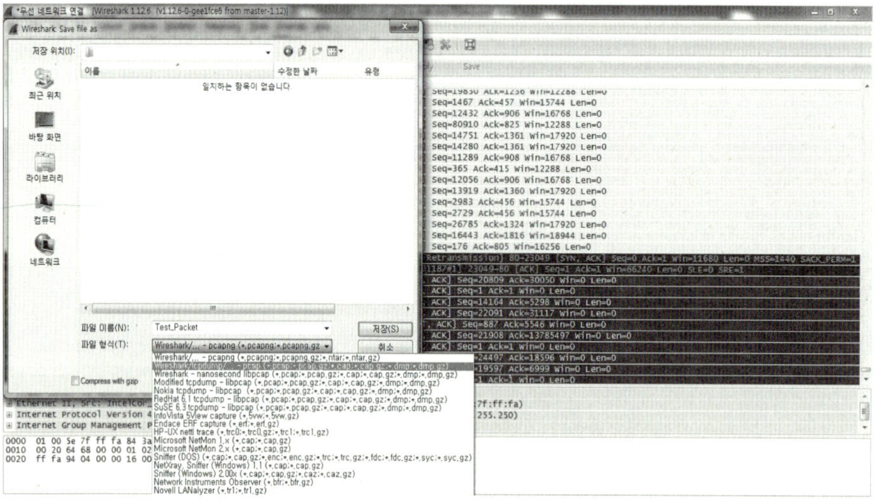

❹ WireShark를 이용한 패킷분석

이번 패킷분석에서는 다음 세 가지의 흔적을 찾도록 하겠다.

① 접속한 사이트 도메인

② 접속한 사이트의 ID/PW

③ 다운받은 파일리스트 및 파일

.pcap 파일을 Wireshark를 통해 열었을 경우 제일 먼저 현재 사용한 IP와 어디에 접속했는지에 대한 기록을 확인해야 한다. Wireshark를 통해 수집된 .pcap파일을 로딩한 후 메뉴의 기능 중 “Statistics → Conversations”을 선택하여 수집된 패킷의 전체 접속기록을 확인한다.

그림 9-13 .pcap 파일내부 접속한 기록확인 / Conversations 기능

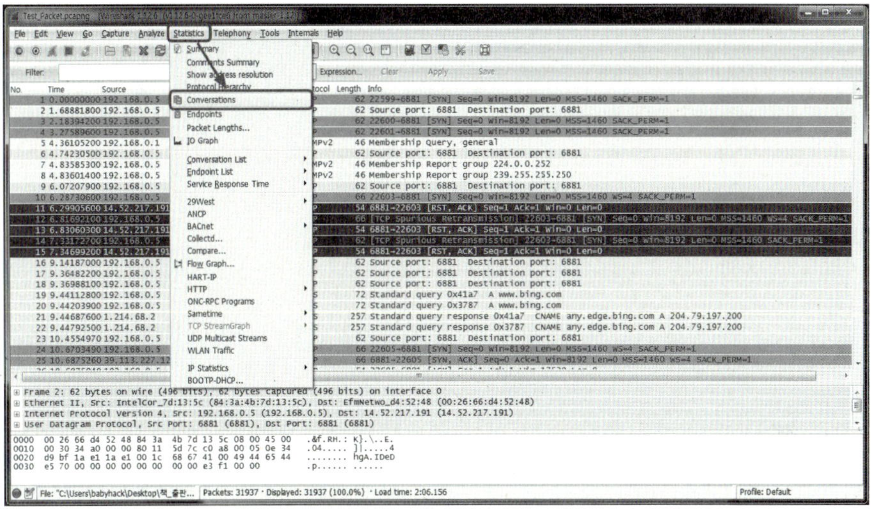

그림 9-14 Conversations 분석화면

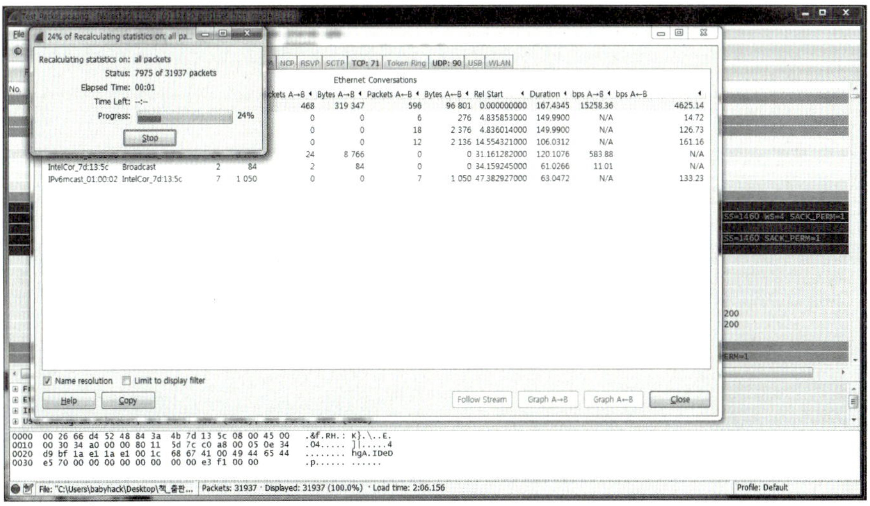

그림 9-15 분석완료화면

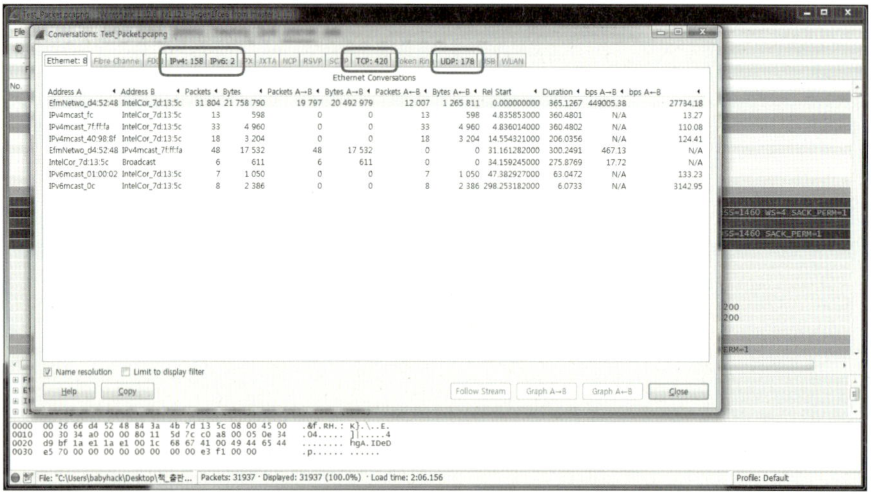

분석이 완료되면 IP를 중심으로 수집된 내용을 훑어보는 것이 좋다. 얼마나 다양한 사이트에 접속했는지 알 수 있고 특별히 신경써서 봐야하는 부분을 확인할 수 있으므로 IP중심의 접속기록을 확인하는 것이 좋다. IP중심의 접속기록을 확인하는 방법은 다음 [그림 9-16]과 같이 IPv4를 선택하면 된다.

그림 9-16 IP 중심으로 Timeline 정렬

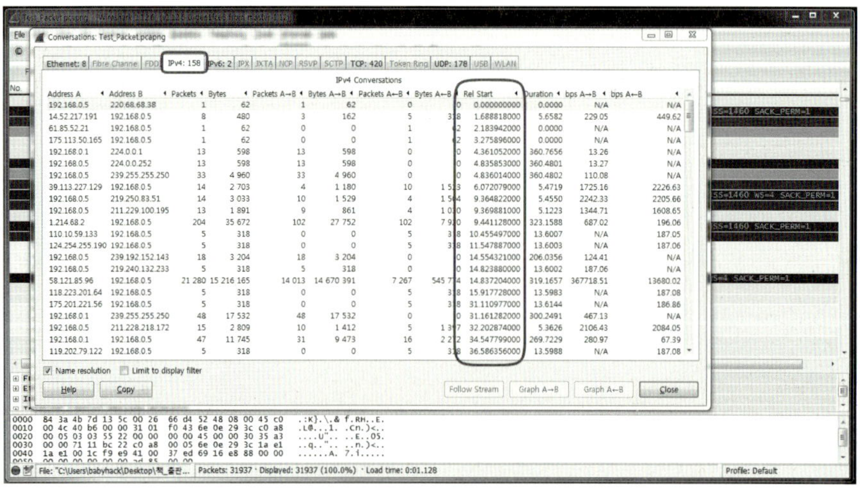

대부분의 패킷전송은 TCP를 통하여 파일전송이 이뤄지므로 TCP를 우선적으로 분석할 경우 원하는 정보를 획득할 수 있다. 패킷분석은 Timeline을 중심으로 분석하는 것이 좋다.

이제, 수집된 패킷에 대한 정보를 훑어보았으니 이제는 찾아야 하는 것 중에 접속한 사이트 주소를 알아보도록 하자. 현재 상태에서 DNS와 연동하기 위해서는 옵션값을 변경해야 한다. 변경방식은 다음과 같다.

그림 9-17 IP Address를 Domain 연결

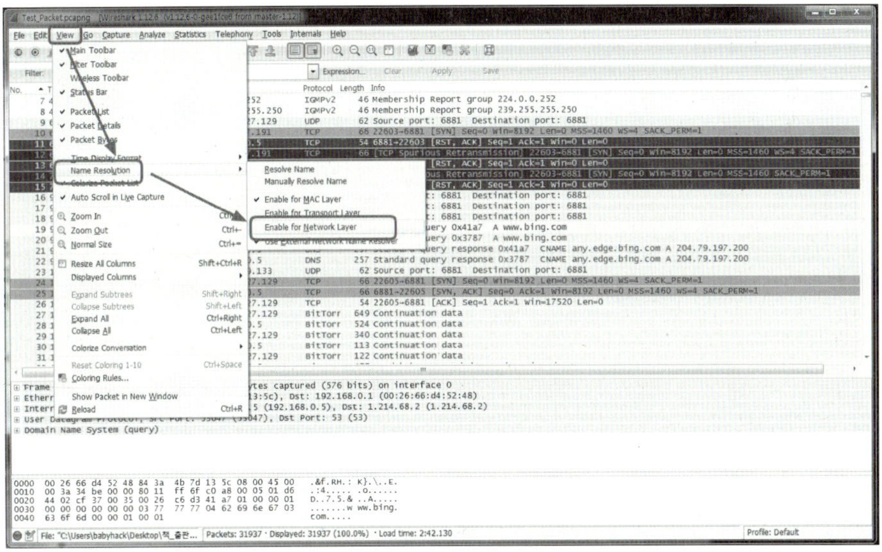

그림 9-18 Domain 연결 후 패킷분석화면

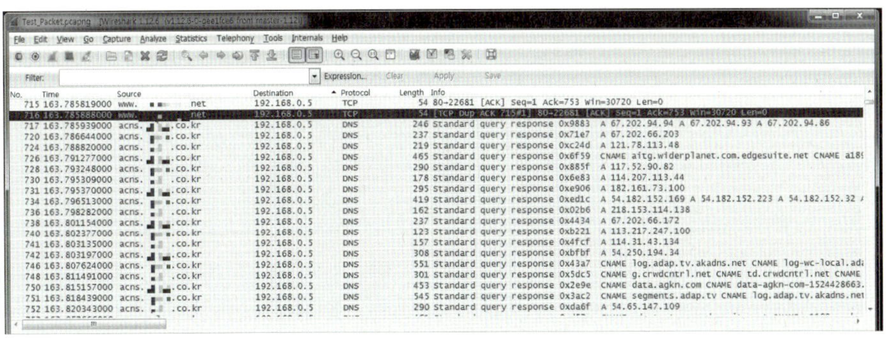

따라서, ① 접속한 사이트 도메인의 문제는 위 과정을 거치면 확인이 가능하다. ② 접속한 사이트의 ID/PW 역시 얻을 수 있다.

그림 9-19 사이트에 접속한 계정정보확인

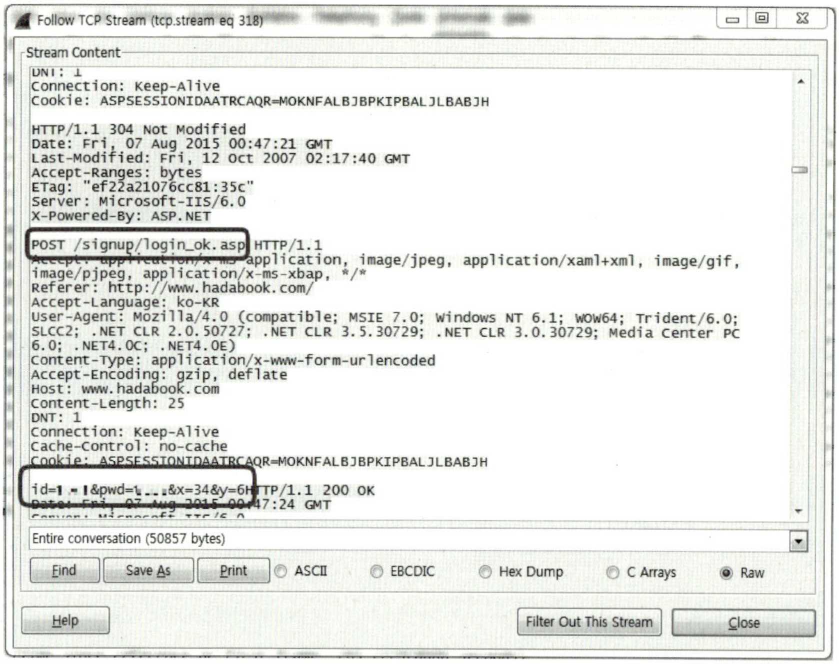

또한, ③ 다운로드받은 파일리스트의 경우는 Conversations에서 TCP컬럼에서 Bytes로 정렬하여 많이 사용한 Byte의 TCP Stream 정보를 확인하면 어떤 파일을 다운받았는지 확인할 수 있다.

그림 9-20 다운받은 정보확인 – 통신한 Packet 사이즈 체크

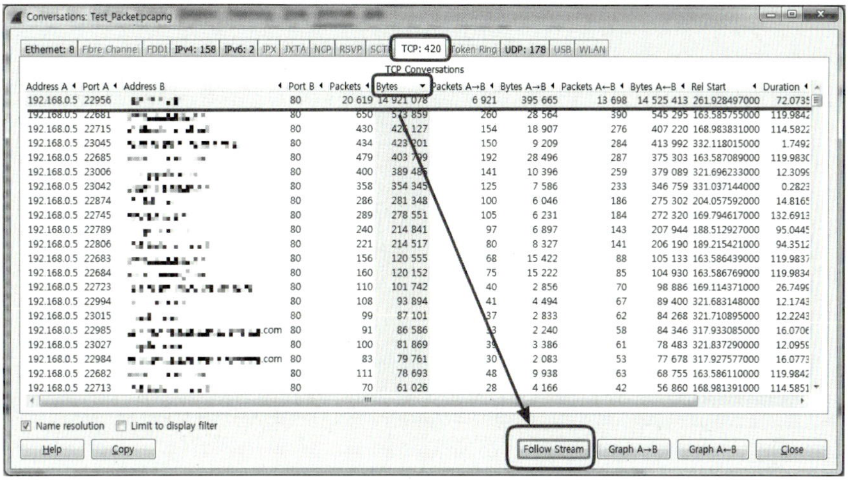

그림 9-21 다운받은 파일과 사이트 내용확인

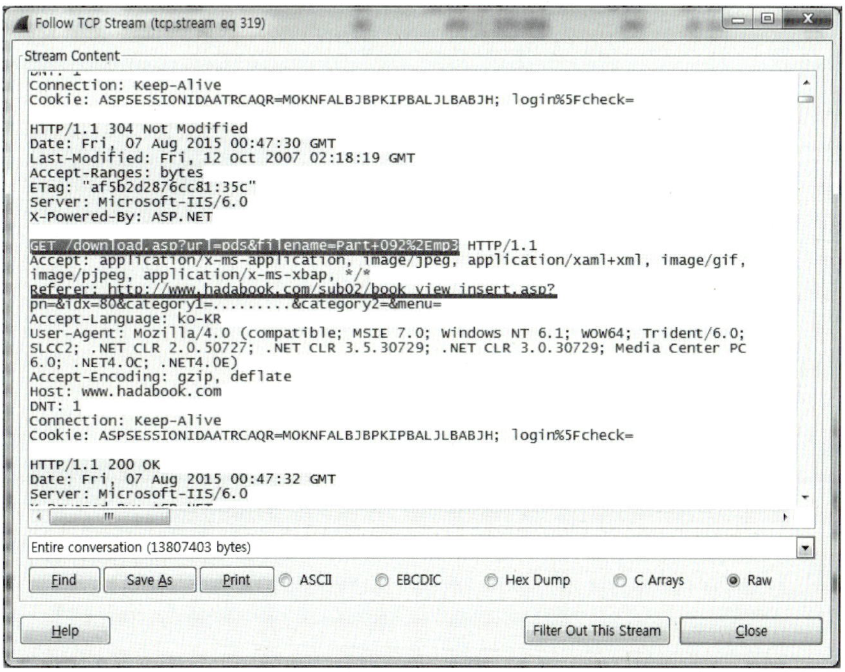

5 WireShark를 이용한 패킷내의 자료추출

이제 어떤 파일을 다운받았는지 확인하였다면, 추출을 하도록 하자. 위 과정을 통하여 웹 사이트에 mp3 파일을 다운받은 것을 확인할 수 있다. 그럼 mp3 파일을 추출하기 위해서는 해당 패킷을 찾은 다음에 Media Type의 오른쪽 버튼을 선택하고 Export를 진행하면 된다.

그림 9-22 다운받은 파일추출

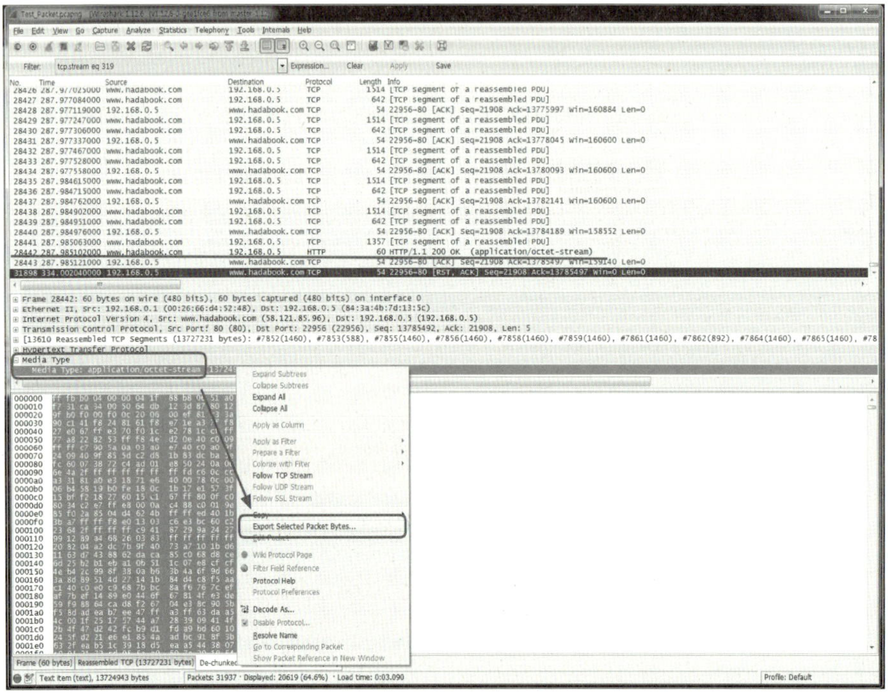

이외에도 접속한 모든 사이트에 대한 파일추출도 가능하다. 정확히 아는 경우에는 [그림 9-22]와 같이 진행하면 좋지만 그렇지 않을 경우에는 전체를 다운받는 것도 하나의 방법이다. 패킷내부에 있는 파일에 대한 전체추출은 다음과 같다.

그림 9-23 HTTP를 통한 접속사이트 파일 다운로드 정보추출기능

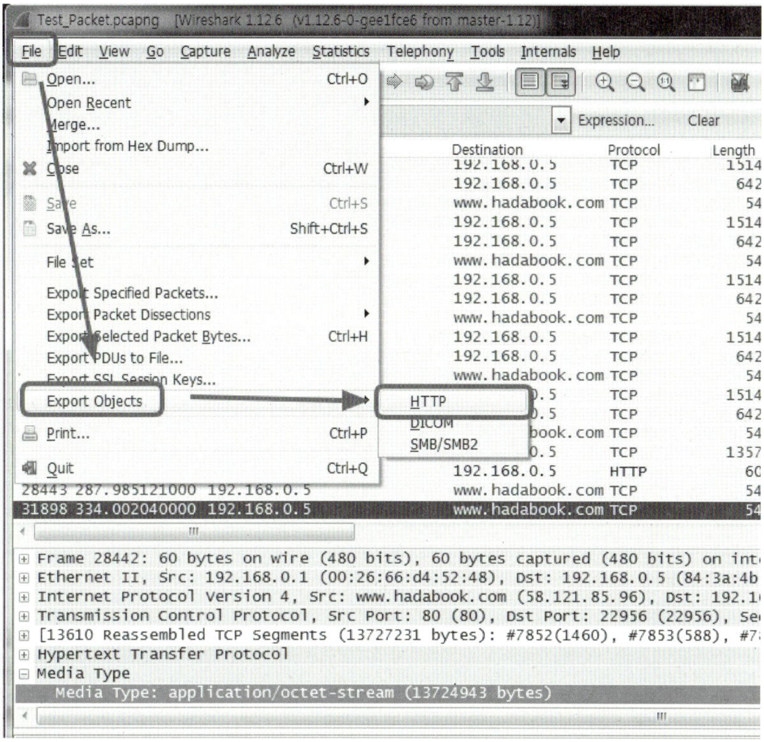

그림 9-24 선택적 추출 및 전체추출

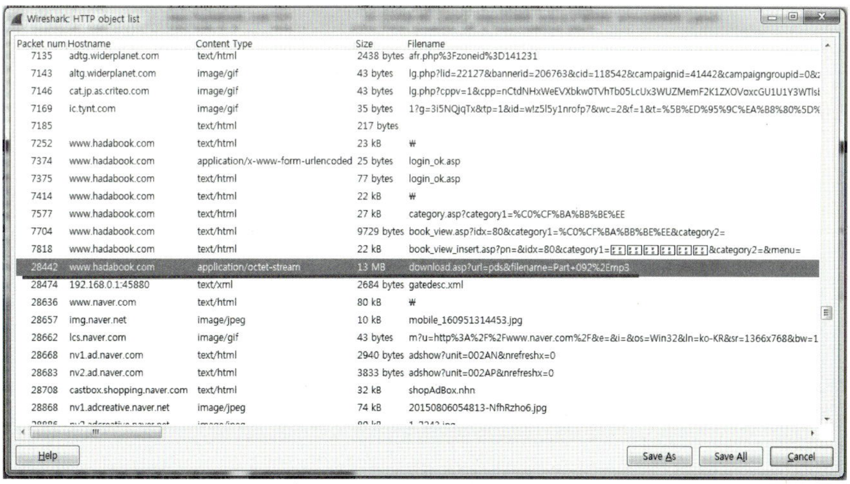

Save As의 경우는 선택적 추출이 가능하고, Save All의 경우는 모든 파일의 추출이 가능하므로 선택적으로 원하는 기능을 사용하면 된다.

이상으로 네트워크 포렌식을 마친다. 패킷분석은 네트워크에 대한 전반적인 지식이 필요하지만 위 내용을 중심으로 공부한다면 좋은 성과가 있을 것으로 보인다.

Chapter 14

모바일

학습목표

모바일의 특징과 모바일 포렌식을 하기 위한 과정을 알아본다.

1. 모바일의 특징을 알아본다.
2. 모바일 포렌식 과정을 알아본다.
3. 실제 모바일 포렌식을 실습해 본다.

모바일 포렌식을 진행하기 위해서는 우선 안드로이드와 iOS의 운영체제별 특징과 SQLite DB에 대한 쿼리지식을 알고 있어야 한다.

1 모바일 포렌식 시작하기

(1) 안드로이드

안드로이드는 리눅스 기반의 임배디드 형으로 작은 리눅스이다. 따라서, 안드로이드 해킹을 루팅(Rooting)이라고 칭한다. 리눅스는 root에 모든 권한이 있으므로 루트권한만 획득할 경우 어떤 행위도 할 수 있다. 그래서 안드로이드 해킹을 루팅이라고 하여, 루트권한을 획득한다는 의미다. 안드로이드는 리눅스 기반의 달빅(Dalvic)이라는 가상머신을 사용하여 앱이 구동된다. 달빅은 자바 버추얼 머신(Java Virtual Machine)으로 자바로 구동되는 앱을 보안상 플랫폼에 상관없이 구동할 수 있게 도와준다.

그림 10-1 안드로이드 구조

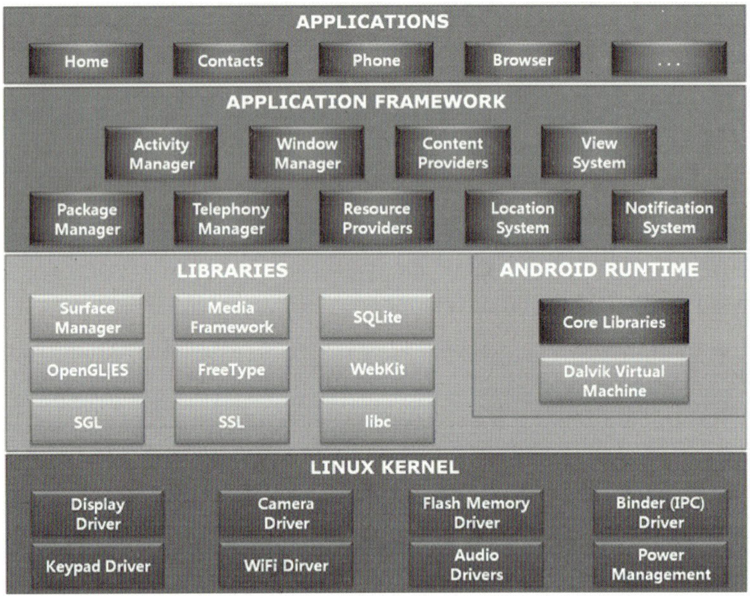

출처: 안드로이드 – wiki

안드로이드는 여러 주체들에 의해 공동으로 개발된 공개된 운영체제여서 타 모바일 OS들과는 다른 고유한 특징을 가진다.

① 운영체제의 핵심이라고 할 수 있는 커널은 공개운영체제인 리눅스에 기반한다. 리눅스는 상당히 오랜기간 개발된 커널이므로 정교한 메모리 관리, 안정적인 멀티스레드, 보안 등의 고급기능을 공짜로 사용할 수 있다. 단, 모바일 환경에 어울리지 않은 크고 무거운 기능은 제거되었으며 알람, 디버거 등의 기능은 추가되었다. 리눅스를 모바일 환경에 맞게 개조한 것이다.

② 공식적으로 자바언어를 사용한다. 고수준의 언어이므로 생산성이 높으며 하드웨어 추상층을 제공하므로 전문지식이 없어도 개발가능하다. 다만 고급언어이다 보니 성능이나 섬세함에서는 다소 불이익도 존재한다. 최근에는 C로 개발할 수 있는 NDK가 발표되고 더 많은 부분에 네이티브 언어를 쓸 수 있도록 개선되고 있다.

③ 검증된 많은 라이브러리들을 대거 포함하고 있어 웬만한 기능은 별도의 외부 라이브러리를 사용할 필요가 없다. 자바가 언어차원에서 제공하는 라이브러리들 외에도 OpenGL, SQLite, FreeType 등의 써드파티 라이브러리까지 내장되어 있다. 오픈소스 중에 쓸만한 것을 모두 집대성해 놓은 셈이다.

④ 플랫폼에 내장된 빌트인 프로그램과 사용자가 만든 프로그램이 동일한 API를 사용하므로 모든 프로그램은 평등하다. 원한다면 기본제공되는 프로그램을 사용자가 원하는 것으로 언제든지 교체할 수 있다. 플랫폼을 구성하는 요소들을 자유롭게 선택할 수 있다는 면에서 유연성이 뛰어나다.

⑤ 개방된 환경인 만큼 개발툴과 관련문서들이 모두 무료로 제공된다. 심지어 운영체제의 핵심 소스까지도 대부분 공개되어 있다. 별도의 라이센스 비용이 들지 않으므로 단말기 가격이 저렴해지는 효과가 있으며 대중화에 유리해서 소프트웨어 수요도 많다.(출처: “안드로이드 프로그래밍 정복“–한빛 미디어)

(2) iOS

iOS는 Applie의 고유한 운영체제를 따르며, iOS의 경우는 특정한 환경내에서만 사용할 수 있도록 구축되어 있다. 따라서, iOS해킹을 탈옥이라고 한다. 구속된 공간에서 빠져나간다는 의미이다. iOS는 안드로이드와 같이 가상공간(Virtual Machine)이 구축된 것이 아니라 운영체제 내에서 특정한 공간에서만 동작하도록 구속하고 있다.

그림 10-2 아이폰 OS구조

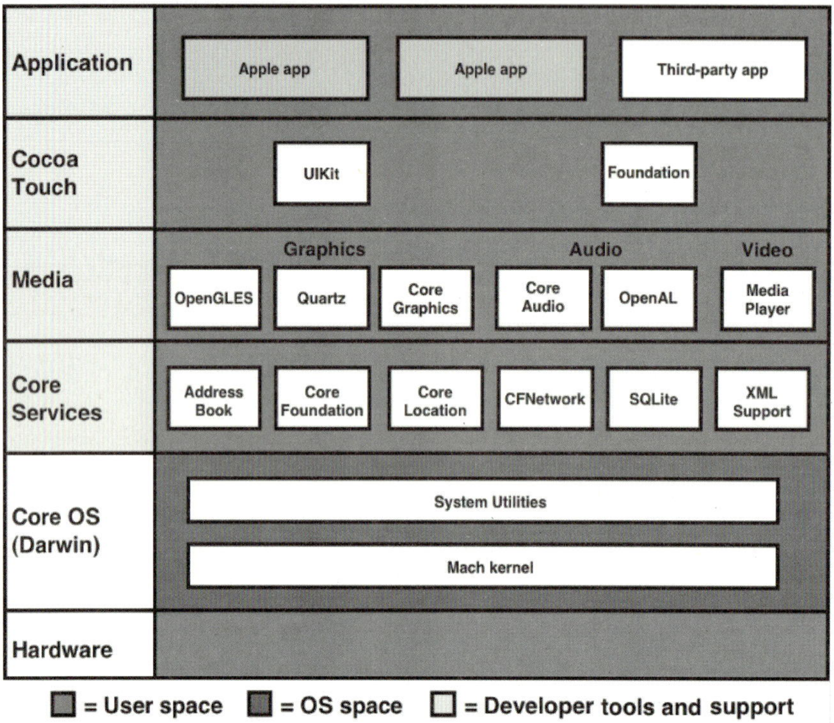

출처: MacOS에 비춰 본 아이폰OS와 아이폰 SDK – 한국 마이크로 소프트웨어

iOS는 iPhone 초기 등장시부터 사용상의 편리성, 높은 사용자 접근성과 전체적으로 훌륭한 OS디자인, 다양한 편의사항을 제공하였다. 또한 다른 어떠한 스마트폰보다 빠른 반응속도를 보이는 점과 멀티터치를 앞세운 각종 기능은 아이폰과 OS를 주목시키기에 충분하다. 그리고, 강력하고 다양한 애플리케이션을 제공하고 있으며, 관련 애플리케이션을 공유하고 있는 앱 스토어에는 다른 스마트폰에 비해 압도적으로 많은 약 70만개에 육박하는 다양한 애플리케이션을 보유하고 있다.

iOS의 단점으로는 애플사에서 만든 기기만 탑재를 허용하여 각 국가의 실정에 맞는 기능의 추가가 어렵고, 보편적으로 많이 사용하는 Flash를 공식적으로 지원하지 않는 등 폐쇄적인 정책이 가장 큰 단점이고, 애플리케이션 개발도

Objective-C에서만 가능하여 개발환경도 제한적이다. (출처: 보안공학전문논문지-모바일 운영체제동향분석, 2012년 8월)

(3) SQLite

SQLite는 MySQL이나 PostgreSQL과 같은 데이터베이스 관리시스템이지만, 서버가 아니라 응용 프로그램에 넣어 사용하는 비교적 가벼운 데이터베이스이다. 일반적인 관계형 데이터 베이스(RDBMS)에 비해 대규모 작업에는 적합하지 않지만, 중소규모라면 속도에 손색이 없다. 또 API는 단순히 라이브러리를 호출하는 것만 있으며, 데이터를 저장하는 데 하나의 파일만을 사용하는 것이 특징이다. 버전 3.3.8에서는 풀텍스트 검색기능을 가진 FTS1 모듈이 지원된다. 컬럼을 삭제하거나 변경하는 것 등이 제한된다. 구글 안드로이드 운영체제에 기본 탑재된 데이터베이스이기도 하다.(출처: SQLite-wiki)

안드로이드에서 사용되는 DB로 메신저, 문자, 통화, 연락처 등 안드로이드 내에서 저장하는 대부분의 기록들이 SQLite에 저장된다. 그러므로, 분석을 하는데 SQLite의 쿼리문을 알지 못하면 분석하는데 어려움이 있다.

SQLite를 분석하는데 알아야 하는 쿼리문은 다음과 같다.

쿼리 명령	설 명	예 제
Select	검 색	Select * from phone_Number;
Insert	삽 입	INSERT INTO widgets (name, inventory) VALUES ('Sprocket', 5);
Create	생 성	CREATE TABLE phone_Number(_id INTEGER PRIMARY KEY AUTOINCREMENT, name TEXT, number INTEGER);
Delete	삭 제	delete from phone_Number where number = 010-1234-5678;
Update	갱 신	update phone_Number set phone_Number.name = 'crattack' where phone_Number.number = 010-1234-5678;

위 쿼리문을 기본으로 사용한다면 간단한 앱을 개발 및 분석하는데 어려움이 없을 것으로 보인다. 만약, 진행하는데 어려움이 있다면 인터넷 검색을 통하여 원하는 쿼리문을 조합하길 바란다.

이제 모바일 포렌식을 하기 위한 기본개념을 알았다. 그렇다면 간단한 예를 통하여, 모바일 포렌식을 진행하도록 하자.

2 모바일 포렌식 과정

(1) 안드로이드 & 아이폰 이미지백업

이미지를 생성하기 위해서는 하드웨어적인 방법과 소프트웨어적인 방법 두 가지가 존재한다. 하드웨어적인 방법은 칩을 분리하여 칩에 저장된 내용을 이미징하는 과정이다.

그림 10-3 하드웨어 이미징 과정

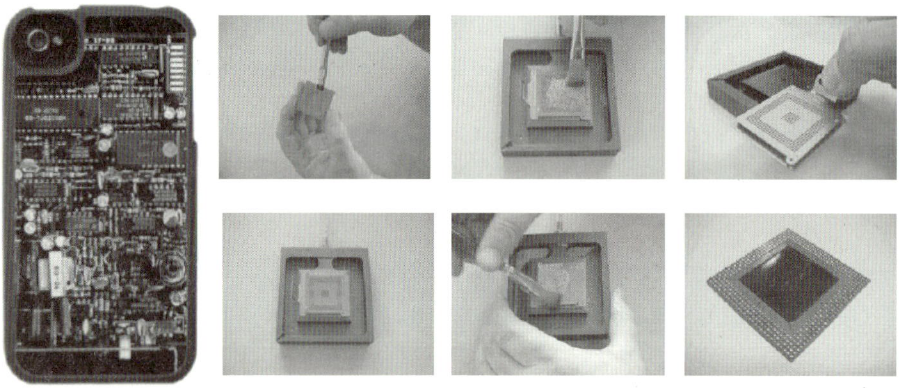

출처: forensic-proof.com

그림 10-4 JTAG를 이용한 이미징

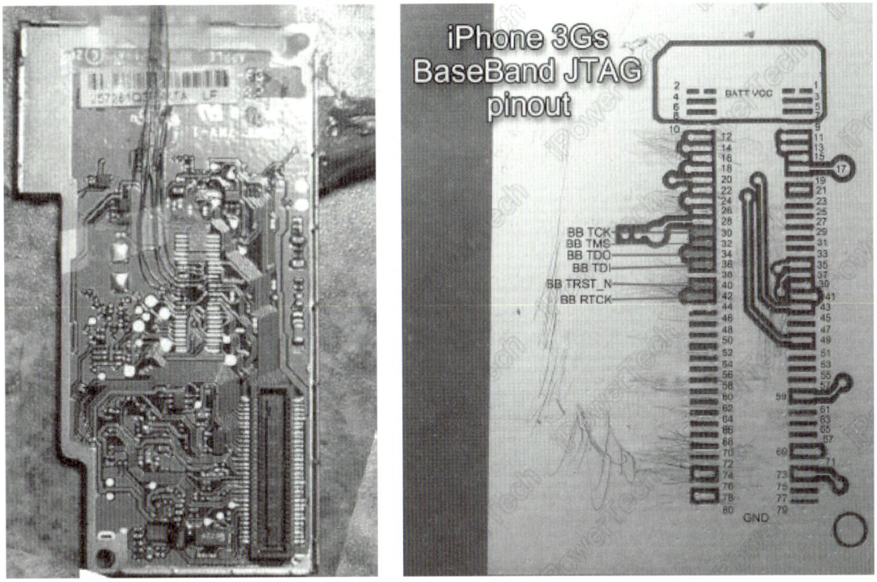

출처: forensic-proof.com

하드웨어과정은 실습하기 어려움을 가지고 있으므로 소프트웨어적으로 실습을 진행하도록 하겠다. 소프트웨어 이미징은 윈도우 이미징과 다르게 현재 설치된 앱파일, 연락처, 대화내용 등 공개되어 알고 있는 폴더에 있는 파일을 추출하는 방법을 의미한다.

1) 안드로이드

안드로이드에서의 이미지를 생성하는 방법은 ADB(Android Debug Bridge)에서 제공하는 backup이라는 옵션을 사용하는 방법과 Custom 앱을 통하여 디버깅 모드로 분석하는 방법이 있다.

① adb를 이용한 백업

adb를 이용한 백업방법은 우선 adb backup기능이 어떤 역할을 하는지 알아보고 진행하도록 하겠다. adb명령어의 옵션으로 제공되는 backup기능은 다음의 옵션값을 갖는다.

adb명령어를 내릴 경우 backup 내용만 발취하면 다음과 같다.

```
adb backup [-f <file>] [-apk|-noapk] [-shared|-noshared] [-all] [-system|-nosystem]
[<packages...>]
- write an archive of the device's data to <file>.

If no -f option is supplied then the data is written to "backup.ab" in the current
directory.
(-apk|-noapk enable/disable backup of the .apks themselves in the archive; the
default is noapk.)
(-shared|-noshared enable/disable backup of the device's shared storage / SD card
contents; the defau
lt is noshared.)
(-all means to back up all installed applications)
(-system|-nosystem toggles whether -all automatically includes system applications;
the default is to include system apps)
(<packages...> is the list of applications to be backed up.  If the -all or -shared
flags are passed, then the package list is optional.  Applications explicitly given
on the command line will be included even if -nosystem would ordinarily cause
them to be omitted.)
```

위 내용을 요약하면 다음과 같이 설명이 가능하다.

```
adb backup [-f <file>] [-apk|-noapk] [-shared|-noshared] [-all] [-system|nosystem]
[<packages...>]

[-f <file>] 백업 파일 명 (ex) adb backup -f phone_backup.ad
[-apk|-noapk] -apk라는 옵션을 주면 어플리케이션 내용(ex, 카카오톡 대화방, 게임
스코어) 뿐만 아니라 어플리케이션 자체를 통째로 백업 하라는 옵션
[-shared|-noshared] -shared는 SD카드에 있는 내용을 백업 하라는 뜻

ex) adb backup -f backup.ad -apk -noshared -all: SD카드를 제외한 모든 어플리케
이션을 백업
```

따라서, 마지막 명령어를 이용하여 백업을 하면 데이터를 모두 얻을 수 있다.

백업을 할 경우 패스워드를 입력하게 되어 있다. 핸드폰에 보면 다음과 같은 화면이 나오면 패스워드를 입력한 후에 백업을 진행해야 한다.

그림 10-5 백업 시 패스워드 입력화면

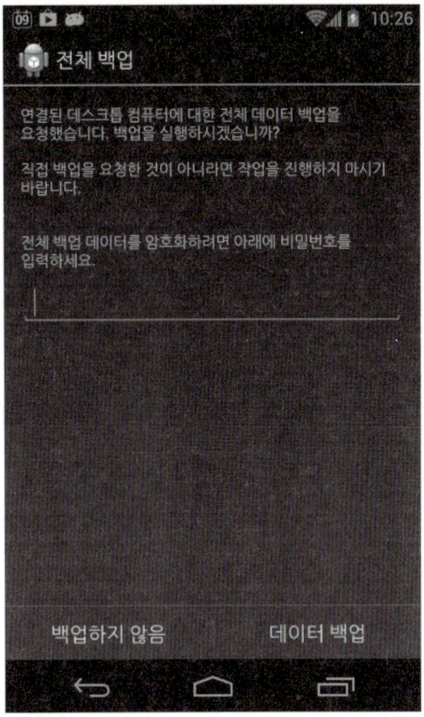

② 앱을 이용한 방법

안드로이드에서는 개인이 만든 앱이 몇 개 존재한다. 유저들도 자주 사용하는 앱을 중심으로 나열하자면 다음과 같다.

앱 이름	특 징
Helium	Rooting없이 백업이 가능하지만 몇몇 어플에서 백업이 되지 않는 경우가 발생한다.
Titanium	가장 안정적으로 백업이 가능한 프로그램이다. 다만, Rooting을 해야 한다는 단점을 가지고 있다.
AFLogical OSE	viaforensics 에서 만든 앱으로 포렌식에 필요한 핵심적인 내용만 추출할 수 있는 앱이다.

그림 10-6 Helium과 Titanium 실행화면

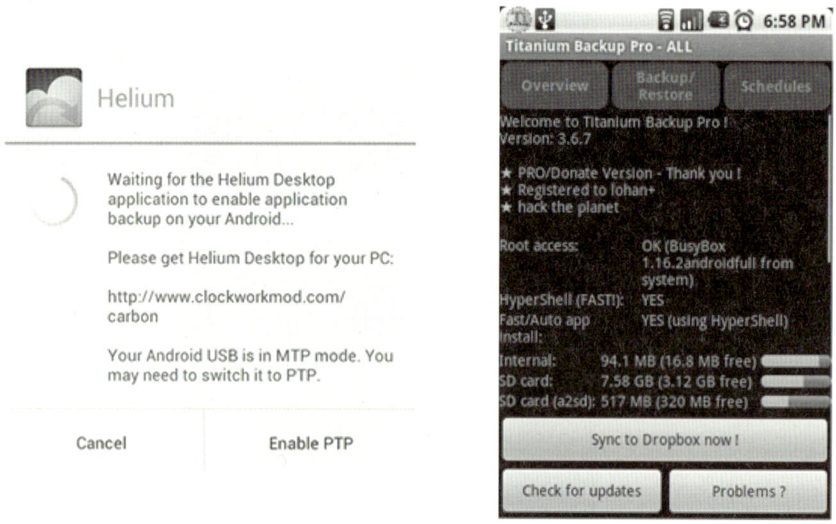

그림 10-7 AFLogical OSE 실행화면

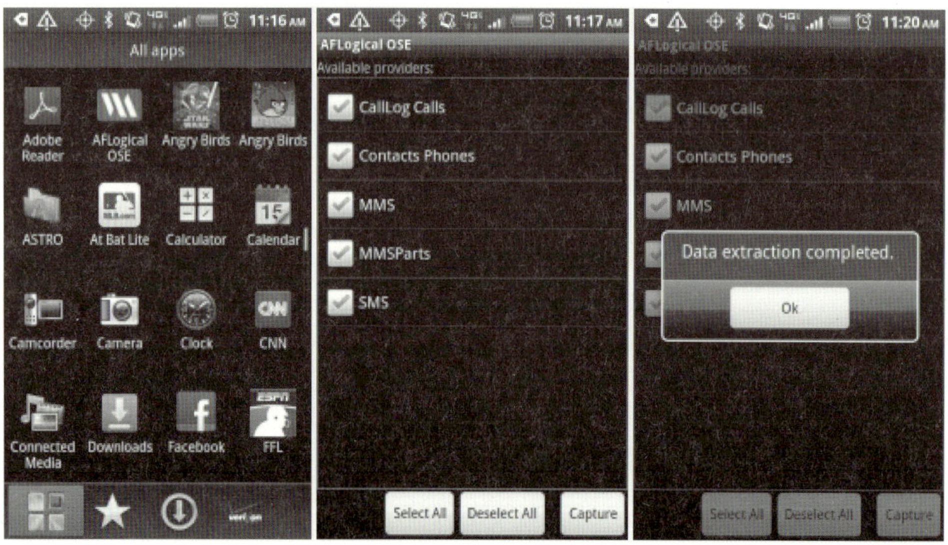

2) 아이폰

아이폰의 이미지 과정은 탈옥을 통한 방법과 백업기능을 이용하는 방법이 있다. 탈옥을 하기 위해서는 취약점을 이용하여 iOS의 변조가 발생하므로 증거로 사용하기 위해서는 추후문제의 소지가 있다. 만약, 탈옥된 증거물이라면 다음의 항목을 추출하여 분석하는 것을 권장한다.

항 목	경 로
연락처	Library/AddressBook/AddressBook.sqlitedb Library/AddressBook/AddressBookImages.sqlitedb
일 정	Library/Calendar.sqlitedb
웹 접속 기록	Library/Safari/History.plist Library/Safari/Bookmark.plist Library/Safari/SuspendState
메 모	Library/Notes/notes.db
문 자	Library/SMS/sms.db
통화 목록	Library/CallHistory/call_history.db
음성 메일	Library/Voicemail/*.amr
사 진	Media/DCIM/100APPLE/IMG_xxxx.JPG
이메일	Library/Mail/(accountname)/INBOX.mbox/Messages

탈옥이 되지않은 증거자료(아이폰)일 경우 iTunes에서 제공하는 백업기능을 활용해야 한다.

그림 10-8 iTunes에서 제공하는 백업기능

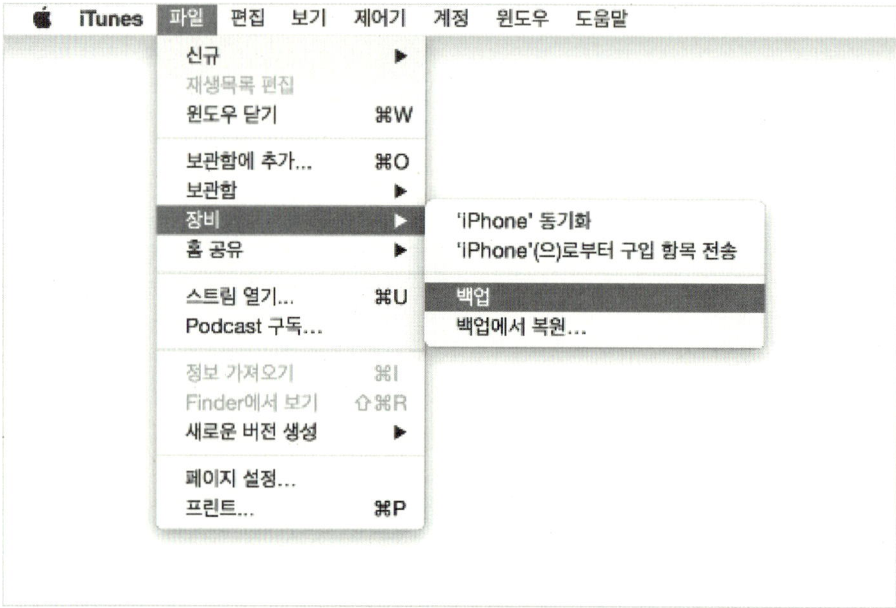

백업할 경우 아래와 같은 내용을 볼 수 있다.(출처: Apple 질문 게시판–https://discussionskorea.apple.com/thread/7585)

- 연락처* 및 연락처 즐겨찾기

(컴퓨터 또는 iCloud와 같은 클라우드 서비스로 연락처를 정기적으로 동기화하여 백업)

- In-App Purchase를 포함한 App Store 응용 프로그램 데이터(응용 프로그램 자체, 응용 프로그램의 tmp 및 캐시폴더제외)
- 응용 프로그램 설정, 환경설정 및 데이터(문서포함)
- 웹 페이지 자동완성
- CalDAV 및 등록된 캘린더 계정
- 캘린더 계정
- 캘린더 이벤트
- 통화기록
- 카메라 롤(사진, 스크린샷, 저장된 이미지 및 촬영된 비디오, 2GB를 초과하는 비디오는 iOS 4.0 이상 버전에서 백업됨)
  참고: 카메라가 없는 장비에서는 저장된 사진이 카메라 롤을 의미합니다.
- Game Center 계정

- 홈 스크린 배열
- In-App Purchase
- 키체인. 키체인에는 이메일 계정 암호, Wi-Fi 암호 및 웹 사이트와 일부 다른 응용 프로그램에 입력하는 암호가 포함됩니다. iOS 4 이상 버전에서 백업을 암호화할 경우 키체인 정보를 새로운 장비로 전송할 수 있습니다. 암호화되지 않은 백업의 경우에는 동일한 iOS 장비로만 키체인을 복원할 수 있습니다. 암호화되지 않은 백업을 사용하여 새로운 장비로 복원하려는 경우 이 암호를 다시 입력해야 합니다.
- 외부 동기화 소스 목록(MobileMe, Exchange ActiveSync)
- 사용자의 위치를 사용하도록 허용한 App 및 웹 사이트의 위치 서비스 환경설정
- Mail 계정(메일 메시지는 백업되지 않음)
- 설치된 프로파일. 다른 장비로 백업을 복원할 때 설치된 구성 프로파일(예: 계정, 차단 또는 설치된 프로파일을 통해 지정될 수 있는 모든 항목)은 복원되지 않습니다. 설치된 프로파일과 연결되지 않은 계정 또는 설정은 계속해서 복원됩니다.
- 지도 책갈피, 최근 검색 및 지도에 표시된 현재 위치
- Microsoft Exchange 계정 구성
- 네트워크 설정(저장된 Wi-Fi 핫스팟, VPN 설정, 네트워크 환경설정)
- Nike + iPod 저장된 운동 및 설정
- 메모
- 오프라인 웹 응용 프로그램 캐시/데이터베이스
- 연결된 Bluetooth 장비(백업을 수행한 동일한 전화기로 복원된 경우에만 사용할 수 있음)
- Safari 책갈피, 쿠키, 방문 기록, 오프라인 데이터 및 현재 열려있는 페이지
- 저장된 제안 수정(제안된 수정을 거부할 때 자동으로 저장됨)
- 메시지(iMessage 및 네트워크 사업자 SMS 또는 MMS 사진과 비디오)
- 확인할 수 없는 인증서가 있는 신뢰할 수 있는 호스트
- 음성메모
- 음성 메일 토큰 (음성사서함 암호가 아니며 연결 시 확인에 사용되고 SIM 카드의 전화번호가 동일한 전화기로만 복원됨)
- 배경화면
- Web Clip
- YouTube 책갈피 및 재생기록

* 연락처는 최근 통화 및 즐겨찾기 목록을 보존하기 위한 백업의 일부입니다. 지원되는 개인정보관리 프로그램(PIM), iCloud 또는 다른 클라우드 기반 서비스로 연락처를 백업하여 연락처 데이터가 손실되지 않도록 하십시오.

백업되는 데이터는 특정한 이미지 생성 프로그램을 사용하지 않더라도 많은 정보를 보관할 수 있다. 특히나 수집된 정보 중 강조한 내용은 반드시 분석해야 한다.

(2) 안드로이드 분석방법

Adb로 백업한 자료는 JRE(Java Runtime Environment)와 ABE(Android Backup Extractor)를 이용한다면 백업된 자료를 확인할 수 있다.

우선 JRE를 설치해야 한다. 그 이유는 JAVA로 코딩하였기 때문에 JRE를 설치해야만 실행된다.

그림 10-9 JRE 설치

http://www.oracle.com/technetwork/java/javase/downloads/index.html

설치가 완료되었다면, ABE를 설치해야 한다. ABE의 경우는 OpenSource로 공개되어 있다.

그림 10-10 ABE(Android Backup Extractor) 홈페이지

출처: http://sourceforge.net/projects/adbextractor/)

다음의 명령어 형식으로 실행할 경우 백업된 내용을 확인할 수 있다.

☞ java -jar abe.jar unpack [backup file] [unpacked file] [password]

그림 10-11 abe를 이용한 .ad파일 unpack

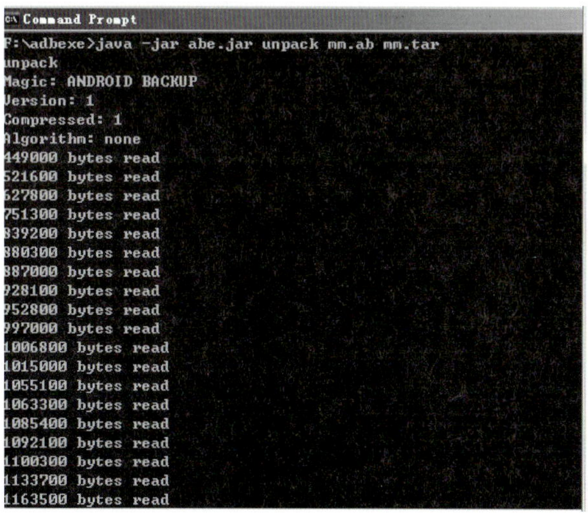

출처: http://data400.com/caseshow-364.html)

이후, mm.tar 파일을 압축을 풀고 확인하면 안드로이드 모바일에 있는 정보를 확인할 수 있다.

그림 10-12 백업된 .ad 파일 복호화

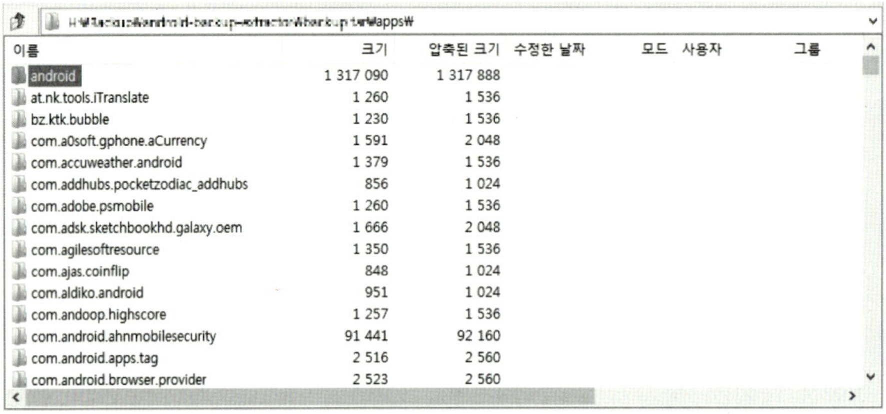

(3) 아이폰 분석방법

iTunes에서 백업을 할 경우 아래의 경로에서 이미지를 찾을 수 있다.

운영체제	이미지 위치
Windows 7 이후	C:₩Users₩[user name]₩AppData₩Roaming₩AppleComputer₩MobileSync₩Backup₩
MaxOS	~/Library/Application Support/MobileSync/Backup/

해당 폴더로 이동하면 아래와 같이 폴더 내의 파일이 보일 것이다.

그림 10-13 아이폰 백업 폴더 내 파일 리스트

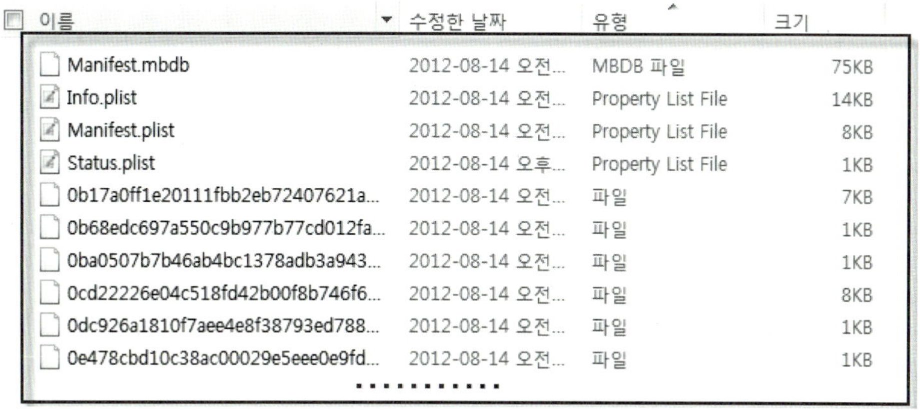

출처: [Tech Report] 아이폰 백업 파일의 흔적을 찾아라 – 안랩

해당 파일명은 Hash값으로 생성된다. Hash로 생성된 파일은 아이폰에서 사용한 앱이고 나머지는 다음과 같은 용도로 사용되는 파일이다.

파일명	용 도
Manifest.mbdb	백업 폴더 안에 저장되어 있는 파일명을 기록
Info.plist	Build Version, Device Name, GuID, ICCID, Last Backup Date 등을 기록
Manifest.plist	Applications, Date, Encrypt 유무, System Domain Version 등을 기록
Status.plist	BackupState, UUID, Version 등을 기록
Hash 파일	App Files

파일의 종료와 역할을 확인하였다면 백업된 파일을 복원해 주고 볼 수 있는 프로그램을 활용하여 포렌식을 진행하도록 하자.

iTunes에서 생성된 백업파일을 복원하는 다양한 프로그램 중 아래의 두 종류의 프로그램을 언급하도록 하겠다.

1) iBackupBot(http://www.icopybot.com/)

그림 10-14 iBackupBot 실행화면

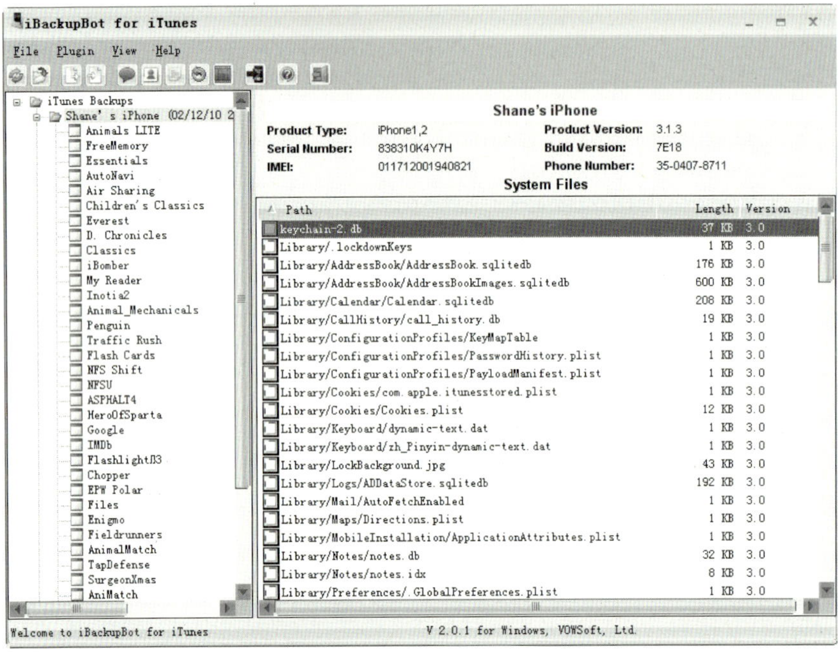

그림 10-15 iBackupBot에서 제공하는 기능

Key features

- Protect your iPad, iPod and iPhone against unwanted iTunes synchronizations.
- Easily transfers all music, videos, e-Books, ringtones and photos from your Apple device to your computer folder or iTunes;
- Seamlessly rebuilds your iTunes library;
- Maintains your song ratings, comments, play counts, song order, volume adjustments, playlists and even artwork;
- Helps keep your output folder organized;
- Automatically rejects duplicate files when importing music into your iTunes library;
- Only reads data from your iPod, iPad or iPhone;
- Extremely easy to use;
- Supports all current iPod, iPad and iPhone models.

2) iPhone Backup Extractor
(http://www.wondershare.net/ad/dr-fone/iphone-backup-extractor.html?gclid=CKvm4PD60scCFY8DvAod9YQCDQ)

그림 10-16 iPhone Backup Extractor 실행화면

그림 10-17 iPhone Backup Extractor에서 제공하는 기능

언급한 프로그램을 기반으로 아래의 경로에 있는 파일을 분석하면 아이폰으로 어떤 업무를 진행하였는지 확인할 수 있다.

이 름	경 로	기 능
연락처	Library/AddressBook/AddressBook.sqlitedb	연락처 리스트 및 등록 시간
Calendar	Library/Calendar/Calendar.sqlitedb	일정과 관련된 내용
문자 내역	Library/SMS/sms.db	SMS 메시지 내용
전화 내역	Library/CallHistory/call_history.db	통화 내역
Voice Mail	Library/Voicemail/voicemail.db	보이스 메일 관련 내용
Note	Library/Notes/notes.sqlite	노트 내역
Safari	Library/Safari/History.plist	웹 사이트 접속 내역

출처: [Tech Report] 아이폰 백업 파일의 흔적을 찾아라 - 안랩

① 연락처

그림 10-18 아이폰에 저장된 연락처 예제

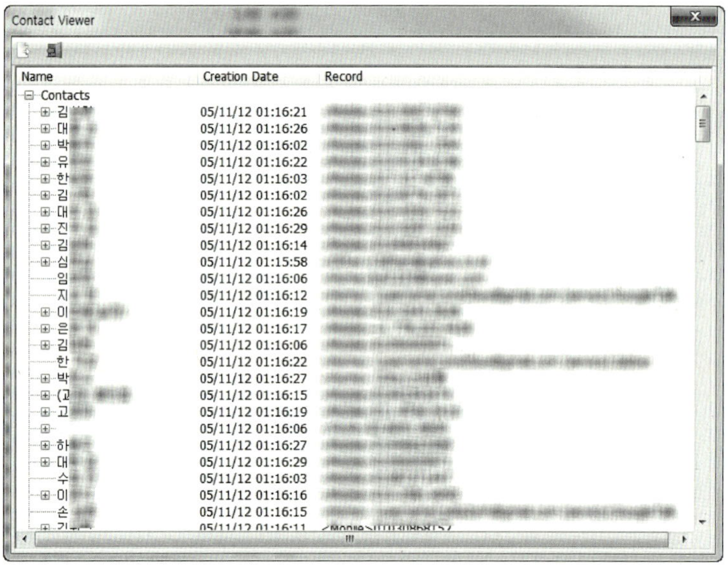

출처: [Tech Report] 아이폰 백업 파일의 흔적을 찾아라 - 안랩

② 일정

그림 10-19 아이폰에 저장된 일정 예제

출처: [Tech Report] 아이폰 백업 파일의 흔적을 찾아라 - 안랩

③ 문자내역

그림 10-20 아이폰에 저장된 문자메시지 예제

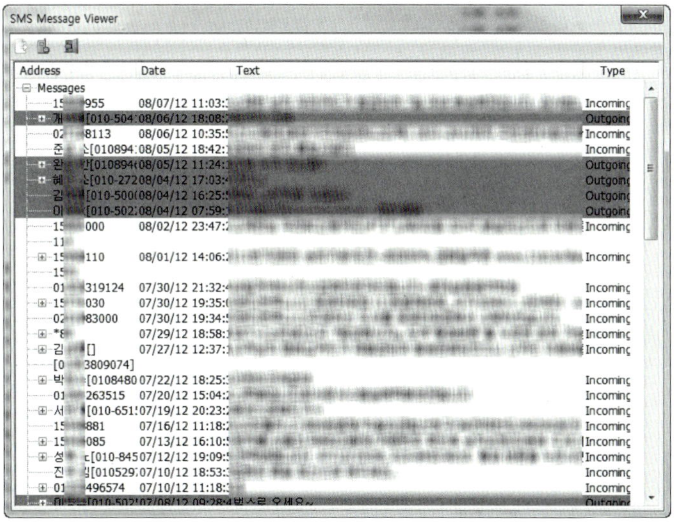

출처: [Tech Report] 아이폰 백업 파일의 흔적을 찾아라 - 안랩

④ 전화내역

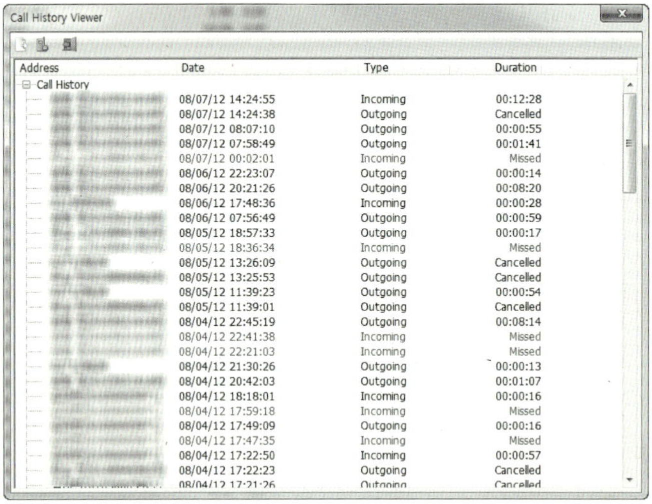

그림 10-21 아이폰에 저장된 통화 리스트 예제

출처: [Tech Report] 아이폰 백업 파일의 흔적을 찾아라 - 안랩

⑤ Note

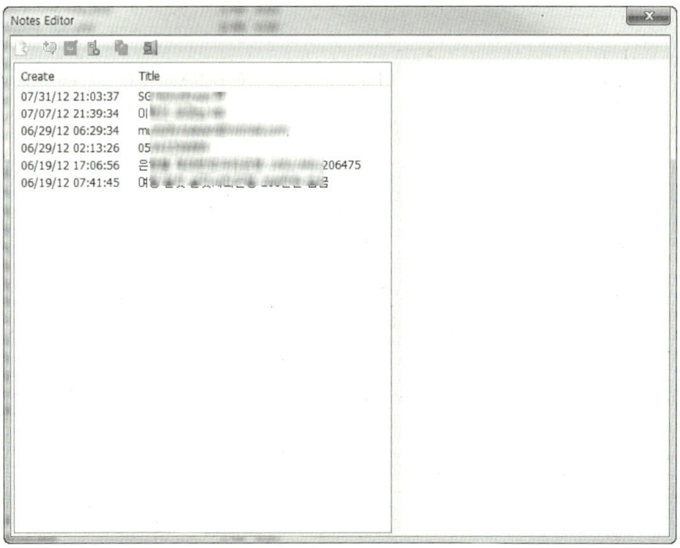

그림 10-22 아이폰에 저장된 노트 예제

출처: [Tech Report] 아이폰 백업 파일의 흔적을 찾아라 - 안랩

⑥ Safari

그림 10-23 아이폰에 저장된 사파리 내역 예제

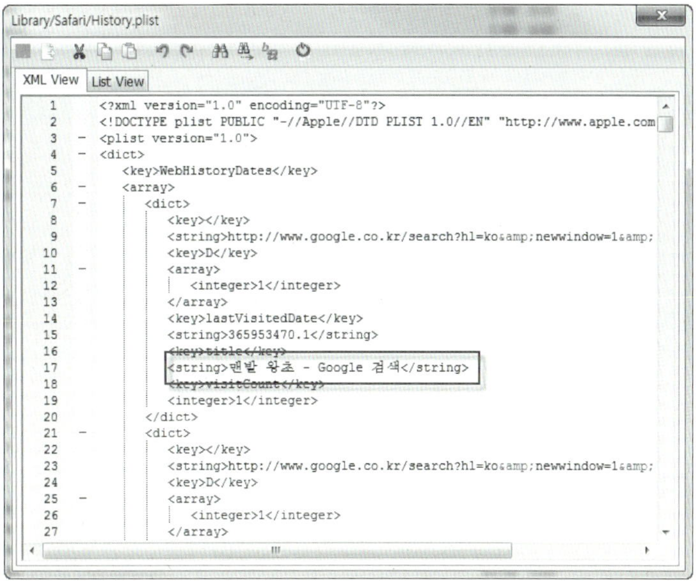

출처: [Tech Report] 아이폰 백업 파일의 흔적을 찾아라 - 안랩

(4) SQLite 분석방법

SQLite를 분석하기 위해서는 adb shell에서 sqlite3 프로그램을 이용한 분석방법이 있고, 유료 프로그램인 SQLite Expert를 이용하는 방법이 있다.

1) Sqlite3 이용방법

adb shell을 이용하여 분석하고 싶은 db파일에 접근한다. 다만, 직접 안드로이드 안에서 분석해야 하는 경우에는 root 권한이 필요하므로 위치를 파악하고 파일을 분석하여 분석하는 것이 좋다.

그림 10-24 .db가 위치한 파일경로

출처: http://egloos.zum.com/sharku/v/1316703

.db 파일을 sqlite3 프로그램을 이용하여 연결한다.

그림 10-25 sqlite3를 이용한 .db연결

출처: http://egloos.zum.com/sharku/v/1316703

연결이 되었다면, 저장된 모든 내용을 확인 할 수 있으므로 table 정보와 스키마 정보를 확인하도록 한다.

그림 10-26 .db 내의 table 정보확인

```
명령 프롬프트 - adb shell
sqlite> .tables
.tables
android_metadata    chat_sending_logs   item_resource       wifi_cache
apps                friends             recently_emoticons  wifi_cache_bssid
chat_logs           ip_table            schema_migrations
chat_rooms          item                track_logs
sqlite>
```

출처: http://egloos.zum.com/sharku/v/1316703)

그림 10-27 .db 내의 스키마 정보확인

```
명령 프롬프트 - adb shell
sqlite> .schema friends
.schema friends
CREATE TABLE friends (
        _id INTEGER PRIMARY KEY AUTOINCREMENT,
        contact_id INTEGER,
        id INTEGER,
        type INTEGER NOT NULL,
        uuid TEXT,
        phone_number TEXT NOT NULL,
        raw_phone_number TEXT,
        name TEXT NOT NULL,
        phonetic_name TEXT,
        profile_image_url TEXT,
        full_profile_image_url TEXT,
        status_message TEXT,
        chat_id INTEGER NOT NULL,
        brand_new INTEGER NOT NULL,
        blocked INTEGER NOT NULL,
        favorite INTEGER NOT NULL,
        position INTEGER NOT NULL,
        v TEXT,
        ext TEXT,
        nick_name TEXT,
        user_type INTEGER NOT NULL,
        story_user_id INTEGER,
        account_id INTEGER,
        linked_services TEXT,
        hidden INTEGER NOT NULL,
        member_type INTEGER DEFAULT 0 NOT NULL, /* 1:Friend, 0:Not Freind */
        involved_chat_ids TEXT,
        contact_name TEXT,
        created_at INTEGER
, enc INTEGER);
CREATE UNIQUE INDEX friends_index1 ON friends(id);
CREATE INDEX friends_index2 ON friends(name);
CREATE INDEX friends_index3 ON friends(phone_number);
CREATE INDEX friends_index4 ON friends(contact_id);
CREATE INDEX friends_index5 ON friends(brand_new);
CREATE INDEX friends_index6 ON friends(position);
CREATE INDEX friends_index7 ON friends(member_type);
sqlite>
```

출처: http://egloos.zum.com/sharku/v/1316703)

이와 같이 .db의 sqlite3가 접근이 가능하다면 .db 내부에 있는 모든 정보를 열람할 수 있다.

2) SQLite Expert 이용방법

sqlite3를 이용하는 것이 번거롭다면, SQLite Expert를 이용하는 것을 추천한다. SQLite Expert는 유료지만 SQLite 형태로 저장된 db를 분석하는데 용이하다.

그림 10-26 SQLite Expert 홈페이지

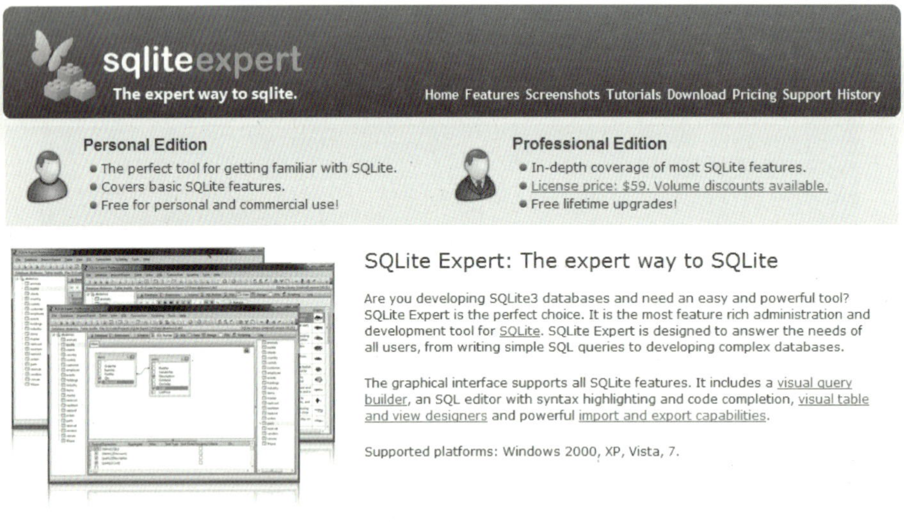

홈페이지에서는 사용방법에 대한 Tutorial도 제공하므로 연구하기엔 어려움은 없을것으로 생각된다. 그럼 SQLite Expert를 이용한 분석과정을 알아보도록 하자.

그림 10-29 .db 파일열기

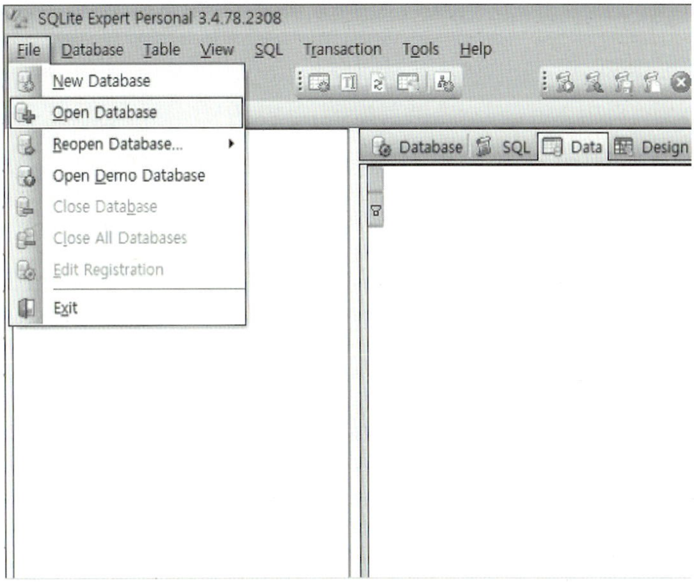

그림 10-30 .db 파일분석

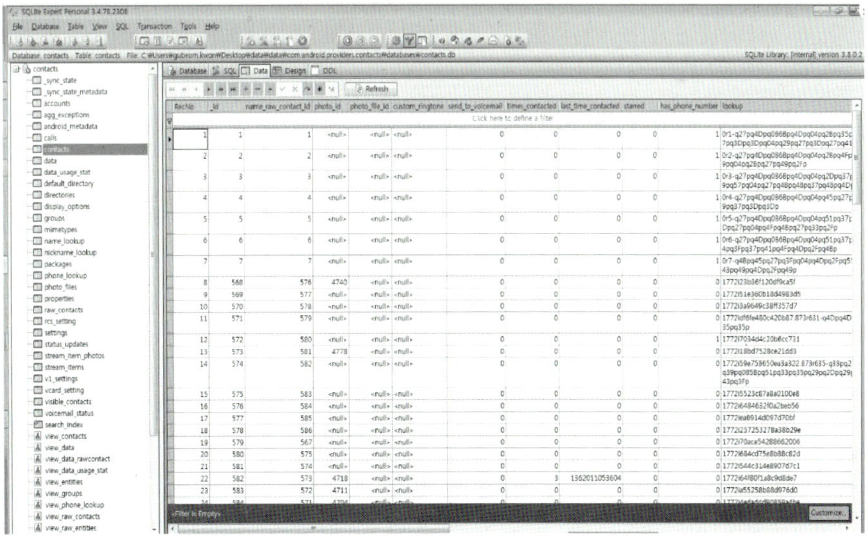

이와 같이 .db파일을 선택하기만 하면, [그림 10-30]과 같이 안의 컬럼정보 및 데이터를 확인 할 수 있다. sqlite3보다 편리하게 분석이 가능하다. 또한, 굳이 SQLite Expert 프로그램이 아니더라도 무료버전인 SQLite Client를 활용하여도 상관없다. 다만, 언급한 프로그램은 화면구성이 분석하기 용이하여 추천한 것이므로 담당자가 분석하기 용이한 프로그램을 기반으로 시도하는 것을 추천한다.

이상으로 모바일 포렌식을 하기위한 방법과 과정을 확인하였다. 모바일 포렌식의 경우는 하드웨어적인 장비가 필요할 때도 있지만 소프트웨어적으로 분석이 가능한 부분도 있으니 이점을 적극 활용하여 분석하기를 권장한다.

Chapter 15

추가 분석기술

학습 목표

향후 문제가 발생할 수 있는 분야를 알아본다.

1. IoT기술에 대해 알아본다.
2. IoT분석을 위한 연구과제를 알아본다.

요즘은 스마트한 기기들이 많이 생성되고 판매되고 있다. TV, 냉장고, 전기, 가스렌지 등등 그런 다양한 제품들을 출시하면서 해당 제품에 대한 포렌식 과정을 포함될 가능성도 있기 때문에 IoT에 대한 기술습득과 공부과정이 필요하다.

1 IoT기술이란?

IoT(사물인터넷)이란 사람, 사물, 공간, 데이터 등 모든 것이 인터넷으로 연결되어 정보가 생성 · 수집 · 공유 · 활용되는 초연결 인터넷 환경을 말한다. 예를 들어 운영체제가 들어가 있는 가제제품, 인터넷을 통한 관리가 가능한 가전제품 등이 간단한 예라 할 수 있다. IoT가 가장 많이 접목되는 곳은 주거환경에 대한 부분으로 창문이 닫혀있는 지에 대한 체크, 가스밸브가 잠겨있는 지에 대한 체크 등을 들 수 있다.

IoT기술접목 미래

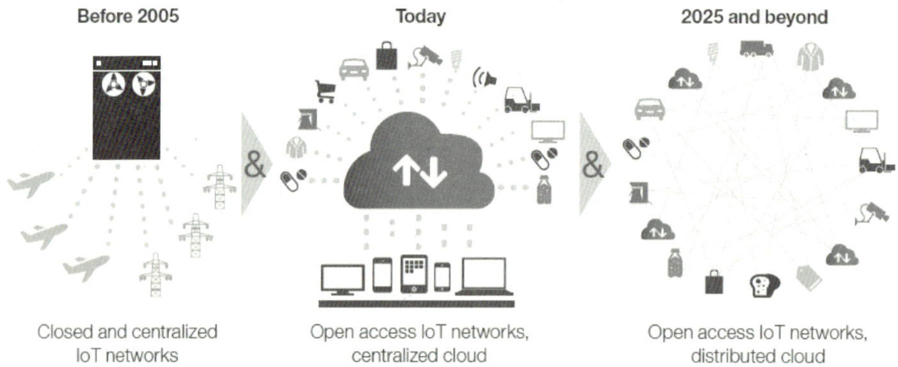

출처: IBM IBV 보고서 – http://www-01.ibm.com/common/ssi/cgi-bin/ssialias?subtype=XB&infotype=PM&appname=GBSE_GB_TI_USEN&htmlfid=GBE03620USEN&attachment=GBE03620USEN.PDF)

2 IoT범죄가상 및 수사 시나리오

(1) IoT제품에 감시카메라를 장착 후 실생활을 감시

IoT제품의 하드웨어에서 이미지를 생성하여, 전송 또는 접근한 IP주소를 추출한다.

(2) 범죄발생 시간확인

창문이 열린시간, 문이 열린시간 등 기록을 확인하여 범죄가 발생한 시간을 유추한다.

3 IoT분석을 하기 위한 연구과제

(1) IoT제품에 대한 하드웨어 이미지 작업(AVR 덤프생성)

IoT에 의한 사건을 분석하기 위해서는 제품에 대한 하드웨어를 덤프하여 분석하는 과정이 필요할 수 있다.

하드웨어 이미지 생성

출처: http://arkorobotics.com/blog/?p=17)

따라서, 하드웨어를 이미징하는 과정의 숙달이 필요하다.

(2) 프로토콜 분석

자동차, 냉장고, TV, 공유기 등 IoT 제품에서 사용하는 통신 프로토콜을 분석하여 악성코드 및 악의적인 행위가 발생하고 있는 근원지를 분석하는 연구가 필요하다.

IPTV 패킷분석

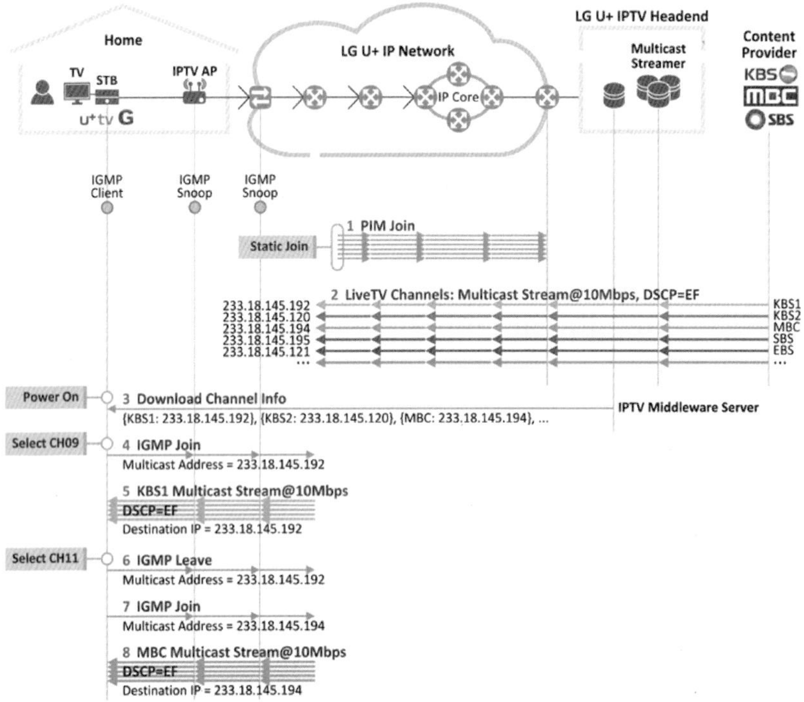

출처: http://www.netmanias.com/ko/post/blog/5672/igmp-lg-u-livetv-multicast-video-streaming-u-tv-g/lg-u-google-tv-u-tv-g-video-delivery-part-2-livetv-on-tv)

이와 같이 많은 IoT제품에 대한 분석을 하기 위해서는 소프트웨어적인 부분이 아닌 전자기기에 대한 직접적인 덤프작업이 필요하다. 따라서 해당 전자기기에 대한 하드웨어적인 덤프작업에 많은 시간과 연구를 투자하여 사건이 발생하였을 때 실전에서 응용할 수 있도록 해야 한다.

참고문헌

민사소송규칙 해설 법원행정처
민사소송법 개정안 해설 법원행정처
민사절차론, 2014 사법연수원
이시윤, 제4판 민사소송법 박영사
호문혁, 제4판 민사소송법 법문사
헌법재판소 https://www.ccourt.go.kr/

저자소개

[최득신]

- 고려대학교 법학과
- 고려대학교 정보경영공학전문대학원(석사, 박사 수료)
- 사법시험 35회(사법연수원 25기)
- 창원지방검찰청 검사
- 대구지방검찰청 안동지청 검사
- 인천지방검찰청 부천지청 검사
- 서울중앙지방검찰청 검사
- 대검찰청 검찰연구관(과학수사, 디지털포렌식)
- 김 · 장법률사무소 변호사
- 경기도 법률자문검사
- 수원지방검찰청 부부장검사
- 대구지방검찰청 부장검사
- 대한예수교장로회총회(합동) 고문변호사
- (사)한국에너지기술인협회 법률자문위원
- (사)한국인터넷윤리학회 감사
- 현. 법무법인 평강 대표변호사

[유진호]

- 고려대 이과대학 수학과(이학사)
- 고려대 일반대학원 통계학과(이학석사)
- 고려대 정보경영공학전문대학원 정보경영공학과(공학박사: 정보보호전공)
- 한국전자통신연구원(ETRI) 연구원
- IBM Korea 전문차장(CRM/DataMining 컨설턴트)
- 한국인터넷진흥원(KISA) 단장
- 현. 상명대학교 경영학과/사이버보안경영학과 교수

[crattack]

- 전남대 일반대학원 정보보호협동과정 졸업(이학석사)
- klusz, Null@Root, PowerHacker 언더그라운드 해킹 동아리 활동
- 코드게이트, ISBC, 금융결제원 해킹 시연 및 리버스 엔지니어링 강연
- 2002~2008년 국내 해킹방어대회 입상
- 현, 해킹 툴 분석 및 게임보안 모듈개발업무담당

포렌식 법학개론

2016년 12월 12일 1쇄 인쇄
2016년 12월 15일 1쇄 발행

저 자 최득신 · 유진호 · crattack

발행인 류재식 · 류재원
발행처 도서출판 북 넷
서울시 용산구 효창동 5-3 대신빌딩 2층
등 록 2010년 6월 7일(제2010-000069호)
전 화 (02)395-2341
팩 스 (02)395-2303

정가 20,000원 ISBN 979-11-86947-01-2

e-mail: book2341@naver.com